は　じ　め　に

　技能検定は、労働者の有する技能を一定の基準によって検定し、これを公証する国家検定制度であり、技能に対する社会一般の評価を高め、働く人々の技能と地位の向上を図ることを目的として、職業能力開発促進法に基づいて 1959 年（昭和 34 年）から実施されています。

　当研究会では、1975 年（昭和 50 年）から技能検定試験受検者の学習に資するため、過去に出題された学科試験問題（1・2 級）に解説を付して、「学科試験問題解説集」を発行しております。

　このたびさらに、平成 29・30・31 年度に出題された学科試験問題、ならびに平成 31 年度の実技試験問題（計画立案等作業試験は平成 29・30・31 年度を収録）を「技能検定試験問題集（正解表付き）」として発行することになりました。

　本問題集が 1 級・2 級の技能士を目指して技能検定試験を受検される多くの方々にご利用いただき、大きな成果が上がることを祈念いたします。

　令和 2 年 6 月

一般社団法人 雇用問題研究会

JN007313

目　　次

技 能 検 定 の 概 要

1　技能検定試験の等級区分

技能検定試験は合格に必要な技能の程度を等級ごとに次のとおりに区分しています。

特　　級：検定職種ごとの管理者又は監督者が通常有すべき技能及びこれに関する知
　　　　　識の程度

1　　級：検定職種ごとの上級の技能労働者が通常有すべき技能及びこれに関する知
　　　　　識の程度

2　　級：検定職種ごとの中級の技能労働者が通常有すべき技能及びこれに関する知
　　　　　識の程度

3　　級：検定職種ごとの初級の技能労働者が通常有すべき技能及びこれに関する知
　　　　　識の程度

単一等級：検定職種ごとの上級の技能労働者が通常有すべき技能及びこれに関する知
　　　　　識の程度

※これらの他に外国人実習生等を対象とした基礎級があります。

2　検定試験の基準

技能検定は、実技試験及び学科試験によって行われています。

実技試験は、実際に作業などを行わせて、その技量の程度を検定する試験であり、学科試験は、技能の裏付けとなる知識について行う試験です。

実技試験及び学科試験は、検定職種の等級ごとに、それぞれの試験科目及びその範囲が職業能力開発促進法施行規則により、また、その具体的な細目が厚生労働省職業能力開発局長通達により定められています。

⑴　実技試験

実技試験は、実際に作業（物の製作、組立て、調整など）を行わせて試験する、製作等作業試験が中心となっており、検定職種の大部分のものについては、その課題が試験日に先立って公表されています。

試験時間は、1級、2級及び単一等級については原則として5時間以内、3級については3時間以内が標準となっています。

また、検定職種によっては、製作等作業試験の他、実際的な能力を試験するため、次のような判断等試験又は計画立案等作業試験が併用されることがあります。

① 判断等試験

　判断等試験は、製作等作業試験のみでは技能評価が困難な場合又は検定職種の性格や試験実施技術等の事情により製作等作業試験の実施が困難な場合に用いられるもので、例えば技能者として体得していなければならない基本的な技能について、原材料、模型、写真などを受検者に提示し、判別、判断などを行わせ、その技能を評価する試験です。

② 計画立案等作業試験

　製作等作業試験、判断等試験の一方又は双方でも技能評価が不足する場合に用いられるもので、現場における実際的、応用的な課題を、表、グラフ、文章などにより設問したものを受検者に提示し、計算、計画立案、予測などを行わせることにより技能の程度を評価する試験です。

⑵ 学科試験

　学科試験は、単に学問的な知識を試験するものではなく、作業の遂行に必要な正しい判断力及び知識の有無を判定することに主眼がおかれています。また、それぞれの等級における試験の概要は次表のとおりです。

　この中で、真偽法は一つの問題文の正誤を回答する形式であり、五肢択一法及び四肢択一法は一つの問題文について複数の選択肢の中から一つを選択して回答する形式です。

■学科試験の概要

等級区分	試験の形式	問題数	試験時間
特　　級	五肢択一法	50 題	2 時間
1　　級	真偽法及び四肢択一法	50 題	1 時間 40 分
2　　級	真偽法及び四肢択一法	50 題	1 時間 40 分
3　　級	真偽法	30 題	1 時間
単一等級	真偽法及び四肢択一法	50 題	1 時間 40 分

3　技能検定の受検資格

　技能検定を受検するには、原則として検定職種に関する実務の経験が必要で、その年数は職業訓練歴、学歴等により異なっています（別表1参照）。

　この実務の経験の範囲には、現場での作業のみならず管理、監督、訓練、教育及び研究の業務や訓練又は教育を受けた期間が含まれます。

4 試験の実施日程

技能検定試験は職種ごとに前期、後期に分かれていますが、日程の概要は次のとおりです。

項	前 期	後 期
受付期間	4月上旬〜中旬	10月上旬〜中旬
実技試験	6月上旬〜9月上旬	12月上旬〜翌年2月中旬
学科試験	8月下旬〜9月上旬の日曜日 3級は7月中旬〜下旬の日曜日	翌年1月下旬〜2月上旬の日曜日
合格発表	10月上旬、3級は8月下旬	翌年3月中旬

※日程の詳細については都道府県職業能力開発協会(連絡先等は別表2参照)にお問い合わせ下さい。

5 技能検定の実施体制

技能検定は厚生労働大臣が定めた、実施計画に基づいて行うものですが、その実施業務は、厚生労働大臣、都道府県知事、中央職業能力開発協会、都道府県職業能力開発協会等の間で分担されており、受検の受付及び試験の実施については、都道府県職業能力開発協会が行っています。

6 技能検定試験受検手数料

技能検定試験の受検手数料は「実技試験：18,200円」及び「学科試験：3,100円」を標準額として、職種ごとに各都道府県で決定しています(令和2年4月1日現在、都道府県知事が実施する111職種)。

なお、35歳未満の方は、2級又は3級の実技試験の受検手数料が最大9,000円減額されます。詳しくは都道府県職業能力開発協会にお問い合わせ下さい。

7 技能検定の合格者

技能検定の合格者には、厚生労働大臣名(特級、1級、単一等級)又は都道府県知事名等(2級、3級)の合格証明が交付され、技能士と称することができます。

別表1

技能検定の受検に必要な実務経験年数一覧
（都道府県知事が実施する検定職種）

（単位：年）

受検対象者 (※1)	特級 1級合格後	1級 2級合格後	1級 3級合格後	2級 3級合格後	3級 (※7)	基礎級 (※7)	単一等級
実務経験のみ	7			2	0 ※8	0 ※8	3
専門高校卒業 ※2 / 専修学校(大学入学資格付与課程に限る)卒業	6			0	0	0	1
短大・高専・高校専攻科卒業 ※2 / 専門職大学前期課程修了 / 専修学校(大学編入資格付与課程に限る)卒業	5			0	0	0	0
大学卒業(専門職大学前期課程修了者を除く) ※2 / 専修学校(大学院入学資格付与課程に限る)卒業	4			0	0	0	0
専修学校 ※3 又は各種学校卒業(厚生労働大臣が指定したものに限る。) 800時間以上	6	2	4	0	0 ※9	0 ※9	0
1600時間以上	5				0 ※9	0 ※9	0
3200時間以上	4				0 ※9	0 ※9	0
短期課程の普通職業訓練修了 ※4 ※10 700時間以上	6				0 ※6	0 ※6	0
普通課程の普通職業訓練修了 ※4 ※10 2800時間未満	5				0	0	0
2800時間以上	4				0	0	0
専門課程又は特定専門課程の高度職業訓練修了 ※4 ※10	3	1	2	0	0	0	0
応用課程又は特定応用課程の高度職業訓練修了 ※10		1		0	0	0	0
長期課程又は短期養成課程の指導員訓練修了 ※10		1 ※5		0 ※5	0	0	0
職業訓練指導員免許取得		1			0	0	0
長期養成課程の指導員訓練修了 ※10		0		0	0	0	0

※1：検定職種に関する学科、訓練科又は免許職種に限る。

※2：学校教育法による大学、短期大学又は高等学校と同等以上と認められる外国の学校又は他法令学校を卒業した者並びに独立行政法人大学改革支援・学位授与機構により学士の学位を授与された者は学校教育法に基づくそれぞれのものに準ずる。

※3：大学入学資格付与課程、大学編入資格付与課程及び大学院入学資格付与課程の専修学校を除く。

※4：職業訓練法の一部を改正する法律（昭和53年法律第40号）の施行前に、改正前の職業訓練法に基づく高等訓練課程又は特別高等訓練課程の養成訓練を修了した者は、それぞれ改正後の職業能力開発促進法に基づく普通課程の普通職業訓練又は専門課程の高度職業訓練を修了したものとみなす。また、職業能力開発促進法の一部を改正する法律（平成4年法律第67号）の施行前に、改正前の職業能力開発促進法に基づく専門課程の養成訓練を修了した者は、専門課程の高度職業訓練を修了したものとみなし、改正前の職業能力開発促進法に基づく普通課程の養成訓練又は職業転換課程の能力再開発訓練（いずれも800時間以上のものに限る。）を修了した者はそれぞれ改正後の職業能力開発促進法に基づく普通課程又は短期課程の普通職業訓練を修了したものとみなす。

※5：短期養成課程の指導員訓練のうち、実務経験者訓練技法習得コースの修了者については、訓練修了後に行われる能力審査（職業訓練指導員試験に合格した者と同等以上の能力を有すると職業能力開発総合大学校の長が認める審査）に合格しているものに限る。

※6：総訓練時間が700時間未満のものを含む。

※7：3級及び基礎級の技能検定については、上記のほか、検定職種に関する学科に在学する者及び検定職種に関する訓練科において職業訓練を受けている者も受検できる。また、3級の技能検定については工業高等学校に在学する者等であって、かつ、工業高等学校の教員による検定職種に係る講習を受講し、当該講習の責任者から技能検定試験受検に際して安全衛生上の問題等がないと判定されたものも受検できる。

※8：検定職種に関し実務の経験を有する者について、受検資格を認めることとする。

※9：当該学校が厚生労働大臣の指定を受けたものであるか否かに関わらず、受検資格を付与する。

※10：職業能力開発促進法第92条に規定する職業訓練又は指導員訓練に準ずる訓練の修了者においても、修了した職業訓練又は指導員訓練の訓練課程に応じ、受検資格を付与する。

別表2　　　都道府県及び中央職業能力開発協会所在地一覧

（令和2年4月現在）

協 会 名	郵便番号	所 在 地	電話番号
北海道職業能力開発協会	003-0005	札幌市白石区東札幌5条1-1-2　北海道立職業能力開発支援センター内	011-825-2386
青森県職業能力開発協会	030-0122	青森市大字野尻字今田43-1　青森県立青森高等技術専門校内	017-738-5561
岩手県職業能力開発協会	028-3615	紫波郡矢巾町大字南矢幅10-3-1　岩手県立産業技術短期大学校内	019-613-4620
宮城県職業能力開発協会	981-0916	仙台市青葉区青葉町16-1	022-271-9917
秋田県職業能力開発協会	010-1601	秋田市向浜1-2-1　秋田県職業訓練センター内	018-862-3510
山形県職業能力開発協会	990-2473	山形市松栄2-2-1	023-644-8562
福島県職業能力開発協会	960-8043	福島市中町8-2　福島県自治会館5階	024-525-8681
茨城県職業能力開発協会	310-0005	水戸市水府町864-4　茨城県職業人材育成センター内	029-221-8647
栃木県職業能力開発協会	320-0032	宇都宮市昭和1-3-10　栃木県庁舎西別館	028-643-7002
群馬県職業能力開発協会	372-0801	伊勢崎市宮子町1211-1	0270-23-7761
埼玉県職業能力開発協会	330-0074	さいたま市浦和区北浦和5-6-5　埼玉県浦和合同庁舎5階	048-829-2802
千葉県職業能力開発協会	261-0026	千葉市美浜区幕張西4-1-10	043-296-1150
東京都職業能力開発協会	102-8113	千代田区飯田橋3-10-3　東京しごとセンター7階	03-5211-2353
神奈川県職業能力開発協会	231-0026	横浜市中区寿町1-4　かながわ労働プラザ6階	045-633-5419
新潟県職業能力開発協会	950-0965	新潟市中央区新光町15-2　新潟県公社総合ビル4階	025-283-2155
富山県職業能力開発協会	930-0094	富山市安住町7-18　安住町第一生命ビル2階	076-432-9887
石川県職業能力開発協会	920-0862	金沢市芳斉1-15-15　石川県職業能力開発プラザ3階	076-262-9020
福井県職業能力開発協会	910-0003	福井市松本3-16-10　福井県職員会館ビル4階	0776-27-6360
山梨県職業能力開発協会	400-0055	甲府市大津町2130-2	055-243-4916
長野県職業能力開発協会	380-0836	長野市大字南長野南県町688-2　長野県婦人会館3階	026-234-9050
岐阜県職業能力開発協会	509-0109	各務原市テクノプラザ1-18　岐阜県人材開発支援センター内	058-260-8686
静岡県職業能力開発協会	424-0881	静岡市清水区楠160	054-345-9377
愛知県職業能力開発協会	451-0035	名古屋市西区浅間2-3-14　愛知県職業訓練会館内	052-524-2034
三重県職業能力開発協会	514-0004	津市栄町1-954　三重県栄町庁舎4階	059-228-2732
滋賀県職業能力開発協会	520-0865	大津市南郷5-2-14	077-533-0850
京都府職業能力開発協会	612-8416	京都市伏見区竹田流池町121-3　京都府立京都高等技術専門校内	075-642-5075
大阪府職業能力開発協会	550-0011	大阪市西区阿波座2-1-1　大阪本町西第一ビルディング6階	06-6534-7510
兵庫県職業能力開発協会	650-0011	神戸市中央区下山手通6-3-30　兵庫勤労福祉センター1階	078-371-2091
奈良県職業能力開発協会	630-8213	奈良市登大路町38-1　奈良県中小企業会館2階	0742-24-4127
和歌山県職業能力開発協会	640-8272	和歌山市砂山南3-3-38　和歌山技能センター内	073-425-4555
鳥取県職業能力開発協会	680-0845	鳥取市富安2-159　久本ビル5階	0857-22-3494
島根県職業能力開発協会	690-0048	松江市西嫁島1-4-5　SPビル2階	0852-23-1755
岡山県職業能力開発協会	700-0824	岡山市北区内山下2-3-10　アマノビル3階	086-225-1547
広島県職業能力開発協会	730-0052	広島市中区千田町3-7-47　広島県情報プラザ5階	082-245-4020
山口県職業能力開発協会	753-0051	山口市旭通り2-9-19　山口建設ビル3階	083-922-8646
徳島県職業能力開発協会	770-8006	徳島市新浜町1-1-7	088-663-2316
香川県職業能力開発協会	761-8031	高松市郷東町587-1　地域職業訓練センター内	087-882-2854
愛媛県職業能力開発協会	791-1101	松山市久米窪田町487-2　愛媛県産業技術研究所　管理棟2階	089-993-7301
高知県職業能力開発協会	781-5101	高知市布師田3992-4	088-846-2300
福岡県職業能力開発協会	813-0044	福岡市東区千早5-3-1　福岡人材開発センター2階	092-671-1238
佐賀県職業能力開発協会	840-0814	佐賀市成章町1-15	0952-24-6408
長崎県職業能力開発協会	851-2127	西彼杵郡長与町高田郷547-21	095-894-9971
熊本県職業能力開発協会	861-2202	上益城郡益城町田原2081-10　電子応用機械技術研究所内	096-285-5818
大分県職業能力開発協会	870-1141	大分市大字下宗方字古川1035-1　大分職業訓練センター内	097-542-3651
宮崎県職業能力開発協会	889-2155	宮崎市学園木花台西2-4-3	0985-58-1570
鹿児島県職業能力開発協会	892-0836	鹿児島市錦江町9-14	099-226-3240
沖縄県職業能力開発協会	900-0036	那覇市西3-14-1	098-862-4278
中央職業能力開発協会	160-8327	新宿区西新宿7-5-25　西新宿プライムスクエア11階	03-6758-2859

金属熱処理

実技試験問題

平成31年度 技能検定

2級 金属熱処理（一般熱処理作業）

実技試験 問題概要

実技試験は、次の判断等試験と計画立案等作業試験により行う。

1 判断等試験

1.1 試験実施日

平成31年9月1日(日)

1.2 試験時間

問題ごとの試験時間は、次表のとおりである。

問題番号	1	2	3	4	5
試験時間	5分	5分	5分	5分	5分

1.3 問題の概要

問　　　　題		概　　　　要
問題1	火花試験	提示された写真及び図を基に火花試験等を判定する。
問題2	組織判定	提示された顕微鏡による組織写真を基に試験片の組織を判定する。
問題3	温度測定の構成機器	提示された写真を基に温度測定に関する構成機器等を判定する。
問題4	変形測定	提示された測定に関する写真を基に変形測定に関する作業等を判定する。
問題5	硬さ試験	提示された写真を基に硬さ試験等を判定する。

1.4 持参用具等

品　　名	寸法又は規格	数　量	備　　考
筆記用具	鉛筆、消しゴム等	一式	

2 計画立案等作業試験

2.1 試験実施日
平成31年8月25日(日)

2.2 試験時間
50分

2.3 問題の概要
作業条件の設定、作業段取り、設備の点検・調整等について行う。

2.4 持参用具等

品　名	寸法又は規格	数　量	備　考
筆記用具	鉛筆、消しゴム等	一式	

3 注意事項

(1) 判断等試験問題は、試験当日配付され、当日回収される。

(2) 使用用具等は、指定したもの以外のものは使用しないこと。

(3) 試験中は、用具等の貸し借りを禁止する。

(4) **この問題概要に書込みしたものを持ち込まないこと。また試験中に他の用紙にメモしたものや参考書等を参照することは禁止とする。**

(5) 試験中は、携帯電話(電卓機能の使用を含む)の使用を禁止とする。

平成31年度 技能検定

2級 金属熱処理（一般熱処理作業）

実技試験（計画立案等作業試験）問題

1 試験時間

50分

2 注意事項

（1） 係員の指示があるまで、この表紙はあけないでください。

（2） 解答用紙に、受検番号及び氏名を必ず記入してください。

（3） 係員の指示に従って、この試験問題が表紙を含めて9ページであることを確認してください。
それらに異常がある場合は、黙って手を挙げてください。

（4） 試験開始の合図で始めてください。

（5） 解答は、解答用紙の解答欄に記入してください。
なお、要求している解答以外は記入しないでください。

（6） 試験中は、携帯電話(電卓機能の使用を含む。)等の使用を禁止とします。

（7） 試験中、質問があるときは、黙って手を挙げてください。ただし、試験問題の内容、漢字の読み
方等に関する質問にはお答えできません。

（8） 試験終了時刻前に解答ができあがった場合は、黙って手を挙げて、係員の指示に従ってください。

（9） 試験中に手洗いに立ちたいときは、黙って手を挙げて、係員の指示に従ってください。

（10） 試験終了の合図があったら、筆記用具を置き、係員の指示に従ってください。

（11） 試験終了後、解答用紙を提出してください。

（12） 計算等は、問題用紙の余白又は裏面を使用して行ってください。

3 試験に使用できる用具等一覧

品　　名	寸法又は規格	数量	備　　　考
筆記用具等	鉛筆、消しゴム等	一式	

問題1

　下図に示すローラを熱処理する場合について、次の各設問に答えなさい。ただし、解答は解答用紙の解答欄に記号で記入すること。

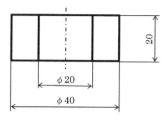

単位：mm

　（注）1　鋼種：SUJ2
　　　　2　製造工程：熱間鍛造 → 焼ならし → 球状化焼なまし → 機械加工
　　　　　　　　　　　→ 焼入焼戻し → 研磨加工
　　　　3　焼入焼戻し後の硬さ：60〜64HRC
　　　　4　焼戻温度：180℃

設問1　日本工業規格(JIS)に規定されているSUJ2の化学成分として、正しいものを一つ選びなさい。

記号	化 学 成 分 (%)					
	C	Si	Mn	P	S	Cr
イ	0.95〜1.10	0.15〜0.35	0.50以下	0.025以下	0.025以下	1.30〜1.60
ロ	0.38〜0.43	0.15〜0.35	0.60〜0.90	0.030以下	0.030以下	0.90〜1.20
ハ	1.00〜1.10	0.50以下	0.80〜1.10	0.030以下	0.030以下	0.20〜0.60

設問2　焼ならしの熱処理線図中の(　　)内に当てはまる語句として、最も適切なものを語群から一つ選びなさい。

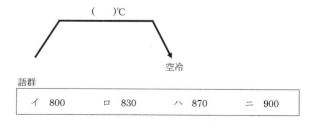

語群

イ　800	ロ　830	ハ　870	ニ　900

設問3　球状化焼なまし(等温保持法)の熱処理線図中の(　)内に当てはまる語句として、最も適切なものを語群からそれぞれ一つずつ選びなさい。

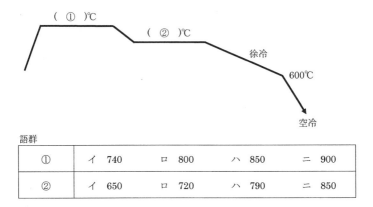

語群

①	イ　740	ロ　800	ハ　850	ニ　900
②	イ　650	ロ　720	ハ　790	ニ　850

設問4　焼入れの熱処理線図中の(　)内に当てはまる語句として、最も適切なものを語群から一つ選びなさい。

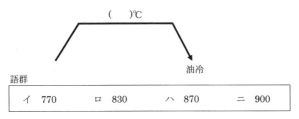

語群

イ　770	ロ　830	ハ　870	ニ　900

設問5　適切な温度で行われた下記の各工程における顕微鏡組織の組合せとして、最も適切なものを語群から一つ選びなさい。

　　焼ならし　→　球状化焼なまし　→　焼入焼戻し

語群

記号	焼ならし	球状化焼なまし	焼入焼戻し
イ	微細パーライト	パーライト＋球状化炭化物	焼戻マルテンサイト＋ベイナイト
ロ	パーライト	フェライト＋球状化炭化物	焼戻マルテンサイト＋ベイナイト
ハ	微細パーライト	フェライト＋球状化炭化物	焼戻マルテンサイト＋未固溶炭化物
ニ	パーライト	パーライト＋球状化炭化物	焼戻マルテンサイト＋未固溶炭化物

問題2

下図のリングギヤ素材の熱処理について、次の各設問に答えなさい。ただし、解答は解答用紙の解答欄に記号で記入すること。

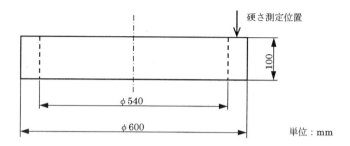

硬さ測定位置

φ540
φ600
100
単位：mm

(注)　1　鋼種：S45C

　　　2　製造工程：熱間鍛造 → 焼なまし → ショットブラスト → 機械加工
　　　　　　　　　　 → 調質 → 切削加工

　　　3　調質指定硬さ：217～269HBW

設問1　最も適切な焼なまし条件を、下記の焼なまし温度及び冷却方法から、それぞれ一つずつ選びなさい。

焼なまし温度

　　イ　930 ℃
　　ロ　880 ℃
　　ハ　810 ℃
　　ニ　760 ℃

冷却方法

　　イ　油冷
　　ロ　水冷
　　ハ　空冷
　　ニ　炉冷

設問2　焼なまし後の硬さ試験方法として、最も適切なものを一つ選びなさい。

　　イ　試験力29.42kNで直径10mmの超硬合金球圧子によるブリネル硬さ試験
　　ロ　Cスケールによるロックウェル硬さ試験
　　ハ　試験力9.807Nでビッカース硬さ試験

設問3　最も適切な焼入条件を、下記の焼入加熱温度及び冷却方法から、それぞれ一つずつ選びなさい。

　　焼入加熱温度

　　　　イ　730 ℃
　　　　ロ　780 ℃
　　　　ハ　850 ℃
　　　　ニ　950 ℃

　　冷却方法

　　　　イ　水冷
　　　　ロ　空冷
　　　　ハ　炉冷

設問4　焼戻温度として、最も適切なものを一つ選びなさい。

　　　　イ　180 ℃
　　　　ロ　400 ℃
　　　　ハ　500 ℃
　　　　ニ　600 ℃

問題3

　下図に示す熱間鍛造用金型の素材を熱処理する場合について、次の各設問に答えなさい。ただし、解答は解答用紙の解答欄に記号で記入すること。

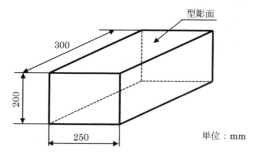

（注）　1　鋼種：SKT4
　　　　2　指定硬さ：55±2 HS
　　　　3　後加工：型彫り仕上げ
　　　　4　加熱炉：箱形電気炉

設問1　球状化焼なましの熱処理線図中の（　　　）内に当てはまる語句として、最も適切なものを語群からそれぞれ一つずつ選びなさい。

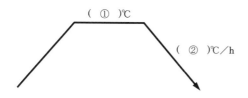

語群

①	イ　620	ロ　700	ハ　780
②	イ　15	ロ　150	ハ　300

設問2　焼入焼戻しの熱処理線図中の(　　　)内に当てはまる語句として、最も適切なものを語群からそれ
　　　ぞれ一つずつ選びなさい。

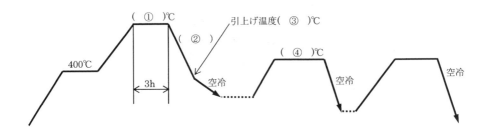

語群

イ	950	ロ	850	ハ	550	ニ	400	ホ	150
ヘ	50	ト	空冷	チ	油冷	リ	水冷		

問題4

　　下図に示す部品を固溶化熱処理する場合について、次の各設問に答えなさい。ただし、解答は解答用紙の解答欄に記号で記入すること。

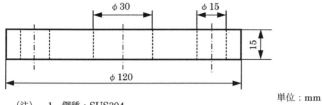

単位：mm

　（注）　1　鋼種：SUS304
　　　　　2　固溶化熱処理硬さ：187HBW 以下

設問1　日本工業規格(JIS)に規定されているSUS304の化学成分として、正しいものを一つ選びなさい。

記号	化　学　成　分　(%)							
	C	Si	Mn	P	S	Ni	Cr	Mo
イ	0.38〜0.43	0.15〜0.35	0.60〜0.90	0.030以下	0.030以下	0.25以下	0.90〜1.20	0.15〜0.30
ロ	0.08〜0.13	0.15〜0.35	0.30〜0.60	0.030以下	0.035以下	0.20以下	—	—
ハ	0.08以下	1.00以下	2.00以下	0.045以下	0.030以下	8.00〜10.50	18.00〜20.00	—

設問2　SUS304に関する記述として、誤っているものを一つ選びなさい。

　　イ　強磁性鋼である。
　　ロ　オーステナイト系ステンレス鋼である。
　　ハ　粒界に炭化物が析出すると粒界腐食を起こしやすい。
　　ニ　耐食性に優れるのは、表面に形成される不動態皮膜による。

設問3　固溶化熱処理線図として、最も適切なものを一つ選びなさい。

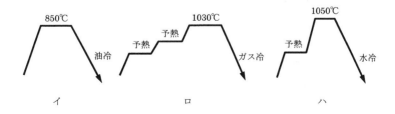

設問4　固溶化熱処理後に得られる組織として、最も適切なものを一つ選びなさい。

　　　イ　マルテンサイト
　　　ロ　オーステナイト
　　　ハ　トルースタイト
　　　ニ　パーライト

平成30年度 技能検定

2級 金属熱処理 （一般熱処理作業）

実技試験(計画立案等作業試験)問題

1 試験時間

50分

2 注意事項

（1） 係員の指示があるまで、この表紙はあけないでください。

（2） 解答用紙に、受検番号及び氏名を必ず記入してください。

（3） 係員の指示に従って、この試験問題が表紙を含めて8ページであることを確認してください。
それらに異常がある場合は、黙って手を挙げてください。

（4） 試験開始の合図で始めてください。

（5） 解答は、解答用紙の解答欄に記入してください。
なお、要求している解答以外は記入しないでください。

（6） 試験中は、携帯電話(電卓機能の使用を含む。)等の使用を禁止とします。

（7） 試験中、質問があるときは、黙って手を挙げてください。ただし、試験問題の内容、漢字の読み方等に関する質問にはお答えできません。

（8） 試験終了時刻前に解答ができあがった場合は、黙って手を挙げて、係員の指示に従ってください。

（9） 試験中に手洗いに立ちたいときは、黙って手を挙げて、係員の指示に従ってください。

（10） 試験終了の合図があったら、筆記用具を置き、係員の指示に従ってください。

（11） 試験終了後、解答用紙を提出してください。

（12） 計算等は、問題用紙の余白又は裏面を使用して行ってください。

3 試験に使用できる用具等一覧

品　　名	寸法又は規格	数量	備　　考
筆記用具等	鉛筆、消しゴム等	一式	

問題1

　下図に示す冷間鍛造用加工素材を球状化焼なましする場合について、次の各設問に答えなさい。ただし、解答は解答用紙の解答欄に記号で記入すること。

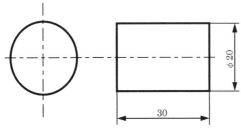

　　　(注) 1　鋼種：S35C
　　　　　 2　指定硬さ：70〜75HRB(120〜135HBW)
　　　　　 3　加熱炉：ピット形炉
　　　　　 4　球状化焼なましの熱処理線図：下図

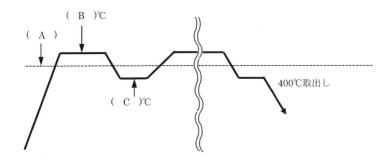

設問1　Aの変態点の名称として、適切なものを一つ選びなさい。
　　　イ　A_1変態点
　　　ロ　A_2変態点
　　　ハ　A_3変態点
　　　ニ　A_{cm}変態点

設問2　Bの加熱保持温度として、適切なものを一つ選びなさい。
　　　イ　550
　　　ロ　650
　　　ハ　750
　　　ニ　850

設問3　Cの加熱保持温度として、適切なものを一つ選びなさい。
  イ 480
  ロ 580
  ハ 680
  ニ 780

設問4　球状化焼なまし後に得られる生地組織として、適切なものを一つ選びなさい。
  イ パーライト
  ロ フェライト
  ハ ソルバイト
  ニ ベイナイト

問題2

　下図に示す熱間鍛造用金型を熱処理する場合について、次の各設問に答えなさい。ただし、解答は解答用紙の解答欄に記号で記入すること。

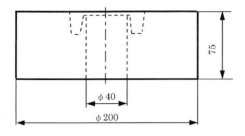

単位：mm

　(注)　1　鋼種：SKD61
　　　　2　指定硬さ：55±2HRC
　　　　3　製造工程：鍛造　→　焼なまし　→　機械加工　→　焼入焼戻し
　　　　4　焼入加熱炉及び焼戻加熱炉：真空炉

設問1　日本工業規格(JIS)に規定されているSKD61の化学成分として正しいものを、イ～ハから一つ選びなさい。

化学成分(mass%)

	C	Si	Mn	P	S	Ni	Cr	Mo	V
イ	0.35〜 0.42	0.80〜 1.20	0.25〜 0.50	0.030 以下	0.020 以下	—	4.80〜 5.50	1.00〜 1.50	0.80〜 1.15
ロ	0.37〜 0.42	0.15〜 0.35	0.60〜 0.90	0.030 以下	0.035 以下	0.20 以下	—	—	—
ハ	0.38〜 0.43	0.15〜 0.35	0.60〜 0.90	0.030 以下	0.030 以下	—	0.90〜 1.20	0.80〜 1.20	—

設問2　下記の焼なまし熱処理線図の（　A　）～（　C　）内に当てはまるものを、語群から一つずつ選びなさい。

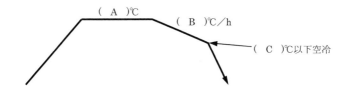

語群

A	イ 650	ロ 750	ハ 850	ニ 950
B	イ 5	ロ 20	ハ 50	ニ 100
C	イ 600	ロ 700	ハ 800	ニ 900

設問3　下記の焼入焼戻し熱処理線図の（　A　）～（　E　）内に当てはまるものを、語群から一つずつ選びなさい。ただし、この鋼材の焼戻硬さ曲線は、下記の図1によるものとする。

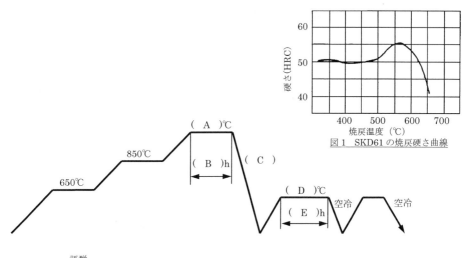

図1　SKD61の焼戻硬さ曲線

語群

A	イ 980	ロ 1020	ハ 1060
B	イ 0.2	ロ 1.5	ハ 3
C	イ 水冷	ロ 油冷	ハ ガス冷却
D	イ 350	ロ 450	ハ 550
E	イ 1	ロ 3	ハ 6

問題3

　下図に示す部品の調質及び後工程について、次の各設問に答えなさい。ただし、解答は解答用紙の解答欄に記号で記入すること。

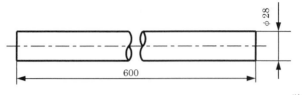

単位：mm

　（注）1　鋼種：SCM435
　　　　2　指定硬さ：269〜331HBW
　　　　3　曲がりの許容値：両端支持で0.3mm以内

設問1　下記の調質熱処理線図の（　A　）〜（　B　）内に当てはまるものを、語群から一つずつ選びなさい。

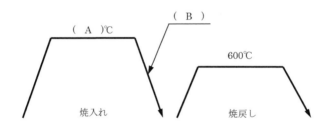

語群

A	イ　900	ロ　850	ハ　800
B	イ　水冷	ロ　油冷	ハ　空冷

設問2　設問1のとおり調質後の部品の曲がりを下図のように測定したとき、ダイヤルゲージの読みが0.50〜3.50mmとなった。このときの曲がり量として、正しいものを一つ選びなさい。

　　　イ　0.50mm
　　　ロ　1.50mm
　　　ハ　2.00mm
　　　ニ　3.50mm

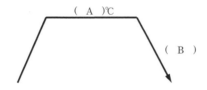

設問3　下記は、調質後、曲がりを矯正した部品の応力除去焼なまし熱処理線図である。図中の（　A　）〜（　B　）内に当てはまるものを、語群から一つずつ選びなさい。

（　A　）℃

（　B　）

語群

A	イ　670	ロ　570	ハ　470
B	イ　空冷	ロ　油冷	ハ　水冷

問題4

　下記のA～Eの図に示す各種バッチ式炉の概略図について、次の各設問に答えなさい。ただし、解答は
解答用紙の解答欄に記号で記入すること。

　なお、各図の(　　)内の数値は、有効加熱帯寸法(単位:m)を表している。

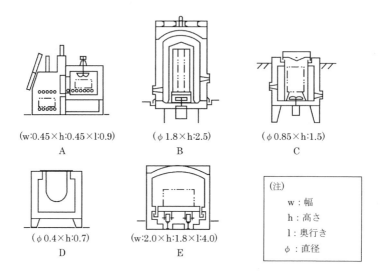

(w:0.45×h:0.45×l:0.9)　　　(φ1.8×h:2.5)　　　(φ0.85×h:1.5)
　　　　A　　　　　　　　　　　B　　　　　　　　　　C

(φ0.4×h:0.7)　　(w:2.0×h:1.8×l:4.0)
　　D　　　　　　　　E

(注)
　w：幅
　h：高さ
　l：奥行き
　φ：直径

設問1　A～Eの図に示す各種バッチ式炉の形式名として適切なものを、語群から一つずつ選びなさい。
　　　ただし、同一記号を重複して使用してはならない。

語群

イ　ベル形(カバー形)	ロ　ポット形	ハ　ピット形	ニ　台車形
ホ　多目的形	ヘ　エレベータ形		

設問2　下記のイ～ホは各種バッチ式炉の使用目的である。それぞれの使用目的に合致するバッチ式炉を、
　　　A～Eから一つずつ選びなさい。ただし、同一記号を重複して使用してはならない。

　　イ　SK85材のリングの塩浴加熱
　　ロ　SUJ2コイル材(コイル寸法φ1.6m)の球状化焼なまし
　　ハ　総重量10t×長さ3.5mの鋼材の焼ならし
　　ニ　SCM420H材歯車のガス浸炭窒化焼入れ
　　ホ　S50C材丸棒(φ30×1200mm)の加熱

平成29年度 技能検定

2級 金属熱処理（一般熱処理作業）

実技試験(計画立案等作業試験)問題

1 試験時間

　　　50分

2 注意事項

（1） 係員の指示があるまで、この表紙はあけないでください。

（2） 解答用紙に、受検番号及び氏名を必ず記入してください。

（3） 係員の指示に従って、この試験問題が表紙を含めて **6** ページであることを確認してください。
それらに異常がある場合は、黙って手を挙げてください。

（4） 試験開始の合図で始めてください。

（5） 解答は、解答用紙の解答欄に記入してください。
なお、要求している解答以外は記入しないでください。

（6） 試験中は、携帯電話(電卓機能の使用を含む。)等の使用を禁止とします。

（7） 試験中、質問があるときは、黙って手を挙げてください。ただし、試験問題の内容、漢字の読み方等に関する質問にはお答えできません。

（8） 試験終了時刻前に解答ができあがった場合は、黙って手を挙げて、係員の指示に従ってください。

（9） 試験中に手洗いに立ちたいときは、黙って手を挙げて、係員の指示に従ってください。

（10） 試験終了の合図があったら、筆記用具を置き、係員の指示に従ってください。

（11） 試験終了後、解答用紙を提出してください。

（12） 計算等は、問題用紙の余白又は裏面を使用して行ってください。

3 試験に使用できる用具等一覧

品　　名	寸法又は規格	数量	備　　　考
筆記用具等	鉛筆、消しゴム等	一式	

問題1

下図に示す部品の焼入焼戻しについて、次の各設問に答えなさい。ただし、解答は解答用紙の解答欄に記号で記入すること。

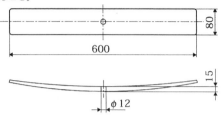

（注） 1　鋼種：SUP 6
　　　 2　焼入焼戻し硬さ：363〜429HBW

（単位：mm）

設問1　日本工業規格(JIS)に規定されているSUP6の化学成分として、正しいものをイ〜ハから一つ選びなさい。

記号	化　　　　学　　　　成　　　　分　　　　(%)								
	C	Si	Mn	P	S	Ni	Cr	Mo	Cu
イ	0.56〜0.64	1.50〜1.80	0.70〜1.00	0.030以下	0.030以下	−	−	−	0.30以下
ロ	0.42〜0.48	0.15〜0.35	0.60〜0.90	0.030以下	0.035以下	−	−	−	−
ハ	0.33〜0.38	0.15〜0.35	0.60〜0.90	0.030以下	0.030以下	0.25以下	0.90〜1.20	0.15〜0.30	−

設問2　焼入焼戻しの熱処理線図のA〜Eに当てはまるものを、語群からそれぞれ一つずつ選びなさい。

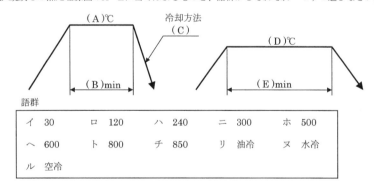

語群

イ　30	ロ　120	ハ　240	ニ　300	ホ　500
ヘ　600	ト　800	チ　850	リ　油冷	ヌ　水冷
ル　空冷				

設問3　焼入焼戻し後に予想される顕微鏡組織として、適切なものを一つ選びなさい。
　　　 イ　マルテンサイト+残留オーステナイト
　　　 ロ　パーライト
　　　 ハ　ソルバイト

問題2

　下図のリングギヤ素材の熱処理について、次の各設問に答えなさい。ただし、解答は解答用紙の解答欄に記号で記入すること。

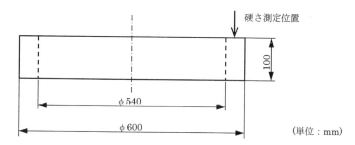

硬さ測定位置

100

φ540

φ600

（単位：mm）

（注）　1　鋼種：S45C

　　　　2　製造工程：熱間鍛造 → 焼なまし → ショットブラスト → 機械加工
　　　　　　　　　　　 → 調質 → 切削加工

　　　　3　調質指定硬さ：229〜269HBW

設問1　適切な焼なまし条件を、下記の(1)焼なまし温度、(2)冷却方法から、それぞれ一つずつ選びなさい。
　　　(1)焼なまし温度
　　　　　イ　750℃
　　　　　ロ　820℃
　　　　　ハ　900℃
　　　　　ニ　930℃
　　　(2)冷却方法
　　　　　イ　炉冷
　　　　　ロ　空冷
　　　　　ハ　水冷
　　　　　ニ　油冷

設問2　焼なまし後の硬さ試験方法として、適切なものを一つ選びなさい。
　　　　　イ　Cスケールによるロックウェル硬さ試験
　　　　　ロ　試験力9.807Nでビッカース硬さ試験
　　　　　ハ　試験力29.42kNで直径10mmの超硬合金球圧子によるブリネル硬さ試験

設問3　適切な焼入条件を、下記の(1)焼入加熱温度、(2)冷却方法から、それぞれ一つずつ選びなさい。

  (1)焼入加熱温度

    イ　780℃

    ロ　850℃

    ハ　880℃

    ニ　930℃

  (2)冷却方法

    イ　炉冷

    ロ　空冷

    ハ　水冷

設問4　焼戻温度として、適切なものを一つ選びなさい。

    イ　150℃

    ロ　350℃

    ハ　580℃

    ニ　680℃

問題3

　下図に示す熱間鍛造用金型の素材を熱処理する場合について、次の設問に答えなさい。ただし、解答は解答用紙の解答欄に記号で記入すること。

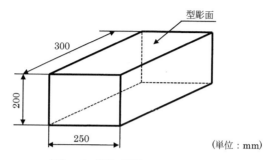

型彫面

300

200

250

（単位：mm）

（注）　1　鋼種：SKT4
　　　　2　指定硬さ：55±2 HS
　　　　3　後加工：型彫り仕上げ
　　　　4　加熱炉：箱形電気炉

設問　焼入焼戻しの熱処理線図のA〜Dに当てはまるものを、語群からそれぞれ一つずつ選びなさい。

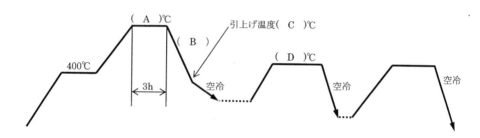

（ A ）℃

引上げ温度(C)℃

（ B ）

（ D ）℃

400℃

3h

空冷

空冷

空冷

語群

イ	30	ロ	150	ハ	450	ニ	550	ホ	860
ヘ	960	ト	油冷	チ	水冷	リ	空冷		

問題4

下図に示す部品を固溶化熱処理する場合について、次の各設問に答えなさい。ただし、解答は解答用紙の解答欄に記号で記入すること。

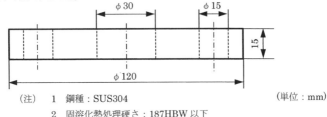

(注)　1　鋼種：SUS304
　　　　2　固溶化熱処理硬さ：187HBW 以下

(単位：mm)

設問1　日本工業規格(JIS)に規定されているSUS304の化学成分として、正しいものをイ～ハから一つ選びなさい。

記号	化　学　成　分　(%)							
	C	Si	Mn	P	S	Ni	Cr	Mo
イ	0.08～0.13	0.15～0.35	0.30～0.60	0.030以下	0.035以下	0.20以下	－	－
ロ	0.08以下	1.00以下	2.00以下	0.045以下	0.030以下	8.00～10.50	18.00～20.00	－
ハ	0.38～0.43	0.15～0.35	0.60～0.90	0.030以下	0.030以下	0.25以下	0.90～1.20	0.15～0.30

設問2　SUS304に関する記述として、誤っているものを一つ選びなさい。
　　　イ　オーステナイト系ステンレス鋼である。
　　　ロ　粒界に炭化物が析出すると粒界腐食を起こしやすい。
　　　ハ　耐食性に優れるのは、表面に形成される不動態皮膜による。
　　　ニ　強磁性鋼である。

設問3　固溶化熱処理線図として、適切なものを一つ選びなさい。

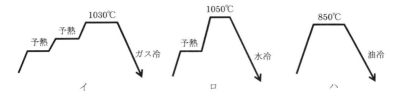

設問4　固溶化熱処理後に得られる組織として、適切なものを一つ選びなさい。
　　　　　イ　フェライト
　　　　　ロ　ソルバイト
　　　　　ハ　オーステナイト
　　　　　ニ　マルテンサイト

平成31年度 技能検定

1級 金属熱処理（一般熱処理作業）

実技試験（製作等作業試験）問題

1 試験時間

課　題	試験時間
〔課題1〕組織判定	5分
〔課題2〕全脱炭層深さ測定	7分
〔課題3〕硬さ試験	7分

2 注意事項

(1) 試験実施日に、本試験問題を持参すること。

(2) 試験問題は表紙を含め5ページで、課題数が3題であることを確認しておくこと。

(3) 解答は、各課題の解答用紙の解答欄に、それぞれ記入すること。

(4) 解答用紙の各ページに、受検番号・氏名を記入すること。

(5) 課題の実施順序は、技能検定委員からの指示に従うこと。

(6) 各課題の終了ごとに、当該課題の解答用紙を切り離し、技能検定委員に提出すること。

(7) 試験用設備は、事前に整備をしてあります。

(8) 作業時の服装等は、作業に適したものであること。

(9) **この問題には、事前に書込みをしないこと。また、試験中に他の用紙にメモをしたものや参考書等を参照することは禁止する。**

(10) 試験中は、携帯電話(電卓機能等の使用を含む。)等の使用を禁止とする。

(11) 試験用設備、試験用試料等の取扱い等について、そのまま継続すると試験用設備、試験用試料等の破損や怪我を招くおそれがある危険な行為であると技能検定委員が判断した場合、試験中にその旨を注意することがある。

　　さらに、当該注意を受けてもなお、危険な行為を続けた場合は、試験を中断し、技能検定委員全員が試験継続不可と判断した場合は、失格とする。ただし、緊急性を伴うと判断された場合は、注意を挟まず、即中止（失格）とすることがある。

〔課題1〕 組織判定

　　注意事項に従って、与えられた試験片の組織を判定しなさい。

● 注意事項

(1)　金属顕微鏡は、焦点微調整以外は操作をしないこと。

(2)　試験片は、あらかじめ研磨、腐食をしてあります。

(3)　検鏡倍率は、400倍(又は500倍)としてあります。

〔課題2〕 全脱炭層深さ測定

　　注意事項に従って、与えられた試験片の全脱炭層深さを測定しなさい。

● 注意事項

(1)　金属顕微鏡は、焦点微調整以外は操作をしないこと。

(2)　試験片は、あらかじめ研磨、腐食をしてあります。

(3)　検鏡倍率は、100倍としてあります。

〔課題3〕 硬さ試験

　注意事項に従って、与えられた試験片の外周についてロックウェル硬さ試験を少なくとも3回行い、硬さを測定しなさい。

● 注意事項

(1)　硬さ試験機(ロックウェル硬さ試験)※のスケールは、Cになります。
　　（※機種や仕様については、事前に公表されます。）

(2)　曲面の補正は含まないこと。

1級 金属熱処理(一般熱処理作業) 実技試験 使用工具等一覧表

1 受検者が持参するもの

品　名	寸法又は規格	数　量	備　考
作業服等	作業時の服装等は、作業に適したものであること。	一式	
筆記用具		一式	

2 試験場に準備してあるもの

（数量欄の数字で特にことわりのないものは、受検者1人当たりの数量を示す。）

区　分	品　名	数　量	備　考
〔課題1〕 組織判定	組織判定用試験片	1	
	金属顕微鏡	1式	接眼鏡を通して判定ができるもの（接眼鏡でなくモニターで判定することは不可）。
〔課題2〕 全脱炭層深さ測定	全脱炭層深さ測定用試験片	1	
	金属顕微鏡	1式	読取り寸法のある接眼鏡を通して測定ができるもの（接眼鏡でなくモニターで測定することは不可）。
〔課題3〕 硬さ試験	硬さ試験用試験片	1	
	硬さ試験機 (ロックウェル硬さ試験)	1式	
	V型アンビル (センタリング用Vブロック)	1	

実技試験（計画立案等作業試験）について

1 試験実施日

平成31年8月25日(日)

2 試験時間

60分

3 問題の概要

作業条件の設定、作業段取り、設備の点検・調整等について行う。

4 持参用具等

品　　名	寸法又は規格	数量	備　　　　考
筆記用具等	鉛筆、消しゴム等	一式	
定規	150mm以上	1	
電子式卓上計算機	電池式(太陽電池式含む)	1	関数電卓不可

5 その他

試験中は、携帯電話(電卓機能の使用を含む。)等の使用は禁止とする。

平成31年度 技能検定

1級 金属熱処理（一般熱処理作業）

実技試験（計画立案等作業試験）問題

1 試験時間

60分

2 注意事項

（1） 係員の指示があるまで、この表紙はあけないでください。

（2） 解答用紙に、受検番号及び氏名を必ず記入してください。

（3） 係員の指示に従って、この試験問題が表紙を含めて 13 ページであることを確認してください。それらに異常がある場合は、黙って手を挙げてください。

（4） 試験開始の合図で始めてください。

（5） 解答は、解答用紙の解答欄に記入してください。
なお、要求している解答以外は記入しないでください。

（6） 試験中は、携帯電話(電卓機能の使用を含む。)等の使用を禁止とします。

（7） 試験中、質問があるときは、黙って手を挙げてください。ただし、試験問題の内容、漢字の読み方等に関する質問にはお答えできません。

（8） 試験終了時刻前に解答ができあがった場合は、黙って手を挙げて、係員の指示に従ってください。

（9） 試験中に手洗いに立ちたいときは、黙って手を挙げて、係員の指示に従ってください。

（10） 試験終了の合図があったら、筆記用具を置き、係員の指示に従ってください。

（11） 試験終了後、解答用紙を提出してください。

（12） 計算等は、問題用紙の余白又は裏面を使用して行ってください。

3 試験に使用できる用具等一覧

品　　名	寸法又は規格	数量	備　　考
筆記用具等	鉛筆、消しゴム等	一式	
定規	150mm以上	1	
電子式卓上計算機	電池式(太陽電池式含む)	1	関数電卓不可

問題1

下表に示す鋼材について、次の各設問に答えなさい。ただし、設問1及び設問3の解答は解答用紙の解答欄に数値で記入すること。また、設問2の解答は解答用紙の解答欄に記号で記入すること。なお、鋼材には、下表に示す以外の焼入性に影響を及ぼす合金元素は含まれないものとする。

また、解答するに当たっては、炭素量及び結晶粒度と基本鋼の理想臨界直径の関係については図1を、合金元素及びその量と焼入性倍数の関係については図2を、理想臨界直径と急冷度Hと臨界直径の関係については図3を使用すること。

結晶粒度	化 学 成 分 (%)				
	C	Si	Mn	Ni	Cr
7	0.35	0.20	0.70	0.20	1.00

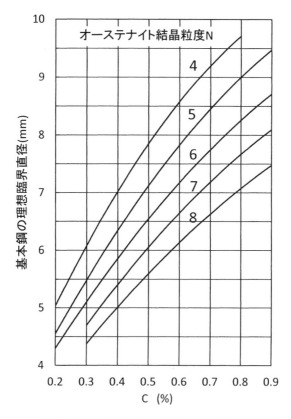

図1 炭素量及び結晶粒度と基本鋼の理想臨界直径の関係

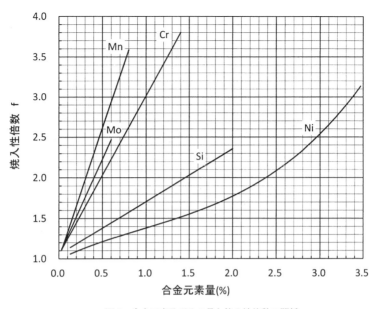

図2　合金元素及びその量と焼入性倍数の関係

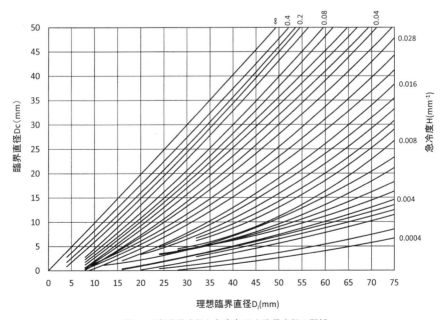

図3　理想臨界直径と急冷度 H と臨界直径の関係

設問1　この鋼材の理想臨界直径を求めなさい。ただし、解答はmm単位とし、小数点以下第1位を四捨五入して整数値で解答すること。

設問2　この鋼材を冷却剤で焼入れし、その臨界直径を調べたところ、直径30mmであった。このときの冷却剤の種類及び撹拌の程度として、最も適切なものを語群からそれぞれ一つずつ選びなさい。

語群

冷却剤の種類	イ　空気	ロ　油	ハ　水	ニ　食塩水
撹拌の程度	イ　強烈	ロ　強い	ハ　中程度	ニ　静止

設問3　この鋼材にMoを添加し、理想臨界直径が1.5倍となる鋼材を作成することを計画した。鋼材の結晶粒度とMo以外の化学成分は元の鋼材と全く同じとし、作成する鋼材のMoの添加量として適切な値を求めなさい。ただし、解答は%単位とし、小数点以下第2位を四捨五入して小数点以下第1位までの数値で解答すること。

問題2

下図に示す機械部品を熱処理する場合について、次の各設問に答えなさい。ただし、設問2、設問3及び設問4の解答は、解答用紙の解答欄に記号で記入すること。また、設問1及び設問5の解答は、解答用紙の解答欄に記述すること。なお、機械部品の鋼材の成分範囲は下表に示すものとする。

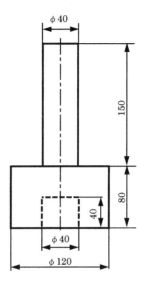

単位：mm

（注）1　調質後の指定硬さ：269〜331HBW

　　　2　製造工程：鍛造 → 焼なまし → 機械加工(加工代全面3mm)
　　　　　　　　　　 → 調質 → 旋削仕上げ加工

化　学　成　分　(%)							
C	Si	Mn	P	S	Ni	Cr	Mo
0.33〜0.38	0.15〜0.35	0.60〜0.90	0.030以下	0.030以下	0.25以下	0.90〜1.20	0.15〜0.30

設問1　上記の鋼材の種類を表す記号を、日本工業規格(JIS)に規定されている表記に従って、解答欄に記述しなさい。

設問2　鍛造後の焼なまし方法として、最も適切なものを一つ選びなさい。

  イ　拡散焼なまし
  ロ　完全焼なまし
  ハ　球状化焼なまし
  ニ　応力除去焼なまし

設問3　設問2の焼なまし温度として、最も適切なものを一つ選びなさい。

  イ　630 ℃
  ロ　730 ℃
  ハ　830 ℃
  ニ　930 ℃

設問4　調質における焼入焼戻し熱処理線図中の(　　)内に当てはまる語句として、最も適切なものを語
群からそれぞれ一つずつ選びなさい。

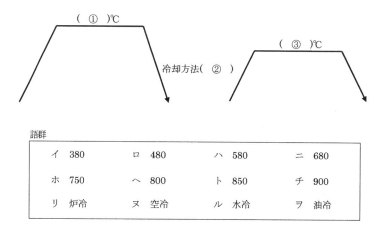

語群

イ　380	ロ　480	ハ　580	ニ　680
ホ　750	ヘ　800	ト　850	チ　900
リ　炉冷	ヌ　空冷	ル　水冷	ヲ　油冷

設問5　次の文中の(　　)内に当てはまる組織名称を解答欄に記述しなさい。

  調質後に顕微鏡観察できるソルバイト組織は、(　　)と粒状に析出成長した炭化物の混合組織
である。

問題3

　下図に示す部品(トーションバー)を製造する場合について、次の各設問に答えなさい。ただし、解答は解答用紙の解答欄に記号で記入すること。

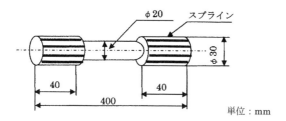

　　　　　　　　　　　　　　　　　　　　　　　単位：mm

（注）　1　鋼種：SUP9
　　　　2　指定硬さ：39〜45HRC
　　　　3　脱炭に注意すること。
　　　　4　曲り変形に注意すること。
　　　　5　ショットピーニングを行うこと。

設問1　ばねに関する次の文中の（　）内に当てはまる語句を、語群からそれぞれ一つずつ選びなさい。
　　　　なお、同じ記号は重複して使用しないこと。

　　ばねは、その使用目的や使用材料によって、ばねの成形工程が熱間で行われる場合と冷間で行われる場合がある。JIS G4801:2011 に定めるばね鋼鋼材は、主として（　①　）ばねに使用するばね鋼鋼材について規定している。ばね鋼鋼材は（　②　）種類が規定されているが、主成分としては六つに分けられ、SUP9はマンガンクロム鋼鋼材である。
　　ばねの熱処理では、ばねに高い（　③　）と（　④　）を与えることが目的であり、また、良好な品質のばねを作るためには、適切な加熱温度や冷却によって、結晶粒粗大化、（　⑤　）、不完全焼入れなどを防止する必要がある。

語群

イ　結晶粒微細化	ロ　弾性	ハ　変形	ニ　絞り
ホ　伸び	ヘ　疲労強度	ト　8	チ　10
リ　熱間成形	ヌ　冷間成形		

設問2　この部品の焼入焼戻し熱処理線図中の(　　)内に当てはまる語句として、最も適切なものを語群
　　　からそれぞれ一つずつ選びなさい。

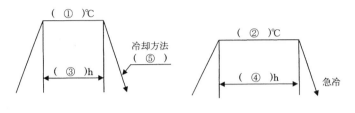

語群

(①、②)	イ　850	ロ　800	ハ　580	ニ　460	ホ　300
(③、④)	イ　4	ロ　2	ハ　0.5		
(⑤)	イ　空冷	ロ　油冷	ハ　水冷		

設問3　設問2の熱処理後の予想される顕微鏡組織として、最も適切なものを一つ選びなさい。

　　イ　焼戻マルテンサイト＋ベイナイト
　　ロ　焼戻マルテンサイト＋残留オーステナイト
　　ハ　ベイナイト＋パーライト
　　ニ　トルースタイト

問題4

下図に示す丸棒を熱処理する場合について、次の各設問に答えなさい。ただし、解答は解答用紙の解答欄に記号で記入すること。

単位：mm

(注) 1 鋼種：SUS630
2 工程：素材 → 荒加工 → 固溶化熱処理 → 析出硬化処理(H900)
3 析出硬化処理後の指定硬さ：375 HBW以上

設問1 日本工業規格(JIS)に規定されているSUS630の化学成分として、正しいものを一つ選びなさい。

記号	化 学 成 分 (%)							
	C	Si	Mn	P	S	Ni	Cr	その他
イ	0.07 以下	1.00 以下	1.00 以下	0.040 以下	0.030 以下	3.00〜 5.00	15.00〜 17.50	Cu 3.00~5.00 Nb 0.15~0.45
ロ	0.26〜 0.40	1.00 以下	1.00 以下	0.040 以下	0.030 以下	(0.60以下)	12.00〜 14.00	―
ハ	0.12 以下	0.75 以下	1.00 以下	0.040 以下	0.030 以下	(0.60以下)	16.00〜 18.00	―
ニ	0.08 以下	1.00 以下	2.00 以下	0.045 以下	0.030 以下	8.00〜 10.50	18.00〜 20.00	―

設問2 固溶化熱処理、析出硬化処理線図中の（ ）内に当てはまる語句として、最も適切なものを語群からそれぞれ一つずつ選びなさい。

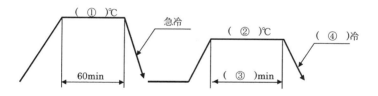

語群

イ	60	ロ	120	ハ	240	ニ	420	ホ	480
ヘ	550	ト	580	チ	620	リ	850	ヌ	980
ル	1050	ヲ	1120	ワ	水	カ	油	ヨ	空

設問3　固溶化熱処理後の硬さとして、最も適切なものを一つ選びなさい。

    イ　100 HBW
    ロ　200 HBW
    ハ　300 HBW
    ニ　400 HBW

設問4　この丸棒の析出硬化処理後の特徴として、最も適切なものを一つ選びなさい。

    イ　非磁性である。
    ロ　耐力は固溶化熱処理後よりも高くなる。
    ハ　顕微鏡組織はフェライトである。
    ニ　耐食性は、一般的に、マルテンサイト系ステンレスよりも劣る。

問題5

　下表は、各鋼種における顕微鏡組織、熱処理、加熱温度及び冷却を示している。表中の(　　)内に当てはまる語句として、最も適切なものを語群からそれぞれ一つずつ選びなさい。ただし、解答は解答用紙の解答欄に記号で記入すること。また、同じ記号は重複して使用しないこと。

鋼種	顕微鏡組織	熱処理	加熱温度(℃)	冷却
SK85	マルテンサイト＋少量の未固溶炭化物	焼入れ	(　①　)	水冷
SCM420	フェライト＋パーライト	焼ならし	(　②　)	空冷
SKD61	マルテンサイト	焼入れ	(　③　)	空冷
SKH2	マルテンサイト＋残留オーステナイト＋未固溶炭化物	焼入れ	(　④　)	油冷
SCM445	マルテンサイト	焼入れ	(　⑤　)	油冷

語群

イ	800	ロ	850	ハ	920
ニ	980	ホ	1020	ヘ	1260

問題6

次の各設問に答えなさい。ただし、設問1及び設問2の解答は、解答用紙の解答欄に記号で記入すること。また、設問3の解答は、解答用紙の解答欄に数値で記入すること。

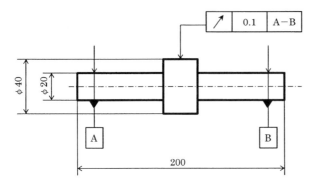

単位：mm

設問1　文中の(　　)内に当てはまる語句を、語群からそれぞれ一つずつ選びなさい。

　　　日本工業規格(JIS)では、上図の幾何公差について「実際の(　①　)は、共通データム軸直線 A－B のまわりに 1 回転させる間に、任意の(　②　)において 0.1mm(　③　)でなければならない。」と規定している。

語群

イ　円周振れ	ロ　全振れ	ハ　平行度	ニ　傾斜度
ホ　平面度	ヘ　横断面	ト　縦断面	チ　表面
リ　以下	ヌ　以上	ル　未満	

設問2　上図の幾何公差を測定する場合に使用する器具として、ダイヤルゲージ以外で適切なものを、語群から二つ選びなさい。

語群

イ　シリンダゲージ	ロ　マイクロメータ	ハ　すきまゲージ
ニ　ハイトゲージ	ホ　V ブロック	ヘ　定盤

設問3　提示された写真A～Dは、図中の幾何公差を計測した際のゲージ目盛値を含む写真である。これを基に図中の幾何公差を求めなさい。ただし、単位はmmとし、解答値は小数点以下第3位を四捨五入して小数点以下第2位までの数値で解答すること。

写真A

写真B

写真C

写真D

平成30年度 技能検定

1級 金属熱処理（一般熱処理作業）

実技試験(計画立案等作業試験)問題

1 試験時間

50分

2 注意事項

（1） 係員の指示があるまで、この表紙はあけないでください。

（2） 解答用紙に、受検番号及び氏名を必ず記入してください。

（3） 係員の指示に従って、この試験問題が表紙を含めて7ページであることを確認してください。
それらに異常がある場合は、黙って手を挙げてください。

（4） 試験開始の合図で始めてください。

（5） 解答は、解答用紙の解答欄に記入してください。
なお、要求している解答以外は記入しないでください。

（6） 試験中は、携帯電話(電卓機能の使用を含む。)等の使用を禁止とします。

（7） 試験中、質問があるときは、黙って手を挙げてください。ただし、試験問題の内容、漢字の読み方等に関する質問にはお答えできません。

（8） 試験終了時刻前に解答ができあがった場合は、黙って手を挙げて、係員の指示に従ってください。

（9） 試験中に手洗いに立ちたいときは、黙って手を挙げて、係員の指示に従ってください。

（10） 試験終了の合図があったら、筆記用具を置き、係員の指示に従ってください。

（11） 試験終了後、解答用紙を提出してください。

（12） 計算等は、問題用紙の余白又は裏面を使用して行ってください。

3 試験に使用できる用具等一覧

品　　名	寸法又は規格	数量	備　　　考
筆記用具等	鉛筆、消しゴム等	一式	

問題1

　下図の深絞り用金型をA、B及びCの異なる熱処理条件で焼入焼戻ししたところ、表【焼入焼戻し後の寸法変化(mm)】に示すとおりとなった。次の各設問に答えなさい。ただし、解答は解答用紙の解答欄に記号で記入すること。

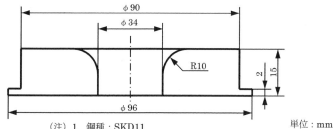

　　　　(注)　1　鋼種：SKD11
　　　　　　　2　焼入予熱：850℃　20min
　　　　　　　3　焼入加熱時間：30min
　　　　　　　4　焼入加熱には、真空炉を使用する。

単位：mm

【焼入焼戻し後の寸法変化(mm)】

熱処理条件	内径(ϕ34)	外径(ϕ90)
A	+0.028	+0.078
B	−0.018	−0.052
C	−0.036	−0.094

設問1　B及びCの熱処理条件で収縮した理由として、適切なものを一つ選びなさい。
　　　イ　残留オーステナイトの生成
　　　ロ　脱炭
　　　ハ　浸炭

設問2　A～Cそれぞれの熱処理条件の内容として、適切なものを一つずつ選びなさい。

　　　イ　1100℃から焼入れ　→　180℃で　60min焼戻し
　　　ロ　1030℃から焼入れ　→　180℃で　60min焼戻し
　　　ハ　1030℃から焼入れ　→　−80℃でサブゼロ処理　→　180℃で　60min焼戻し

設問3　A～Cそれぞれの熱処理条件で焼入焼戻しを行った後の硬さとして、適切なものを一つずつ選びなさい。
　　　イ　64HRC
　　　ロ　61HRC
　　　ハ　56HRC

問題2

　図1の丸棒を、図2の焼ならし熱処理線図にしたがって焼ならしした。次の各設問に答えなさい。ただ
し、解答は解答用紙の解答欄に記号で記入すること。

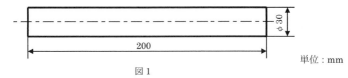

図1

単位：mm

(注)　1　鋼種：SCM420H
　　　 2　焼ならし組織：フェライト＋パーライト

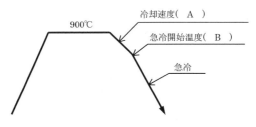

図2　焼ならし熱処理線図

設問1　図2の（　A　）の冷却速度として、適切なものを一つ選びなさい。ただし、この鋼材の連続冷却
　　　 変態図は図3によるものとする。

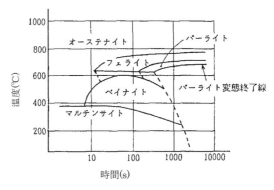

図3　連続冷却変態図

　　　イ　　　2 ℃／min
　　　ロ　　25 ℃／min
　　　ハ　250 ℃／min

設問2　焼ならしを効率よく作業するための図2の（　B　）の急冷開始温度として、適切なものを一つ選びなさい。

    イ　600 ℃

    ロ　400 ℃

    ハ　200 ℃

設問3　加熱炉の温度設定を誤って1150℃で焼ならしを行った。この場合に生ずることの予想される金属組織として、適切なものを一つ選びなさい。

    イ　オーステナイト

    ロ　ウィドマンステッテン

    ハ　マルテンサイト

設問4　設問3の正解として得られる金属組織の特徴として、適切なものを一つ選びなさい。

    イ　硬くて強い

    ロ　軟らかくて粘い

    ハ　ぜい弱でもろい

設問5　この部品内部の金属組織観察の工程として、（　A　）～（　D　）内に当てはまるものを、語群から一つずつ選びなさい。

    試料採取 → 荒研磨・中間研磨・（　A　）→ 水洗い → 乾燥 →（　B　）→ 水洗い
    → 乾燥 →（　C　）→ 水洗い →（　D　）→ 組織観察

語群			
イ　塩酸腐食		ロ　硝酸アルコール腐食	
ハ　鏡面研磨		ニ　仕上げ研磨	
ホ　乾燥		ヘ　加熱	
ト　切断			

問題3

下図のリングゲージを焼入焼戻しした。次の各設問に答えなさい。ただし、解答は解答用紙の解答欄に記号で記入しなさい。

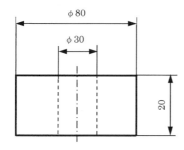

単位：mm

（注）　1　鋼種：SKS93

　　　　2　指定硬さ：58HRC以上

設問1　焼入焼戻し後のひずみを軽減するため、機械加工後に行う焼なまし処理として、適切なものを一つ選びなさい。

　　　イ　完全焼なまし

　　　ロ　応力除去焼なまし

　　　ハ　球状化焼なまし

　　　ニ　拡散焼なまし

設問2　設問1の焼なまし温度として、適切なものを一つ選びなさい。

　　　イ　800～850 ℃

　　　ロ　750～800 ℃

　　　ハ　550～600 ℃

　　　ニ　350～400 ℃

設問3　次の焼入焼戻し熱処理線図の（　A　）～（　F　）内に当てはまるものを、語群から一つずつ選び
　　　　なさい。

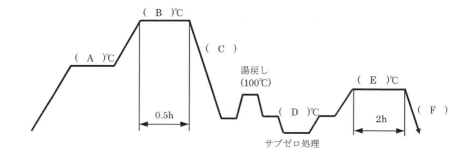

語群

A・B・D・E	イ 900	ロ 820	ハ 760	ニ 600	ホ 450
	ヘ 300	ト 180	チ 120	リ −5	ヌ −80
C・F	イ　油冷	ロ　水冷	ハ　空冷		

設問4　サブゼロ処理の目的として、適切なものを一つ選びなさい。
　　　　イ　焼入マルテンサイトからの炭化物の析出
　　　　ロ　焼戻マルテンサイトの安定化
　　　　ハ　残留オーステナイトの安定化
　　　　ニ　残留オーステナイトのマルテンサイト化

設問5　焼戻し後に予想される顕微鏡組織として、適切なものを一つ選びなさい。
　　　　イ　パーライト
　　　　ロ　ソルバイト
　　　　ハ　トルースタイト
　　　　ニ　焼戻マルテンサイト＋未固溶炭化物

問題4

　下図は、焼入状態の共析鋼を常温から徐々に加熱して焼戻ししたときの長さの変化を模式的に示したものである。次の文中の（　A　）～（　K　）内に当てはまるものを、語群から一つずつ選びなさい。ただし、解答は解答用紙の解答欄に記号で記入すること。

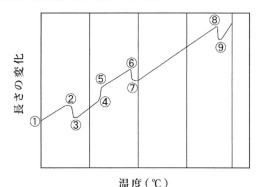

共析鋼の焼戻しにおける長さの変化

　焼入れした鋼は①を起点として加熱すると、図に示すように長さの変化が起きる。

【焼戻しの第一過程】
（　A　）℃における②～③の収縮：高炭素の（　B　）が低炭素マルテンサイトと中間炭化物になる変化である。この低炭素マルテンサイトの炭素量は（　C　）％と考えられている。

【焼戻しの第二過程】
（　D　）℃における④～⑤の膨張：残留オーステナイトが（　E　）に変化するために起こる。

【焼戻しの第三過程】
（　F　）℃における⑥～⑦の収縮：低炭素マルテンサイトが（　G　）と（　H　）に分解し、中間炭化物は消失して安定な（　H　）として析出する。
⑧～⑨の収縮：（　I　）で変態が起き、均一なオーステナイト状態になる。焼入れした鋼は約 400℃まで焼戻しをすると安定平衡相の金属組織になり、一般に、400～500℃で焼戻しを行った組織を（　J　）と呼び、更に 600℃付近まで焼戻しした組織を（　K　）と呼ぶ。

語群

イ	0.01～0.02	ロ	0.2～0.25	ハ	40～80	ニ	100～200
ホ	230～270	ヘ	270～430	ト	550～600	チ	A₁
リ	A₃	ヌ	フェライト	ル	パーライト	ヲ	セメンタイト
ワ	オーステナイト	カ	ベイナイト	ヨ	トルースタイト	タ	ソルバイト
レ	マルテンサイト						

平成29年度 技能検定

1級 金属熱処理(一般熱処理作業)

実技試験(計画立案等作業試験)問題

1 試験時間

　　　50分

2 注意事項

（1） 係員の指示があるまで、この表紙はあけないでください。

（2） 解答用紙に、受検番号及び氏名を必ず記入してください。

（3） 係員の指示に従って、この試験問題が表紙を含めて 10 ページであることを確認してください。
　　　それらに異常がある場合は、黙って手を挙げてください。

（4） 試験開始の合図で始めてください。

（5） 解答は、解答用紙の解答欄に記入してください。
　　　なお、要求している解答以外は記入しないでください。

（6） 試験中は、携帯電話(電卓機能の使用を含む。)等の使用を禁止とします。

（7） 試験中、質問があるときは、黙って手を挙げてください。ただし、試験問題の内容、漢字の読み
　　　方等に関する質問にはお答えできません。

（8） 試験終了時刻前に解答ができあがった場合は、黙って手を挙げて、係員の指示に従ってくださ
　　　い。

（9） 試験中に手洗いに立ちたいときは、黙って手を挙げて、係員の指示に従ってください。

（10） 試験終了の合図があったら、筆記用具を置き、係員の指示に従ってください。

（11） 試験終了後、解答用紙を提出してください。

（12） 計算等は、問題用紙の余白又は裏面を使用して行ってください。

3 試験に使用できる用具等一覧

品　　　名	寸法又は規格	数量	備　　　　　考
筆記用具等	鉛筆、消しゴム等	一式	
定規	150mm以上 1mmの目盛付のもの	1	
電子式卓上計算機	電池式(太陽電池式含む)	1	関数電卓不可

問題1

　表1に示す鋼材について、次の各設問に答えなさい。ただし、鋼材には、表1に示す以外の焼入性に影響を及ぼす合金元素は含まれないものとする。

　なお、解答するに当たって、炭素量及び結晶粒度と基本鋼の理想臨界直径の関係については図1を、合金元素及びその量と焼入性倍数の関係については図2を、理想臨界直径と急冷度Hと臨界直径の関係については図3を使用すること。

表 1

結晶粒度	化学成分(%)				
8	C	Si	Mn	Ni	Cr
	0.30	0.20	0.80	0.20	1.20

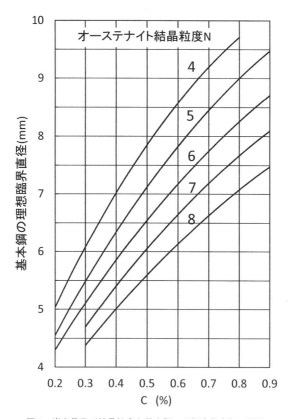

図1　炭素量及び結晶粒度と基本鋼の理想臨界直径の関係

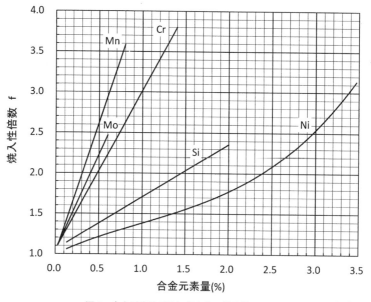

図2　合金元素及びその量と焼入性倍数の関係

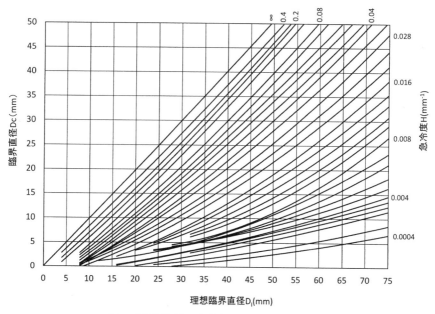

図3　理想臨界直径と急冷度 H と臨界直径の関係

設問1　この鋼材の理想臨界直径を求めなさい。ただし、解答はmm単位とし、小数点以下第1位を四捨五入して整数で解答すること。

設問2　この鋼材を冷却剤で焼入れし、その臨界直径を調べたところ、直径36mmであった。このときの冷却剤の種類及び撹拌の程度として適切なものを語群からそれぞれ一つずつ選び、解答欄に記号を記入しなさい。

語群

冷却剤の種類	イ　水	ロ　食塩水	ハ　油	ニ　空気
撹拌の程度	イ　静止	ロ　弱い	ハ　中程度	ニ　強烈

設問3　この鋼材にMoを添加し、理想臨界直径が2倍となる鋼材を作成することを計画した。鋼材の結晶粒度とMo以外の化学成分は元の鋼材と全く同じとして、作成する鋼材のMoの添加量として適切な値を求めなさい。ただし、解答は%単位で、小数点以下第2位を四捨五入し、小数点以下第1位までの数値で解答すること。

問題2

　下図に示す機械部品を熱処理する場合について、次の各設問に答えなさい。ただし、機械部品の鋼材の成分範囲は表1に示すものとする。

表1

化学成分(%)							
C	Si	Mn	P	S	Ni	Cr	Mo
0.38〜0.43	0.15〜0.35	0.60〜0.90	0.030以下	0.030以下	0.25以下	0.90〜1.20	0.15〜0.30

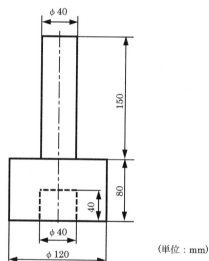

（単位：mm）

（注）1　調質後の指定硬さ：285〜352HBW

　　　2　製造工程：鍛造 → 焼なまし → 機械加工(加工代全面3mm)

　　　　　→ 調質 → 旋削仕上げ加工

設問1　上記の鋼材の種類を表す記号を、日本工業規格(JIS)に規定されている表記に従って、解答欄に記述しなさい。

設問2　鍛造後の焼なまし方法として適切なものを一つ選び、解答欄に記号を記入しなさい。
　　　イ　応力除去焼なまし
　　　ロ　球状化焼なまし
　　　ハ　完全焼なまし
　　　ニ　拡散焼なまし

設問3　設問2の焼なまし温度として適切なものを一つ選び、解答欄に記号を記入しなさい。
　　　イ　930℃
　　　ロ　830℃
　　　ハ　730℃
　　　ニ　630℃

設問4　調質における焼入焼戻しの熱処理線図のA〜Cに当てはまるものを、語群からそれぞれ一つずつ選び、解答欄に記号を記入しなさい。

温度（A）℃

冷却方法（B）

温度（C）℃

語群

イ	炉冷	ロ	空冷	ハ	水冷	ニ	油冷
ホ	380	ヘ	480	ト	580	チ	680
リ	750	ヌ	800	ル	850	ヲ	900

設問5　文中の(　　)内に当てはまる組織名称を解答欄に記述しなさい。

　　調質後に顕微鏡観察できるソルバイト組織は、(　　)と粒状に析出した炭化物の混合組織である。

問題3

下図に示す部品(トーションバー)を製造する場合について、次の各設問に答えなさい。ただし、解答は解答用紙の解答欄に記号で記入すること。

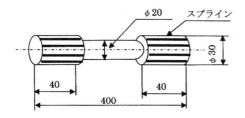

(注) 1 鋼種：SUP9　　　　　　　　　　（単位：mm）
　　　2 指定硬さ：39～45HRC
　　　3 脱炭に注意すること。
　　　4 曲り変形に注意すること。
　　　5 ショットピーニングを行うこと。

設問1　ばねに関する次の文中の(A)～(E)に当てはまるものを、語群からそれぞれ一つずつ選びなさい。ただし、同じ記号は重複して使用しないこと。

　　ばねは、その使用目的や使用材料によって、ばねの成形工程が熱間で行われる場合と冷間で行われる場合がある。JIS G 4801:2011 に定めるばね鋼鋼材は、主として(A)ばねに使用するばね鋼鋼材について規定している。ばね鋼鋼材は 8 種類が規定されているが、主成分としては六つに分けられ、SUP9 は、(B)鋼材である。
　　ばねの熱処理では、ばねに高い(C)と(D)を与えることが目的であり、また良好な品質のばねを作るためには、適切な加熱温度や冷却により、結晶粒粗大化、(E)、不完全焼入れなどを防止する必要がある。

語群

イ	変形	ロ	結晶粒微細化	ハ	弾性	ニ	シリコンマンガン鋼
ホ	絞り	ヘ	冷間成形	ト	伸び	チ	マンガンクロム鋼
リ	疲労強度	ヌ	熱間成形				

設問 2　この部品の焼入焼戻し熱処理線図の A～E に当てはまるものを、語群・数値群からそれぞれ
　　　一つずつ選びなさい。

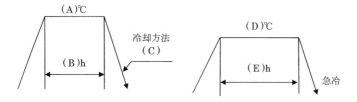

語群・数値群

（A）（D）	イ　300	ロ　460	ハ　580	ニ　800	ホ　850
（B）（E）	イ　0.5	ロ　2	ハ　4		
（C）	イ　空冷	ロ　油冷	ハ　水冷		

設問 3　設問 2 の熱処理後の予想される顕微鏡組織として、適切なものを一つ選びなさい。
　　　イ　トルースタイト
　　　ロ　焼戻マルテンサイト＋残留オーステナイト
　　　ハ　ベイナイト＋パーライト
　　　ニ　焼戻マルテンサイト＋ベイナイト

問題4

　下図の化学機器の部品を熱処理する場合について、次の各設問に答えなさい。ただし、解答は解答用紙の解答欄に記号で記入すること。

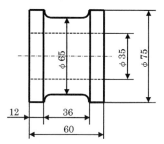

(注)　1　鋼種：SUS420J2
　　　2　指定硬さ：217HBW以上
　　　3　指定衝撃値：29J/cm²以上
　　　4　前加工：鍛造
　　　5　加熱炉：箱形電気炉

(単位：mm)

設問1　鍛造後に行う組織調整及び被削性の向上のための熱処理方法として、適切なものを一つ選びなさい。
　　　イ　1050℃から水冷
　　　ロ　850℃から徐冷
　　　ハ　650℃から空冷
　　　ニ　950℃から空冷 → 650℃で焼戻し

設問2　焼入焼戻しの熱処理線図のA〜Eに当てはまるものを、語群からそれぞれ一つずつ選びなさい。ただし、同じ記号は重複して使用しないこと。

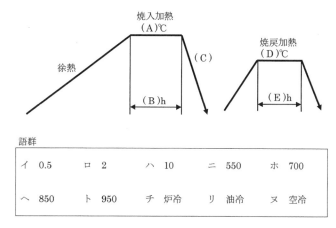

語群

| イ | 0.5 | ロ | 2 | ハ | 10 | ニ | 550 | ホ | 700 |
| へ | 850 | ト | 950 | チ | 炉冷 | リ | 油冷 | ヌ | 空冷 |

設問3　文中の（　A　）～（　D　）に当てはまるものを、語群からそれぞれ一つずつ選びなさい。ただし、同じ記号は重複して使用しないこと。

　　SUS420J2 は、焼入れのままでは、強度及び耐食性は高いがじん性が低く、応力腐食割れなどを起こしやすいので、焼戻しを施す。焼戻しには、内部ひずみの緩和を目的に刃物などに行う（　A　）と強じん性を目的に部品などに行う（　B　）の2種がある。約（　C　）℃の焼戻しでは、（　D　）と耐食性が低下するので、一般的に、この温度付近での焼戻しは行わない。

語群

イ	高温焼戻し	ロ	内部ひずみ	ハ	摩耗
ニ	強じん性	ホ	低温焼戻し	ヘ	衝撃値
ト	350	チ	500	リ	650

平成31年度 技能検定
2級 金属熱処理（浸炭・浸炭窒化・窒化処理作業）
実技試験 問題概要

　実技試験は、次の判断等試験と計画立案等作業試験により行う。

1　判断等試験

1.1　試験実施日

　　平成31年9月1日(日)

1.2　試験時間
　　問題ごとの試験時間は、次表のとおりである。

問題番号	1	2	3	4	5
試験時間	5分	5分	5分	5分	5分

1.3　問題の概要

問　　　　題		概　　　　要
問題1	火花試験	提示された写真及び図を基に火花試験等を判定する。
問題2	組織判定	提示された顕微鏡による組織写真を基に試験片の組織を判定する。
問題3	温度測定の構成機器	提示された写真を基に温度測定に関する構成機器等を判定する。
問題4	変形測定	提示された測定に関する写真を基に変形測定に関する作業等を判定する。
問題5	硬さ試験	提示された写真を基に硬さ試験等を判定する。

1.4　持参用具等

品　名	寸法又は規格	数　量	備　考
筆記用具	鉛筆、消しゴム等	一式	

2 計画立案等作業試験

2.1 試験実施日
平成31年8月25日(日)

2.2 試験時間
50分

2.3 問題の概要
作業条件の設定、作業段取り、設備の点検・調整等について行う。

2.4 持参用具等

品　名	寸法又は規格	数　量	備　考
筆記用具	鉛筆、消しゴム等	一式	

3 注意事項

(1) 判断等試験問題は、試験当日配付され、当日回収される。

(2) 使用用具等は、指定したもの以外のものは使用しないこと。

(3) 試験中は、用具等の貸し借りを禁止する。

(4) **この問題概要に書込みしたものを持ち込まないこと。また試験中に他の用紙にメモしたものや参考書等を参照することは禁止とする。**

(5) 試験中は、携帯電話(電卓機能の使用を含む)の使用を禁止とする。

平成31年度 技能検定

2級 金属熱処理（浸炭・浸炭窒化・窒化処理作業）
実技試験（計画立案等作業試験）問題

1 試験時間

50分

2 注意事項

（1） 係員の指示があるまで、この表紙はあけないでください。

（2） 解答用紙に、受検番号及び氏名を必ず記入してください。

（3） 係員の指示に従って、この試験問題が表紙を含めて8ページであることを確認してください。
それらに異常がある場合は、黙って手を挙げてください。

（4） 試験開始の合図で始めてください。

（5） 解答は、解答用紙の解答欄に記入してください。
なお、要求している解答以外は記入しないでください。

（6） 試験中は、携帯電話(電卓機能の使用を含む。)等の使用を禁止とします。

（7） 試験中、質問があるときは、黙って手を挙げてください。ただし、試験問題の内容、漢字の読み
方等に関する質問にはお答えできません。

（8） 試験終了時刻前に解答ができあがった場合は、黙って手を挙げて、係員の指示に従ってください。

（9） 試験中に手洗いに立ちたいときは、黙って手を挙げて、係員の指示に従ってください。

（10） 試験終了の合図があったら、筆記用具を置き、係員の指示に従ってください。

（11） 試験終了後、解答用紙を提出してください。

（12） 計算等は、問題用紙の余白又は解答用紙の裏面を使用して行ってください。

3 試験に使用できる用具等一覧

品　　名	寸法又は規格	数量	備　　　　考
筆記用具等	鉛筆、消しゴム等	一式	

問題1

下図の部品をガス浸炭焼入焼戻しする場合について、次の各設問に答えなさい。ただし、解答は解答用紙の解答欄に記号で記入すること。

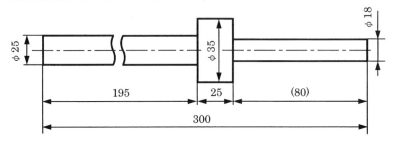

単位：mm

(注)　1　鋼種：SCM420H
　　　　2　指定表面硬さ：58〜62HRC
　　　　3　全硬化層深さ：1.2〜1.5 mm
　　　　4　加工ばり取りをかねて研掃する。
　　　　5　振れ：0.10mm以下

設問1　工程順の(　　)内に当てはまる語句として、最も適切なものを語群からそれぞれ一つずつ選びなさい。ただし、同じ記号は重複して使用しないこと。

[工程順]
(　①　)→(　②　)→(　③　)→(　焼戻し　)→(　④　)→(　⑤　)

語群

イ　後洗浄	ロ　研掃(ショットブラスト)	ハ　曲がり直し
ニ　前洗浄	ホ　浸炭焼入れ	

設問2　下図を参考にし、浸炭温度を930℃とする場合の保持時間として、最も適切なものを一つ選びなさい。

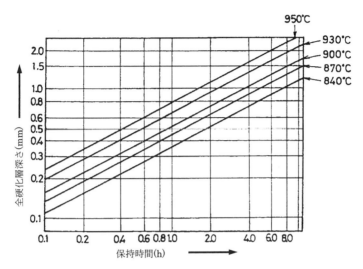

　イ　4.5 h
　ロ　2.5 h
　ハ　1.5 h

設問3　ガス浸炭後の処理条件として、最も適切なものを一つ選びなさい。

　イ　750℃まで降温し油冷　→　250℃で焼戻し
　ロ　820℃まで降温し油冷　→　220℃で焼戻し
　ハ　850℃まで降温し油冷　→　180℃で焼戻し

設問4　ガス浸炭焼入焼戻し後に表面硬さを測定した結果、指定表面硬さの下限くらいであった。そこで顕微鏡組織観察をしたところ、表面層近傍で黒い針状組織に囲まれた白色の組織が正常品よりも多く見られた。この白い組織として、最も適切なものを一つ選びなさい。

　イ　セメンタイト
　ロ　残留オーステナイト
　ハ　マルテンサイト

問題2

下図の部品をガス浸炭窒化焼入焼戻しする場合について、次の各設問に答えなさい。ただし、解答は解答用紙の解答欄に記号で記入すること。

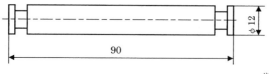

単位：mm

（注）1　鋼種：S20C
　　　2　全硬化層深さ狙い：0.6mm
　　　3　指定表面硬さ：54〜60HRC

設問1　下記の①〜④は、この部品の浸炭窒化処理に関する項目である。それぞれの項目に最も該当するものを、語群からそれぞれ一つずつ選びなさい。

① 適正な段取り方法
② 前洗浄の目的
③ 浸炭窒化焼入工程で使用する雰囲気ガス
④ 中間検査として焼入後に確認すべき品質上の最優先項目

語群

①	イ	金網上に横置き
	ロ	金網上にバラ置き
	ハ	金網目に立てて並べ置き
②	イ	焼入油除去
	ロ	切削油除去
	ハ	組成分析
③	イ	キャリアガス＋エンリッチガス
	ロ	キャリアガス＋エンリッチガス＋アンモニアガス
	ハ	窒素ガス＋アンモニアガス
④	イ	心部硬さ
	ロ	硬化層深さ
	ハ	表面硬さ

設問2　この部品の熱処理加工条件として、最も適切なものを一つ選びなさい。ただし、C：キャリア
ガス、E：エンリッチガス、NH₃：アンモニアガス、N₂：窒素ガスとする。

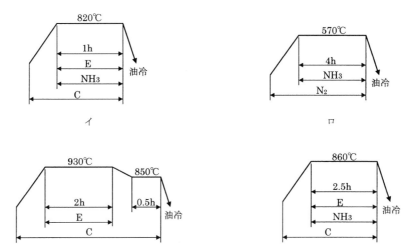

設問3　表面硬さの規格値を満たすための焼戻し条件として、最も適切なものを一つ選びなさい。

　　イ　580℃　×　2h　→　空冷
　　ロ　350℃　×　2h　→　空冷
　　ハ　160℃　×　2h　→　空冷
　　ニ　120℃　×　2h　→　空冷

設問4　この部品の焼戻し後に予想される表面硬化層の顕微鏡組織として、最も適切なものを一つ選び
　　　なさい。

　　イ　パーライト
　　ロ　焼戻マルテンサイト　＋　残留オーステナイト
　　ハ　セメンタイト　＋　フェライト
　　ニ　焼戻マルテンサイト　＋　セメンタイト

設問5　このガス浸炭窒化処理の特徴として、正しいものを一つ選びなさい。

　　イ　侵入窒素の影響によって焼入性が悪くなり焼入温度が高くなるので、変形が大きくなる。
　　ロ　侵入窒素の量が多くなると、表面の焼入硬さが高くなる。
　　ハ　侵入窒素の影響によってA₁変態点が低くなるため、浸炭よりも焼入温度を低くすることが
　　　　できる。

問題3

下図に示す金型をガス窒化する場合について、次の各設問に答えなさい。ただし、解答は解答用紙の解答欄に記号で記入すること。

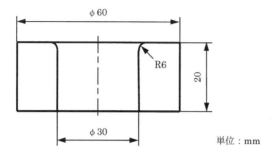

φ60

R6

20

φ30

単位：mm

(注)　1　鋼種：SKD61
　　　　2　窒化層深さ狙い：0.15mm
　　　　3　指定表面硬さ：900HV以上

設問1　窒化前熱処理として焼入焼戻しを行う場合、焼入温度と焼戻温度として、最も適切なものを語群からそれぞれ一つずつ選びなさい。

語群

焼入温度	イ　1020℃	ロ　970℃	ハ　860℃
焼戻温度	イ　550℃	ロ　420℃	ハ　180℃

設問2　窒化炉の操作に関する次の文中の(　　)内に当てはまる語句として、最も適切なものを語群からそれぞれ一つずつ選びなさい。

　　炉内に金型を装入後、炉を昇温させる際に、炉内温度が(　①　)に達する前に、金型や炉構成材料の酸化を防止するため、炉内の(　②　)を(　③　)で置換する。

語群

イ　450℃	ロ　150℃	ハ　吸熱型変成ガス
ニ　空気	ホ　窒素ガス	ヘ　アンモニアガス

設問3　ガス窒化の加熱温度と保持時間として、最も適切なものを語群からそれぞれ一つずつ選びなさい。

語群

加熱温度	イ　650℃	ロ　590℃	ハ　540℃
保持時間	イ　10h	ロ　5h	ハ　1h

設問4　下図は窒化層の硬さに及ぼす合金元素の影響を表した図である。窒化層の硬さに最も影響を及ぼす合金元素(図中　A　)を、語群から一つ選びなさい。

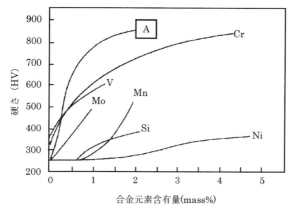

語群

イ	Co
ロ	W
ハ	C
ニ	Al

問題4

　ガス浸炭焼入れに用いられる多目的形バッチ炉の操業における異常時の処置や注意事項などに関する次の文中の(　)内に当てはまる語句として、最も適切なものを語群からそれぞれ一つずつ選びなさい。ただし、同じ記号は重複して使用しないこと。

操業における異常時の処置や注意事項

・　停電などで雰囲気ガスの供給が停止する場合
　　炉内ガスを(　①　)する方法として、一般的に、(　②　)ガスを用いる方法と(　③　)する方法がある。(　②　)ガスで炉内を(　①　)する場合は、炉容積の約(　④　)倍のガス量を必要とする。また、(　③　)する場合は、炉の扉を開放して炉内ガスを漸次(　③　)させる。

・　焼入油の吹き出し
　　多目的形バッチ炉は焼入油槽を有している。焼入油中に(　⑤　)を(　⑥　)%以上含有すると、焼入れ時に油中の(　⑤　)が急速に気化し、あふれ出すことがあるので、(　⑤　)には注意を払う必要がある。

・　中毒と爆発
　　吸熱型変成ガスをキャリアガスとした雰囲気は、主成分として(　⑦　)や(　⑧　)などが挙げられる。(　⑦　)は毒性が強く、吸い込むと中毒になる危険がある。一方、(　⑧　)は広い爆発限界の範囲を持っている。これらのガスはいずれも可燃性ガスであるので、排ガス出口で完全に(　③　)させる必要がある。

語群

イ	吸着	ロ	10	ハ	NH$_3$	ニ	すす
ホ	拡散	ヘ	置換	ト	水分	チ	CO$_2$
リ	CO	ヌ	0.5	ル	N$_2$	ヲ	酸化性
ワ	5	カ	H$_2$	ヨ	還元性	タ	燃焼

平成 30 年度 技能検定

2 級 金属熱処理（浸炭・浸炭窒化・窒化処理作業）
実技試験（計画立案等作業試験）問題

1 試験時間

50 分

2 注意事項

（1） 係員の指示があるまで、この表紙はあけないでください。

（2） 解答用紙に、受検番号及び氏名を必ず記入してください。

（3） 係員の指示に従って、この試験問題が表紙を含めて 10 ページであることを確認してください。
それらに異常がある場合は、黙って手を挙げてください。

（4） 試験開始の合図で始めてください。

（5） 解答は、解答用紙の解答欄に記入してください。
なお、要求している解答以外は記入しないでください。

（6） 試験中は、携帯電話(電卓機能の使用を含む。)等の使用を禁止とします。

（7） 試験中、質問があるときは、黙って手を挙げてください。ただし、試験問題の内容、漢字の読み
方等に関する質問にはお答えできません。

（8） 試験終了時刻前に解答ができあがった場合は、黙って手を挙げて、係員の指示に従ってください。

（9） 試験中に手洗いに立ちたいときは、黙って手を挙げて、係員の指示に従ってください。

（10） 試験終了の合図があったら、筆記用具を置き、係員の指示に従ってください。

（11） 試験終了後、解答用紙を提出してください。

（12） 計算等は、問題用紙の余白又は解答用紙の裏面を使用して行ってください。

3 試験に使用できる用具等一覧

品 名	寸法又は規格	数量	備 考
筆記用具等	鉛筆、消しゴム等	一式	

問題1

　下図に示す歯車部品をガス浸炭焼入焼戻しする場合について、次の各設問に答えなさい。ただし、解答は解答用紙の解答欄に記号で記入すること。

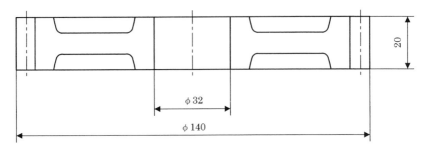

単位：mm

　　　　　(注)1　鋼種：SCM 415
　　　　　　　2　歯車のモジュール：4
　　　　　　　3　表面硬さ：58〜62HRC
　　　　　　　4　歯面の全硬化層深さ：1.2mm狙い
　　　　　　　5　ひずみを極力低減させること

設問1　歯車をジグにセットする方法として、適切なものを一つ選びなさい。
　　　イ　内径φ32部分に棒を通して、横吊りにする。
　　　ロ　金網上にバラ置きにする。
　　　ハ　平置きにして、重ねていく。

設問2　歯車の歯部と内径部以外を浸炭防止する方法で、浸炭処理前に実施するものとして、適切なものを一つ選びなさい。
　　　イ　銅めっき
　　　ロ　炭化水素系洗浄液で洗浄
　　　ハ　ショットブラスト

設問3　ガス浸炭焼入れの条件として、適切なものを一つ選びなさい。

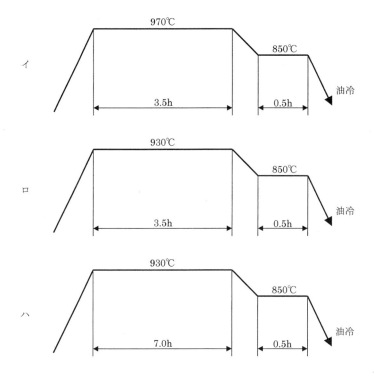

設問4　ガス浸炭焼入れ後の焼戻条件として、適切なものを一つ選びなさい。

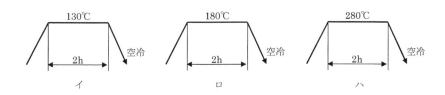

設問5　ガス浸炭焼入焼戻し後の断面硬さ分布曲線について、測定位置①、②に該当する硬さ分布曲線として、適切なものをA、Bから選びなさい。また、①、②の位置における有効硬化層深さ(限界硬さ550HV)として適切なものを、イ～ニから一つずつ選びなさい。

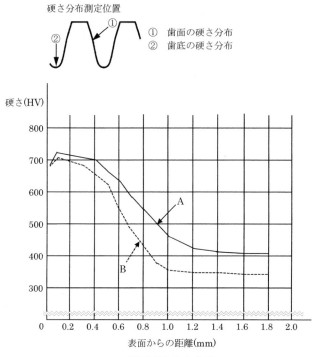

硬さ分布測定位置

① 歯面の硬さ分布
② 歯底の硬さ分布

断面硬さ分布曲線

有効硬化層深さ
イ　0.6 mm
ロ　0.7 mm
ハ　0.8 mm
ニ　0.9 mm

設問6　設問5の断面硬さ分布曲線で表面から約0.1mmまで硬さの低下があるが、原因として考えられる組織を一つ選びなさい。
イ　マルテンサイト
ロ　フェライト
ハ　脱炭
ニ　残留オーステナイト

問題2

　下図の部品をガス浸炭窒化処理する場合について、次の各設問に答えなさい。ただし、解答は、解答用紙の解答欄に記号で記入すること。

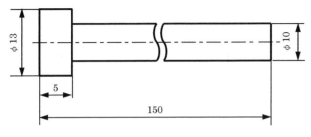

単位：mm

　（注）　1　鋼種：S20C
　　　　　2　指定表面硬さ：57〜61HRC
　　　　　3　全硬化層深さ狙い：0.75mm

設問1　この部品をジグにセットする方法として、適切なものを一つ選びなさい。
　　　　イ　敷金網上にバラ置き
　　　　ロ　敷金網上に横並べ置き
　　　　ハ　金網目内に立て置き

設問2　ガス浸炭窒化焼入方法として、図中の（　A　）～（　F　）内に当てはまるものを、語群から一つずつ選びなさい。

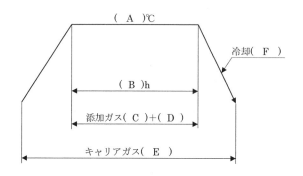

語群

（　A　）	イ　570	ロ　870	ハ　930
（　B　）	イ　0.5	ロ　1.0	ハ　3.0
（　C　） （　D　） （　E　）	イ　吸熱型変成ガス ハ　アンモニアガス ホ　窒素ガス	ロ　エンリッチガス ニ　炭酸ガス ヘ　アルゴンガス	
（　F　）	イ　コールドオイル ハ　水	ロ　ホットオイル	

設問3　ガス浸炭窒化焼入れ後の焼戻方法として、適切なものを一つ選びなさい。

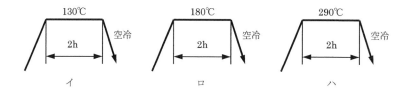

設問4　ガス浸炭窒化焼入焼戻し処理後の表面硬さは規格を満足していた。予想される表面部の顕微鏡組織を次の中から一つ選びなさい。
　　　　イ　ソルバイト
　　　　ロ　微細パーライト
　　　　ハ　焼戻マルテンサイト＋残留オーステナイト
　　　　ニ　セメンタイト

問題3

　下図の部品をガス軟窒化する場合について、次の各設問に答えなさい。ただし、解答は解答用紙の解答欄に記号で記入すること。

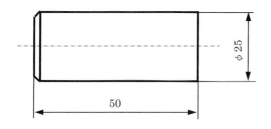

単位：mm

　　　（注）　1　鋼種：S45C
　　　　　　　2　指定表面硬さ：500HV 以上
　　　　　　　3　化合物層の深さ：10〜15μm

設問1　ガス軟窒化処理条件として、適切なものを一つ選びなさい。

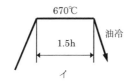

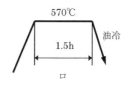

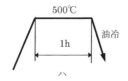

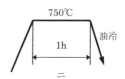

設問2　ガス軟窒化の雰囲気ガス組成として、適切なものを一つ選びなさい。
　　　イ　窒素ガス50% ＋ 吸熱型変成ガス50%
　　　ロ　アンモニアガス50% ＋ 吸熱型変成ガス50%
　　　ハ　吸熱型変成ガス100%
　　　ニ　窒素ガス50% ＋ メタンガス50%

設問3　下図はガス軟窒化層の断面図である。図中の（　A　）～（　B　）内に当てはまる層名を、イ～ニから一つずつ選びなさい。

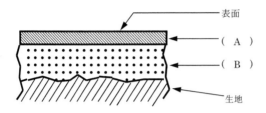

イ　残留オーステナイト層
ロ　化合物層
ハ　拡散層
ニ　マルテンサイト層

設問4　耐摩耗性を向上させるために表面硬さを高めたい。この場合の対処方法として、適切なものを一つ選びなさい。
イ　処理温度を上げる。
ロ　処理時間を長くする。
ハ　材質をAl、Crなどの合金元素が添加された鋼にする。
ニ　空冷にする。

問題4

　下図はバッチ型ガス浸炭焼入炉の概略図を示している。次の各設問に答えなさい。ただし、解答は、解答用紙の解答欄に記号で記入すること。

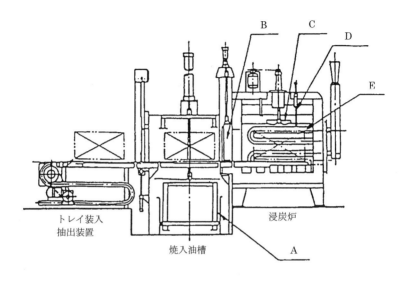

トレイ装入
抽出装置

浸炭炉

焼入油槽

A

設問1　図中のA〜Eに当てはまる名称を、語群から一つずつ選びなさい。

語群

イ	熱電対(T／C)	ロ	RCファン	ハ	ガス流量計
ニ	混合ポンプ	ホ	中間扉	ヘ	焼入エレベータ
ト	真空ポンプ	チ	ラジアントチューブ	リ	トレー

設問2　変成ガスを浸炭炉内に導入するときの炉内温度として、適切なものを一つ選びなさい。
　　　イ　200 ℃
　　　ロ　500 ℃
　　　ハ　800 ℃
　　　ニ　950 ℃

設問3　炉内雰囲気ガスのカーボンポテンシャル測定に関する次の文中の（　A　）〜（　E　）内に当てはまるものを、語群から一つずつ選びなさい。

(1)　炉内雰囲気ガス中のカーボンポテンシャルを計測する方法には、露点測定法、（　A　）、（　B　）等がある。

(2)　下図のような露点計を使う場合、クロムメッキした銅製円筒カップの外側に試料を導入し、カップ中に（　C　）等を入れておき、その中にドライアイスを入れてカップを冷却する。カップの表面に（　D　）ができる瞬間の温度が炉気の露点となる。

(3)　930℃で浸炭処理している時に露点を測定したら−10℃であった。このときのカーボンポテンシャルは（　E　）である。

語群

イ	PVD法	ロ	CO₂ガス分析法	ハ	O₂センサー法
ニ	アルコール	ホ	二酸化炭素	ヘ	曇り
ト	0.8%	チ	0.9%	リ	1.0%
ヌ	水	ル	すす	ヲ	変色

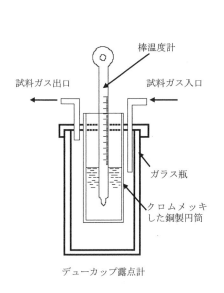

デューカップ露点計

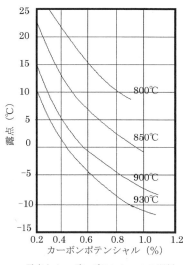

露点とカーボンポテンシャルの関係

平成 29 年度 技能検定

2 級 金属熱処理（浸炭・浸炭窒化・窒化処理作業）

実技試験（計画立案等作業試験）問題

1 試験時間

50 分

2 注意事項

（1） 係員の指示があるまで、この表紙はあけないでください。

（2） 解答用紙に、受検番号及び氏名を必ず記入してください。

（3） 係員の指示に従って、この試験問題が表紙を含めて 9 ページであることを確認してください。
それらに異常がある場合は、黙って手を挙げてください。

（4） 試験開始の合図で始めてください。

（5） 解答は、解答用紙の解答欄に記入してください。
なお、要求している解答以外は記入しないでください。

（6） 試験中は、携帯電話(電卓機能の使用を含む。)等の使用を禁止とします。

（7） 試験中、質問があるときは、黙って手を挙げてください。ただし、試験問題の内容、漢字の読み方等に関する質問にはお答えできません。

（8） 試験終了時刻前に解答ができあがった場合は、黙って手を挙げて、係員の指示に従ってください。

（9） 試験中に手洗いに立ちたいときは、黙って手を挙げて、係員の指示に従ってください。

（10） 試験終了の合図があったら、筆記用具を置き、係員の指示に従ってください。

（11） 試験終了後、解答用紙を提出してください。

（12） 計算等は、問題用紙の余白又は解答用紙の裏面を使用して行ってください。

3 試験に使用できる用具等一覧

品 名	寸法又は規格	数量	備 考
筆記用具等	鉛筆、消しゴム等	一式	

問題1

下図の部品をガス浸炭焼入焼戻しする場合について、次の各設問に答えなさい。ただし、解答は解答用紙の解答欄に記号で記入すること。

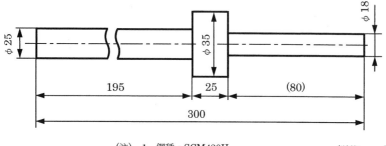

(注)　1　鋼種：SCM420H　　　　　　　　　　(単位：mm)
　　　　2　指定表面硬さ：58〜62HRC
　　　　3　全硬化層深さ：0.9〜1.2 mm
　　　　4　ばり取りをかねて研掃する。

設問1　工程順の A〜E に当てはまるものをそれぞれ一つずつ選びなさい。

［工程順］

　　［ A ］→［ B ］→［ C ］→［ D ］→［ 研掃（ショットブラスト）］→［ E ］

　　　イ　浸炭焼入れ
　　　ロ　前洗浄
　　　ハ　焼戻し
　　　ニ　曲がり直し
　　　ホ　後洗浄

設問2　下図を参考にし、浸炭温度を930℃とする場合の保持時間として、適切なものを一つ選びなさい。
　　　イ　1.5 h
　　　ロ　2.5 h
　　　ハ　4.5 h

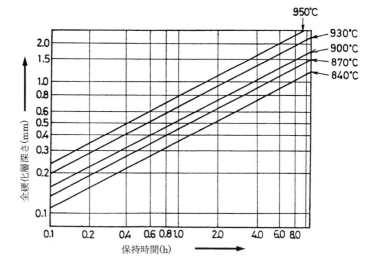

設問3　ガス浸炭後の処理条件として適切なものを一つ選びなさい。
　　　イ　880℃まで降温し油冷　→　200℃で焼戻し
　　　ロ　850℃まで降温し油冷　→　180℃で焼戻し
　　　ハ　750℃まで降温し油冷　→　250℃で焼戻し

設問4　ガス浸炭焼入れ後に顕微鏡組織観察をしたところ、表面層でオーステナイト結晶粒界と思われる部分に白色の網状析出物が見られた。この析出物として適切なものを一つ選びなさい。
　　　イ　フェライト
　　　ロ　マルテンサイト
　　　ハ　セメンタイト

問題2

下図の部品をガス浸炭窒化焼入焼戻しする場合について、次の各設問に答えなさい。ただし、解答は解答用紙の解答欄に記号で記入すること。

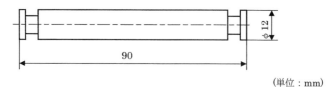

(単位：mm)

(注) 1 鋼種：S20C
2 全硬化層深さ狙い：0.7mm
3 表面硬さ：54〜60HRC

設問1　下記のA〜Dは、この部品の浸炭窒化処理に関する項目である。それぞれの項目に該当するものを、下記の語群からそれぞれ一つずつ選びなさい。

A：適正な段取り方法
B：前洗浄の目的
C：浸炭窒化焼入工程で使用する雰囲気ガス
D：中間検査として焼入後に確認すべき品質上の最優先項目

語群

A	イ　金網上バラ置き　　　　　　　　　　　ロ　金網目に立てて並べ置き
	ハ　金網上に横置き
B	イ　曲り量測定　　　　ロ　焼入油除去　　　　　ハ　切削油除去
C	イ　キャリアガス＋アンモニアガス　　　　ロ　キャリアガス＋エンリッチガス
	ハ　キャリアガス＋エンリッチガス＋アンモニアガス
D	イ　表面硬さ　　　　ロ　顕微鏡組織　　　　　　ハ　硬化層深さ

設問2　この部品の熱処理加工条件として、適切なものを一つ選びなさい。
　　　　（注　C：キャリアガス、E：エンリッチガス、NH₃：アンモニアガス）

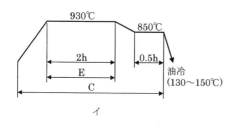

イ

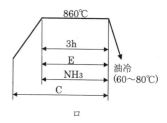

ロ

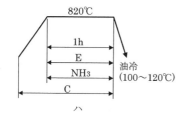

ハ

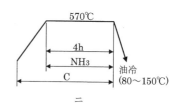

ニ

設問3　表面硬さの規格値を満たすための焼戻し条件として、適切なものを一つ選びなさい。
　　　イ　130℃　×　2h　→　空冷
　　　ロ　160℃　×　2h　→　空冷
　　　ハ　450℃　×　2h　→　空冷
　　　ニ　600℃　×　2h　→　空冷

設問4　この部品の焼戻し後に予想される表面硬化層の顕微鏡組織として、適切なものを一つ選びなさい。
　　　イ　ソルバイト
　　　ロ　焼戻マルテンサイト　＋　セメンタイト
　　　ハ　焼戻マルテンサイト　＋　残留オーステナイト
　　　ニ　オーステナイト　＋　フェライト

設問5　このガス浸炭窒化処理の特徴として、誤っているものを一つ選びなさい。
　　　イ　侵入窒素の影響によりA₁変態点が高くなるため、浸炭より処理温度を高くする。
　　　ロ　侵入窒素の影響により焼入性が良くなり焼入温度を低くできるので変形が少ない。
　　　ハ　侵入窒素の量が多くなると表面の焼入硬さが低くなる。

問題3

　下図に示す金型をガス窒化する場合について、次の各設問に答えなさい。ただし、解答は解答用紙の解答欄に記号で記入すること。

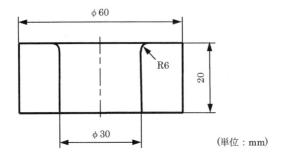

（単位：mm）

　　（注）　1　鋼種：SKD61
　　　　　　2　窒化層深さ狙い値：0.15mm
　　　　　　3　指定表面硬さ：900HV以上

設問1　窒化前熱処理として、焼入焼戻しを行う場合の適切な焼入温度と焼戻温度を、下記の数値群からそれぞれ一つずつ選びなさい。

数値群

焼入温度	イ 950℃	ロ 1020℃	ハ 1150℃
焼戻温度	イ 180℃	ロ 350℃	ハ 550℃

設問2　窒化炉の操作に関して、次の文中の（　　）内に当てはまる適切なものを下記の語群からそれぞれ一つずつ選びなさい。

　　　炉内に金型を装入後、金型や炉構成材料の酸化を防止するため、炉内温度が（　A　）に達する前にレトルト内の（　B　）を（　C　）でパージする。

語群

イ　150℃	ロ　300℃	ハ　吸熱型変成ガス
ニ　窒素ガス	ホ　アンモニアガス	ヘ　空気

設問3　ガス窒化の加熱温度と保持時間として適切なものを、下記の数値群からそれぞれ一つずつ選びなさい。

数値群

加熱温度	イ　530℃	ロ　590℃	ハ　650℃
保持時間	イ　1h	ロ　5h	ハ　30h

設問4　下図は窒化層の硬さに及ぼす合金元素の影響を表した図である。窒化層の硬さに最も影響を及ぼす合金元素(図中　A　)について、適切なものを一つ選びなさい。

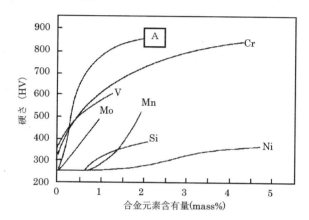

　イ　C
　ロ　Al
　ハ　Ti
　ニ　S

問題4

熱処理装置について、次の各設問に答えなさい。ただし、解答は解答用紙の解答欄に記号で記入すること。

設問1　下図は連続ガス浸炭炉の断面を示している。図中の A〜D に当てはまる名称として、適切なものを下記の語群からそれぞれ一つずつ選びなさい。ただし、同じ記号は重複して使用しないこと。

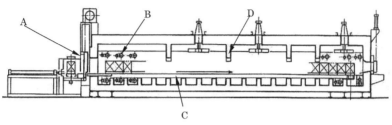

語群

イ　循環ファン	ロ　中間扉	ハ　ラジアントチューブ	ニ　装入プッシャ
ホ　スキッドレール	ヘ　ドロップアーチ	ト　装入扉	

設問2　一般的なガス浸炭炉の炉内の温度測定に通常使用される熱電対の種類として適切なものを、イ〜ニから一つ選びなさい。
イ　E熱電対
ロ　T熱電対
ハ　J熱電対
ニ　K熱電対

設問3　炉内温度の記録結果とそのときのバーナ制御波形を下記に示す。この温度調節動作として考えられるものを、イ〜ニから一つ選びなさい。

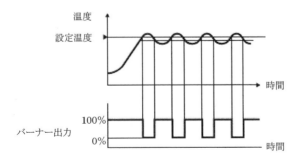

イ　比例＋積分＋微分動作
ロ　比例＋積分動作
ハ　比例動作
ニ　オンオフ動作

設問4　下図はガス燃焼用ラジアントチューブの代表的な形式例を示している。ラジアントチューブ形式で、かつ、最も省エネルギータイプのものを、イ～ハから一つ選びなさい。

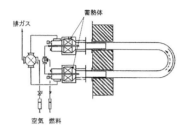

イ　切換蓄熱タイプU形ラジアントチューブ

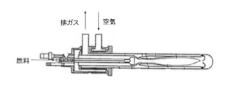

ロ　シングルエンド形ラジアントチューブ

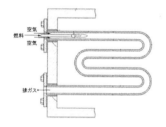

ハ　W形ラジアントチューブ

平成31年度 技能検定

1級 金属熱処理（浸炭・浸炭窒化・窒化処理作業）

実技試験（製作等作業試験）問題

1 試験時間

課　題	試験時間
〔課題1〕組織判定	5分
〔課題2〕有効硬化層深さ測定	硬さ試験機に自動換算機能が付いている場合※
	15分
	硬さ試験機に自動換算機能が付いていない場合※
	18分

※ 自動換算機能とは、硬さを自動で換算する機能のことをいう。

2 注意事項

(1) 試験実施日に、本試験問題を持参すること。

(2) 試験問題は表紙を含め4ページで、課題数が2題であることを確認しておくこと。

(3) 解答は、各課題の解答用紙の解答欄に、それぞれ記入すること。

(4) 解答用紙の各ページに、受検番号・氏名を記入すること。

(5) 課題の実施順序は、技能検定委員からの指示に従うこと。

(6) 各課題の終了ごとに、当該課題の解答用紙を切り離し、技能検定委員に提出すること。

(7) 試験用設備は、事前に整備をしてあります。

(8) 作業時の服装等は、作業に適したものであること。

(9) **この問題には、事前に書込みをしないこと。また、試験中に他の用紙にメモをしたものや参考書等を参照することは禁止する。**

(10) 試験中は、携帯電話(電卓機能等の使用を含む。)等の使用を禁止とする。

(11) 試験用設備、試験用試料等の取扱い等について、そのまま継続すると試験用設備、試験用試料等の破損や怪我を招くおそれがある危険な行為であると技能検定委員が判断した場合、試験中にその旨を注意することがある。

　さらに、当該注意を受けてもなお、危険な行為を続けた場合は、試験を中断し、技能検定委員全員が試験継続不可と判断した場合は、失格とする。ただし、緊急性を伴うと判断された場合は、注意を挟まず、即中止（失格）とすることがある。

〔課題1〕組織判定

　注意事項に従って、与えられた試験片の組織を判定しなさい。

● 注意事項

(1)　金属顕微鏡は、焦点微調整以外は操作をしないこと。

(2)　試験片は、あらかじめ研磨、腐食をしてあります。

(3)　検鏡倍率は、400倍(又は500倍)としてあります。

〔課題2〕 有効硬化層深さ測定

　　注意事項に従って、与えられた試験片の被検面について低試験力ビッカース硬さ試験を行い、
限界硬さ近傍の硬さ推移曲線を作成して、有効硬化層深さを求めなさい。

● 注意事項

(1)　試験片は、浸炭焼入焼戻しした後、仕上げ研磨をしてあります。

(2)　硬さ試験機(低試験力ビッカース硬さ試験)※の試験力は、2.942N(300gf)です。
　　（※機種や仕様については、事前に公表されます。）

(3)　有効硬化層深さは、日本工業規格(JIS)において示されている限界硬さまでとします。

1級 金属熱処理(浸炭・浸炭窒化・窒化処理作業) 実技試験 使用工具等一覧表

1 受検者が持参するもの

品　名	寸法又は規格	数　量	備　考
作業服等	作業時の服装等は、作業に適したものであること。	一式	
筆記用具		一式	

2 試験場に準備してあるもの

（数量欄の数字で特にことわりのないものは、受検者1人当たりの数量を示す。）

区　分	品　名	数　量	備　考
〔課題1〕 組織判定	組織判定用試験片	1	
	金属顕微鏡	1式	接眼鏡を通して判定ができるもの（接眼鏡でなくモニターで判定することは不可）。
〔課題2〕 有効硬化層深さ測定	有効硬化層深さ測定用試験片	1	
	硬さ試験機 (低試験力ビッカース硬さ試験)	1式	自動換算機能が付いていない場合は、換算表が別に準備されている。
	直定規	1	

実技試験（計画立案等作業試験）について

1 試験実施日

　　平成31年8月25日(日)

2 試験時間

　　60分

3 問題の概要

　　作業条件の設定、作業段取り、設備の点検・調整等について行う。

4 持参用具等

品　　名	寸法又は規格	数量	備　　　　考
筆記用具等	鉛筆、消しゴム等	一式	

5 その他

　　試験中は、携帯電話(電卓機能の使用を含む。)等の使用は禁止とする。

平成 31 年度 技能検定

1 級 金属熱処理（浸炭・浸炭窒化・窒化処理作業）

実技試験（計画立案等作業試験）問題

1 試験時間

60 分

2 注意事項

（1） 係員の指示があるまで、この表紙はあけないでください。

（2） 解答用紙に、受検番号及び氏名を必ず記入してください。

（3） 係員の指示に従って、この試験問題が表紙を含めて 12 ページであることを確認してください。
それらに異常がある場合は、黙って手を挙げてください。

（4） 試験開始の合図で始めてください。

（5） 解答は、解答用紙の解答欄に記入してください。
なお、要求している解答以外は記入しないでください。

（6） 試験中は、携帯電話(電卓機能の使用を含む。)等の使用を禁止とします。

（7） 試験中、質問があるときは、黙って手を挙げてください。ただし、試験問題の内容、漢字の読み方等に関する質問にはお答えできません。

（8） 試験終了時刻前に解答ができあがった場合は、黙って手を挙げて、係員の指示に従ってください。

（9） 試験中に手洗いに立ちたいときは、黙って手を挙げて、係員の指示に従ってください。

（10） 試験終了の合図があったら、筆記用具を置き、係員の指示に従ってください。

（11） 試験終了後、解答用紙を提出してください。

（12） 計算等は、問題用紙の余白又は解答用紙の裏面を使用して行ってください。

3 試験に使用できる用具等一覧

品　　名	寸法又は規格	数量	備　　　　考
筆記用具等	鉛筆、消しゴム等	一式	

問題1

　下図に示すシャフトをガス浸炭焼入焼戻しする場合について、次の各設問に答えなさい。ただし、解答は解答用紙の解答欄に記号で記入すること。

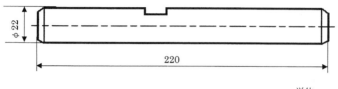

単位：mm

　(注) 1　鋼種：SCM420H
　　　　2　指定表面硬さ：60〜64HRC
　　　　3　全硬化層深さ狙い：1.0mm
　　　　4　曲がり：できる限り少なくする。
　　　　5　キャリアガス：ブタンガス変成吸熱型ガス

設問1　ガス浸炭焼入れの熱処理線図中の(　　)内に当てはまる語句として、最も適切なものを語群からそれぞれ一つずつ選びなさい。

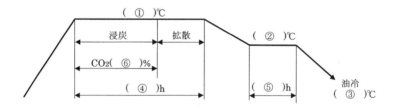

語群

温度 （①、②、③）	イ	60	ロ	120	ハ	300	ニ	750	ホ	800
	ヘ	840	ト	900	チ	930	リ	970		
時間 （④、⑤）	イ	0.5	ロ	1.4	ハ	2.4	ニ	4.4	ホ	6.4
濃度 （⑥）	イ	0.10	ロ	0.14	ハ	0.18	ニ	0.30		

設問2　ガス浸炭焼入れ後の炭素濃度分布として、最も適切な曲線を下図のイ～ハから一つ選びなさい。

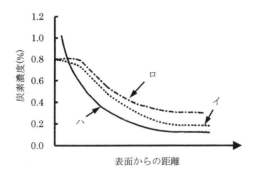

表面からの距離

設問3　ガス浸炭焼入焼戻処理で条件設定や設備異常などがあると、下図のような硬さ分布曲線を得ることがある。下図の①、②の原因として適切なものを、語群からそれぞれ一つずつ選びなさい。なお、同じ記号は重複して使用しないこと。

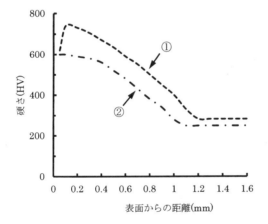

表面からの距離(mm)

語群

記号	原　　因
イ	残留オーステナイトが多かった。
ロ	浸炭した炭素濃度が低かった。

問題2

下図に示す歯車をガス軟窒化する場合、次の各設問に答えなさい。ただし、解答は解答用紙の解答欄に記号で記入すること。

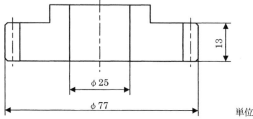

単位：mm

（注） 1 鋼種：SCM435
2 化合物層深さ狙い：10μm

設問1 ガス軟窒化の熱処理線図中の(   )内に当てはまる語句として、最も適切なものを語群からそれぞれ一つずつ選びなさい。

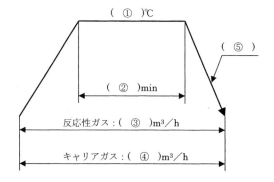

語群

温度 （①）	イ 520	ロ 570	ハ 620	ニ 670
時間 （②）	イ 30	ロ 60	ハ 120	ニ 200
ガス流量 （③、④）	イ CO_2 10	ロ NH_3 10	ハ C_4H_{10} 1	ニ H_2 1
	ホ 吸熱型変成ガス 10		ヘ N_2 1	
冷却方法 （⑤）	イ 水冷	ロ 空冷	ハ 油冷	

設問2　化合物層の表面硬さ試験方法として、最も適切なものを一つ選びなさい。

　　　　イ　ショア硬さ試験方法
　　　　ロ　ビッカース硬さ試験方法
　　　　ハ　ブリネル硬さ試験方法
　　　　ニ　ロックウェルスーパーフィシャル硬さ試験方法

設問3　本歯車の拡散層の最高硬さとして、最も適切なものを一つ選びなさい。

　　　　イ　300〜450 HV
　　　　ロ　600〜700 HV
　　　　ハ　750〜850 HV
　　　　ニ　900〜1050 HV

設問4　以下の3種類の鋼種を同一条件でガス軟窒化した場合、表面硬さの高い順に並べたものとして、
　　　　最も適切なものを一つ選びなさい。

　　　　イ　SCM435　　＞　SACM645　＞　S45C
　　　　ロ　SACM645　＞　SCM435　　＞　S45C
　　　　ハ　S45C　　　＞　SACM645　＞　SCM435
　　　　ニ　S45C　　　＞　SCM435　　＞　SACM645

問題3

　ガス浸炭窒化焼入焼戻しの特性を示した次の文中の(　　)内に当てはまる語句を、語群からそれぞれ一つずつ選びなさい。ただし、解答は解答用紙の解答欄に記号で記入すること。

　なお、同じ記号は重複して使用しないこと。

　ガス浸炭窒化焼入焼戻しは、浸炭性雰囲気に(　①　)を添加して行われるのが一般的である。また、滴注浸炭窒化の場合、メタノールに(　②　)などを添加した滴下液が使用される場合がある。この様な方法で、ガス浸炭窒化焼入焼戻しでは、鋼の表面から(　③　)と(　④　)を侵入させ、その後、焼入れによって表面層を硬化することができる。ガス浸炭窒化焼入焼戻しの利点は、(　④　)によって(　⑤　)が低下することから、(　⑥　)が良くなることである。ただし、ガス浸炭窒化焼入焼戻しでは、処理後の硬化層の表面組織に(　⑦　)が発生しやすい。処理に際しては、添加する(　①　)の量が多すぎると硬化層表面近傍に(　⑧　)が発生することがあるので、(　①　)添加量は(　⑨　)%以下が望ましい。

語群

イ　5	ロ　15	ハ　酸素	ニ　窒素
ホ　尿素	ヘ　炭素	ト　アセトン	チ　炭化水素ガス
リ　アンモニアガス	ヌ　A₃変態点	ル　A₁変態点	ヲ　フェライト
ワ　ボイド	カ　脱炭	ヨ　残留オーステナイト	タ　浸炭性
レ　焼入性			

問題4

次の各設問に答えなさい。ただし、設問1の解答は解答用紙の解答欄に記号で記入すること。また、設問2及び設問3の解答は解答用紙の解答欄に数値で記入すること。

設問1　下図のような一般的なバッチ型ガス浸炭炉(インアウト式)の操業中に、炉内でのトレイ搬送不具合が発生し、炉を停止することになった。

　　　浸炭熱処理炉でのトラブルに関する次の文中の(　)内に当てはまる語句を、語群から一つずつ選びなさい。ただし、炉の停止作業は安全最優先で行い、処理材料については炉の停止後に廃却処理するものとする。

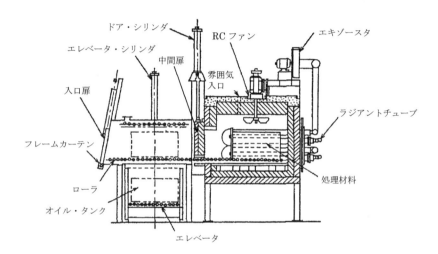

(注)　1　加熱室温度：930℃
　　　　2　キャリアガス：吸熱型変成ガス
　　　　3　焼入油温度：120℃
　　　　4　加熱源：ガスヒータ
　　　　5　不具合状況：浸炭後、焼入れする際、搬送不具合で加熱室でトレイが滞留する。

まず雰囲気ガスの送入を遮断し、炉内充満したガスを完全に燃焼する必要がある。可燃ガスの爆発限界(空気中容積)は、それぞれCOガス：(　①　)〜(　②　)、ブタンガス：(　③　)〜(　④　)であり、浸炭炉のような密閉空間において、雰囲気ガスが自然着火しない(　⑤　)以下、空気、着火源の三条件がそろえば、異常燃焼(爆発)する危険性がある。そのため、以下のⅠ〜Ⅲの手順で炉を停止させることが一般的である。

Ⅰ　加熱室温度は(　⑥　)まで降温する。
Ⅱ　(　⑦　)供給を止める。ただし、(　⑧　)は点火しておく。
Ⅲ　入口扉及び中間扉を開け、(　⑦　)を(　⑨　)させる。

語群

	イ	ロ
①	イ 7.5 vol%	ロ 12.5 vol%
	ハ 17.5 vol%	ニ 22.5 vol%
②	イ 64.0 vol%	ロ 74.0 vol%
	ハ 84.0 vol%	ニ 94.0 vol%
③	イ 1.9 vol%	ロ 3.9 vol%
	ハ 5.9 vol%	ニ 7.9 vol%
④	イ 8.5 vol%	ロ 13.5 vol%
	ハ 18.5 vol%	ニ 23.5 vol%
⑤	イ 600 ℃	ロ 700 ℃
	ハ 800 ℃	ニ 900 ℃
⑥	イ 550 ℃	ロ 650 ℃
	ハ 750 ℃	ニ 850 ℃
⑦	イ 雰囲気ガス	ロ 冷却水
	ハ 電気	ニ 空気
⑧	イ カーテンバーナ	ロ パイロットバーナ
	ハ レキュペレータ	ニ リングバーナ
⑨	イ 置換	ロ 燃焼
	ハ 排出	ニ 停止

設問2　吸熱型変成炉において、浸炭炉で使用するキャリアガスを34m³／h発生させるのに必要なブタンガス流量(m³／h)を求めなさい。ただし、空気中の酸素と窒素の割合は1：4とし、また、解答は小数点以下第1位を四捨五入して整数値で解答すること。

設問3　浸炭期のカーボンポテンシャルを1.1%とし、炉内雰囲気をCO_2で調整する場合のCO_2濃度（%）を求めなさい。ただし、下図に示す浸炭温度と雰囲気中CO_2濃度の関係を示す曲線のうちから適切なものを用いてCO_2濃度を求め、小数点以下第3位を四捨五入して小数点以下第2位の値で解答すること。

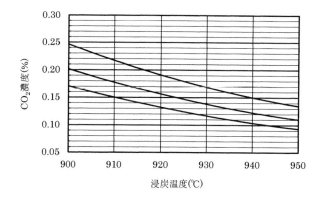

浸炭温度と雰囲気中 CO_2 濃度の関係

問題5

下表は、各鋼種における顕微鏡組織、熱処理、加熱温度及び冷却を示している。表中の( )内に当てはまる語句として、最も適切なものを語群からそれぞれ一つずつ選びなさい。ただし、解答は解答用紙の解答欄に記号で記入すること。また、同じ記号は重複して使用しないこと。

鋼種	顕微鏡組織	熱処理	加熱温度(℃)	冷却
SK85	マルテンサイト＋少量の未固溶炭化物	焼入れ	(①)	水冷
SCM420	フェライト＋パーライト	焼ならし	(②)	空冷
SKD61	マルテンサイト	焼入れ	(③)	空冷
SKH2	マルテンサイト＋残留オーステナイト＋未固溶炭化物	焼入れ	(④)	油冷
SCM445	マルテンサイト	焼入れ	(⑤)	油冷

語群

イ 800	ロ 850	ハ 920
ニ 980	ホ 1020	ヘ 1260

問題6

次の各設問に答えなさい。ただし、設問1及び設問2の解答は、解答用紙の解答欄に記号で記入すること。また、設問3の解答は、解答用紙の解答欄に数値で記入すること。

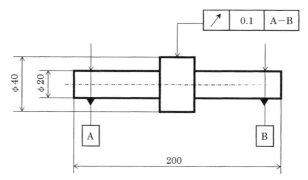

単位：mm

設問1　文中の（　）内に当てはまる語句を、語群からそれぞれ一つずつ選びなさい。

日本工業規格(JIS)では、上図の幾何公差について「実際の（　①　）は、共通データム軸直線A－Bのまわりに1回転させる間に、任意の（　②　）において0.1mm（　③　）でなければならない。」と規定している。

語群

イ　円周振れ	ロ　全振れ	ハ　平行度	ニ　傾斜度
ホ　平面度	ヘ　横断面	ト　縦断面	チ　表面
リ　以下	ヌ　以上	ル　未満	

設問2　上図の幾何公差を測定する場合に使用する器具として、ダイヤルゲージ以外で適切なものを、語群から二つ選びなさい。

語群

イ　シリンダゲージ	ロ　マイクロメータ	ハ　すきまゲージ
ニ　ハイトゲージ	ホ　Vブロック	ヘ　定盤

設問3　提示された写真A〜Dは、図中の幾何公差を計測した際のゲージ目盛値を含む写真である。これを基に図中の幾何公差を求めなさい。ただし、単位はmmとし、解答値は小数点以下第3位を四捨五入して小数点以下第2位までの数値で解答すること。

写真 A

写真 B

写真 C

写真 D

平成 30 年度 技能検定

1 級 金属熱処理（浸炭・浸炭窒化・窒化処理作業）

実技試験（計画立案等作業試験）問題

1 試験時間

50 分

2 注意事項

（1） 係員の指示があるまで、この表紙はあけないでください。

（2） 解答用紙に、受検番号及び氏名を必ず記入してください。

（3） 係員の指示に従って、この試験問題が表紙を含めて 7 ページであることを確認してください。
それらに異常がある場合は、黙って手を挙げてください。

（4） 試験開始の合図で始めてください。

（5） 解答は、解答用紙の解答欄に記入してください。
なお、要求している解答以外は記入しないでください。

（6） 試験中は、携帯電話(電卓機能の使用を含む。)等の使用を禁止とします。

（7） 試験中、質問があるときは、黙って手を挙げてください。ただし、試験問題の内容、漢字の読み
方等に関する質問にはお答えできません。

（8） 試験終了時刻前に解答ができあがった場合は、黙って手を挙げて、係員の指示に従ってくださ
い。

（9） 試験中に手洗いに立ちたいときは、黙って手を挙げて、係員の指示に従ってください。

（10） 試験終了の合図があったら、筆記用具を置き、係員の指示に従ってください。

（11） 試験終了後、解答用紙を提出してください。

（12） 計算等は、問題用紙の余白又は解答用紙の裏面を使用して行ってください。

3 試験に使用できる用具等一覧

品　　　名	寸法又は規格	数量	備　　　考
筆記用具等	鉛筆、消しゴム等	一式	

問題1

　下図に示す歯車をガス浸炭焼入焼戻しする場合、次の各設問に答えなさい。ただし、解答は解答用紙の解答欄に記号で記入すること。

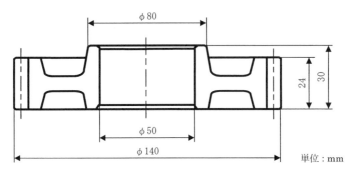

単位：mm

（注）　1　鋼種：SCM420H

　　　　2　表面硬さ：60〜64HRC

　　　　3　歯面の全硬化層深さ：1.0mm 狙い

　　　　4　目標表面炭素量：0.8%

　　　　5　キャリアガスにはプロパン(C_3H_8)変成の吸熱型変成ガスを用い、吸熱型ガス変成
　　　　　の反応式は下記で表されるものとする。

$$C_3H_8 + 7.5(\frac{1}{5}O_2 + \frac{4}{5}N_2) = 3CO + 4H_2 + 6N_2$$

設問1　キャリアガスを52 m³／h発生させるのに必要な原料のプロパンガス流量として、適切なものを
　　　一つ選びなさい。
　　　イ　1 m³／h
　　　ロ　2 m³／h
　　　ハ　3 m³／h
　　　ニ　4 m³／h

設問2　次に示すガス浸炭焼入焼戻しの熱処理線図の（　A　）〜（　E　）内に当てはまるものを、語群から一つずつ選びなさい。

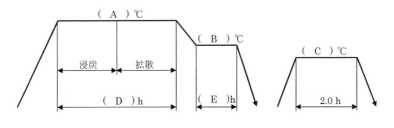

語群

イ	0.5	ロ	1.0	ハ	2.0	ニ	2.5	ホ	3.0	ヘ	100	ト	160
チ	250	リ	780	ヌ	830	ル	880	ヲ	900	ワ	930	カ	980

設問3　浸炭期における目標カーボンポテンシャルを1.1 %とし、炉内雰囲気をCO_2で制御する場合のCO_2濃度として、適切なものを一つ選びなさい。
　　　　イ　0.08〜0.10 %
　　　　ロ　0.13〜0.15 %
　　　　ハ　0.20〜0.22 %
　　　　ニ　0.24〜0.26 %

設問4　焼入変形を考慮した場合の油温として、適切なものを一つ選びなさい。
　　　　イ　　60℃
　　　　ロ　100℃
　　　　ハ　150℃
　　　　ニ　300℃

設問5　浸炭焼入焼戻し後の表面硬さが62 HRCであった。予想される表面の顕微鏡組織として、適切なものを一つ選びなさい。
　　　　イ　焼戻マルテンサイト＋ベイナイト
　　　　ロ　焼戻マルテンサイト＋残留オーステナイト
　　　　ハ　焼戻マルテンサイト＋セメンタイト
　　　　ニ　焼戻マルテンサイト＋フェライト

問題 2

　下図に示す金型をガス窒化する場合、次の各設問に答えなさい。ただし、解答は解答用紙の解答欄に記号で記入すること。

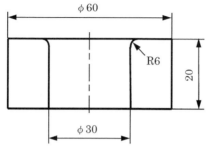

単位：mm

　(注)　1　鋼種：SKD61
　　　　2　前熱処理後の硬さ：45HRC以上
　　　　3　窒化層深さ：0.1mm
　　　　4　表面硬さ：900HV以上

設問1　窒化前熱処理で焼入焼戻しする場合の焼入加熱温度、焼戻加熱温度として適切なものを、語群から一つずつ選びなさい。

語群

焼入加熱温度	イ　920℃	ロ　1020℃	ハ　1120℃
焼戻加熱温度	イ　180℃	ロ　350℃	ハ　550℃

設問2　窒化炉の操作に関する次の文中の（　A　）～（　C　）内に当てはまるものを、語群から一つずつ選びなさい。

　　　炉内に金型を装入後、金型や炉構成材料の酸化を防止するため、炉温が（　A　）に達する前にレトルト内の（　B　）をパージする必要がある。これは、パージングガスとしてアンモニアを用いるとき、爆発を避ける役割もある。アンモニアの代わりに（　C　）を用いる場合でも、金型の酸化防止のため同様な操作が必要となる。

語群

イ　空気	ロ　炭化水素系ガス	ハ　窒素ガス
ニ　吸熱型変成ガス	ホ　150℃	ヘ　300℃

設問3　ガス窒化の加熱温度と保持時間として適切なものを、語群から一つずつ選びなさい。

語群

加熱温度	イ　530℃	ロ　590℃	ハ　650℃
保持時間	イ　1h	ロ　3h	ハ　14h

設問4　ガス窒化において、アンモニア流量を調節する目安となる解離度を一つ選びなさい。
　　イ　約 5 ％
　　ロ　約20 ％
　　ハ　約40 ％
　　ニ　約80 ％

設問5　ガス窒化処理後の部品表面の硬さむらの原因として、適切なものを一つ選びなさい。
　　イ　窒化終了時に徐冷した。
　　ロ　窒化処理中にアンモニアガス流量が変動し、解離度が低くなってしまった。
　　ハ　窒化処理前の脱脂洗浄が不十分であった。

問題3

　ガス浸炭焼入焼戻し後の欠陥と防止策を示した次の文中の（　A　）〜（　I　）内に当てはまる適切なものを、語群から一つずつ選びなさい。ただし、解答は解答用紙の解答欄に記号で記入すること。

　ガス浸炭焼入焼戻し後の変形防止策は、結晶粒が（　A　）しにくい鋼種を選んだり、焼入温度や焼入油温、油槽内の撹拌速度等の処理条件設定に注意することが必要である。（　B　）による処理温度の不均一や、焼入冷却剤の流れが不均一にならないように、処理品のセット方法を考慮する。

　置割れは、焼入れ後に焼戻しを行わず、（　C　）時期に放置しておいた場合に起こりやすく、多量に析出した（　D　）が徐々に（　E　）を起こして、割れとなる。これらの対策として、焼入れ前の素材に（　F　）が粒界に析出していた場合、再加熱、再焼入れを行い、（　F　）の（　G　）を図ることが必要である。残留オーステナイトが原因のときは、焼入れ後速やかに－（　H　）℃以下で（　I　）処理を行い、残留オーステナイトを極力残さないことが重要である。

語群

イ	暑い	ロ	寒い	ハ	フェライト	ニ	ソルバイト
ホ	初析フェライト	ヘ	マルテンサイト変態	ト	窒素酸化物	チ	ベイナイト
リ	粒状化	ヌ	酸化物	ル	炭化物	ヲ	残留オーステナイト
ワ	スルスルフ	カ	サブゼロ	ヨ	微細化	タ	粗大化
レ	50	ソ	80	ツ	緩やかな昇温	ネ	急速な昇温

問題4

写真①及び②は、ガス浸炭焼入焼戻しを行った鋼種SCM420Hの試験片表面の顕微鏡組織である。文中の（ A ）～（ J ）内に当てはまるものを、語群から一つずつ選びなさい。ただし、解答は解答用紙の解答欄に記号で記入すること。

(1) 写真①の表面から内部方向に伸びている黒いひげのようなものが粒界酸化である。粒界酸化は、雰囲気ガス中の酸素、（ A ）及び（ B ）と鋼が反応することによって起こる。すなわち、結晶粒界近傍の合金元素のうち、酸素との（ C ）の強い合金元素の（ D ）や（ E ）が結晶粒界中に拡散した酸素と優先的に結合し、結晶粒界に沿って酸化物が形成される。これが粒界酸化である。

(2) 写真②の表面近傍の黒い部分は、不完全焼入組織(異常層)であり、この組織は、（ F ）や（ G ）と考えられている。また、不完全焼入組織の発生は、粒界酸化と同様に合金元素の酸化に起因する。

(3) 雰囲気ガス中の（ H ）分圧を下げることや（ I ）比などを上げることにより、粒界酸化や不完全焼入組織の発生をある程度軽減できる。また、これらを生じにくくさせる方法として、（ J ）法などの浸炭方法がある。

 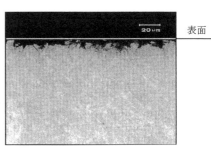

表面

写真① ノーエッチング　　　　写真② 5%ナイタルエッチング

ガス浸炭焼入焼戻しを行った鋼種 SCM420H の試験片表面の顕微鏡組織

語群

A・B	イ　CO_2	ロ　CO	ハ　H_2	ニ　H_2O
C	イ　浸炭力	ロ　還元力	ハ　親和力	ニ　吸着力
D・E	イ　Cr	ロ　Mn	ハ　Ni	ニ　Mo
F・G	イ　オーステナイト	ロ　セメンタイト	ハ　ベイナイト	ニ　微細パーライト（トルースタイト）
H	イ　N_2	ロ　CO	ハ　O_2	ニ　H_2
I	イ　H_2/H_2O	ロ　H_2/CO	ハ　$CO/(CO_2)^2$	ニ　$(CO)^2/CO_2$
J	イ　固体浸炭	ロ　液体浸炭	ハ　滴注浸炭	ニ　減圧(真空)浸炭

平成29年度 技能検定

1級 金属熱処理(浸炭・浸炭窒化・窒化処理作業)

実技試験(計画立案等作業試験)問題

1 試験時間

50分

2 注意事項

（1） 係員の指示があるまで、この表紙はあけないでください。

（2） 解答用紙に、受検番号及び氏名を必ず記入してください。

（3） 係員の指示に従って、この試験問題が表紙を含めて8ページであることを確認してください。
それらに異常がある場合は、黙って手を挙げてください。

（4） 試験開始の合図で始めてください。

（5） 解答は、解答用紙の解答欄に記入してください。
なお、要求している解答以外は記入しないでください。

（6） 試験中は、携帯電話(電卓機能の使用を含む。)等の使用を禁止とします。

（7） 試験中、質問があるときは、黙って手を挙げてください。ただし、試験問題の内容、漢字の読み
方等に関する質問にはお答えできません。

（8） 試験終了時刻前に解答ができあがった場合は、黙って手を挙げて、係員の指示に従ってくださ
い。

（9） 試験中に手洗いに立ちたいときは、黙って手を挙げて、係員の指示に従ってください。

（10） 試験終了の合図があったら、筆記用具を置き、係員の指示に従ってください。

（11） 試験終了後、解答用紙を提出してください。

（12） 計算等は、問題用紙の余白又は解答用紙の裏面を使用して行ってください。

3 試験に使用できる用具等一覧

品 名	寸法又は規格	数量	備 考
筆記用具等	鉛筆、消しゴム等	一式	

問題1

下図に示すシャフトをガス浸炭焼入焼戻しする場合について、次の各設問に答えなさい。ただし、解答は解答用紙の解答欄に記号で記入すること。

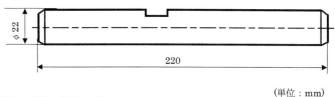

（単位：mm）

(注) 1　鋼種：SCM420H
  2　指定表面硬さ：60〜64HRC
  3　全硬化層深さ狙い：1.2mm
  4　曲がり：できる限り少なくすること。
  5　キャリアガス：ブタンガス変成吸熱型ガス

設問1　ガス浸炭焼入れの熱処理線図のA〜Fに当てはまる適切な数値を下記の数値群からそれぞれ一つずつ選びなさい。

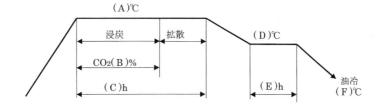

数値群

温度 (A、D、F)	イ　60	ロ　150	ハ　200	ニ　750	ホ　800
	ヘ　850	ト　900	チ　920	リ　970	
時間(C、E)	イ　0.5	ロ　1.0	ハ　2.5	ニ　4.0	ホ　7.5
濃度（B）	イ　0.10	ロ　0.15	ハ　0.25	ニ　0.30	

設問 2　ガス浸炭焼入れ後の炭素濃度分布として適切な曲線を、下図のイ〜ハから一つ選びなさい。

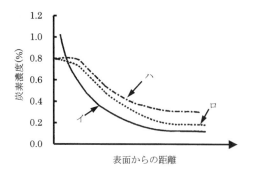

設問 3　ガス浸炭焼入焼戻処理で、条件設定や設備異常などがあると、下図のような硬さ分布曲線を得ることがある。下図の A、B の原因として適切なものを、語群からそれぞれ一つずつ選びなさい。

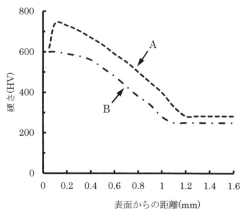

語群

記号	原　因
イ	浸炭した炭素濃度が低かった。
ロ	残留オーステナイトによる影響

問題2

下図に示す歯車をガス軟窒化する場合、次の各設問に答えなさい。ただし、解答は解答用紙の解答欄に記号で記入すること。

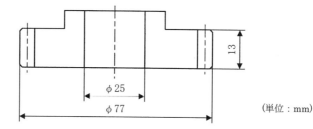

（単位：mm）

（注）　1　鋼種：SCM415
　　　　2　指定表面硬さ：　700HV 以上
　　　　3　化合物層深さ狙い：10μm

設問1　次に示すガス軟窒化の熱処理線図のA～Eに当てはまる適切なものを語群からそれぞれ一つずつ選びなさい。

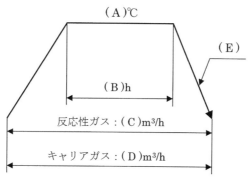

語群

温度(A)	イ　470	ロ　500	ハ　570	ニ　650
時間(B)	イ　0.5	ロ　2	ハ　4	ニ　6
ガス流量 (C)と(D)	イ　H_2 1 ニ　N_2 1	ロ　吸熱型変成ガス 10 ホ　NH_3 10	ハ　C_3H_8 1 ヘ　CO_2 10	
冷却方法(E)	イ　空冷	ロ　油冷	ハ　水冷	

設問2 化合物層の表面硬さ試験方法として適切なものを一つ選びなさい。
 イ ロックウェルスーパーフィシャル 15N 硬さ試験方法
 ロ ショア硬さ試験方法
 ハ ビッカース硬さ試験方法
 ニ ブリネル硬さ試験方法

設問3 本歯車のビッカース硬さ試験で得られる拡散層の最高硬さとして適切なものを一つ選びなさい。
 イ 300～450HV
 ロ 500～650HV
 ハ 700～850HV
 ニ 900～1050HV

設問4 以下の3種類の鋼種を同一条件でガス軟窒化した場合、表面硬さの高い順に並べたものとして適切なものを一つ選びなさい。
 イ S45C ＞ SCM415 ＞ SACM645
 ロ SCM415 ＞ SACM645 ＞ S45C
 ハ SACM645 ＞ SCM415 ＞ S45C
 ニ S45C ＞ SACM645 ＞ SCM415

問題3

　ガス浸炭窒化焼入焼戻しの特性を示した文章の（　A　）～（　I　）に当てはまる適切なものを、下記の語群からそれぞれ一つずつ選びなさい。ただし、解答は解答用紙の解答欄に記号で記入すること。

　ガス浸炭窒化焼入焼戻しは、浸炭性雰囲気に（　A　）を添加して行われるのが一般的である。また、滴注浸炭の場合、メタノールに（　B　）などを添加した滴下液が使用される場合がある。この様な方法で、ガス浸炭窒化焼入焼戻しでは、鋼の表面から（　C　）と（　D　）を侵入させ、その後、焼入れにより表面層を硬化することができる。ガス浸炭窒化焼入焼戻しの利点は、（　D　）により（　E　）が低下することから、（　F　）がよくなることである。

　ただし、ガス浸炭窒化焼入焼戻しでは、処理後の硬化層の表面組織に（　G　）が発生しやすい。処理に際しては、添加する（　A　）の量が多すぎると硬化層表面近傍に（　H　）が発生することがあるので、（　A　）添加量は（　I　）％以下が望ましい。

語群

イ　尿素	ロ　アセトン	ハ　炭化水素ガス	ニ　アンモニアガス
ホ　炭素	ヘ　酸素	ト　窒素	チ　A₁変態点
リ　A₃変態点	ヌ　浸炭性	ル　焼入性	ヲ　フェライト
ワ　残留オーステナイト	カ　ボイド	ヨ　脱炭	タ　5
レ　10			

問題 4

図1の連続ガス浸炭炉について、次の各設問に答えなさい。

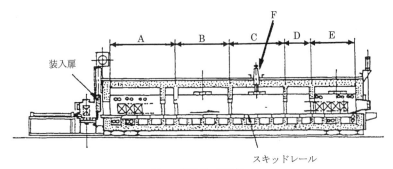

図 1　連続ガス浸炭炉

（注）　1　全硬化層深さ：1.3mm
　　　　2　キャリアガス：下記の反応式のブタンガス吸熱型変成ガス
　　　　　　$C_4H_{10} + 10\,空気 = 4CO + 5H_2 + 8N_2$

設問1　図1のA～Fの名称として適切なものを、それぞれ一つずつ選びなさい。ただし、解答は解答用紙
　　　の解答欄に記号で記入すること。
　　　イ　昇温帯
　　　ロ　RCファン(循環ファン)
　　　ハ　均熱帯(焼入帯)
　　　ニ　拡散帯
　　　ホ　浸炭帯
　　　ヘ　降温帯

設問2　図1のB、Cのトレイ数がそれぞれ4トレイでサイクルタイムを30分とした場合の浸炭温度を求め
　　　なさい。ただし、次の各浸炭温度における浸炭時間と全硬化層深さとの関係を示した図2を参考にす
　　　ること。

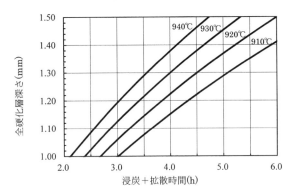

図 2　浸炭+拡散時間と全硬化層深さの関係

設問3　連続ガス浸炭炉で使用するキャリアガスを吸熱型変成炉で51m³/h発生させるのに必要なC_4H_{10}ガス流量を求めなさい。ただし、解答は小数点以下第1位を四捨五入して整数値で示すこと。

設問4　浸炭期のカーボンポテンシャルを1.1%とし、炉内雰囲気をCO_2で調整する場合のCO_2濃度(%)を求めなさい。ただし、図3に示す浸炭温度と雰囲気中CO_2濃度の関係を示す曲線のうちから、適切なものを用いてCO_2濃度を求め、小数点以下第3位を四捨五入して小数点以下第2位の値で解答すること。

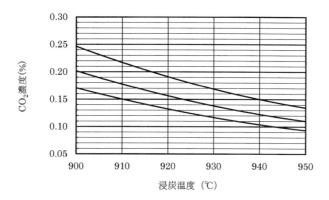

図3　浸炭温度と雰囲気中 CO_2 濃度の関係

平成31年度 技能検定
2級 金属熱処理（高周波・炎熱処理作業）
実技試験 問題概要

実技試験は、次の判断等試験と計画立案等作業試験により行う。

1 判断等試験

1.1 試験実施日

平成31年9月1日(日)

1.2 試験時間
問題ごとの試験時間は、次表のとおりである。

問題番号	1	2	3	4	5
試験時間	5分	5分	5分	5分	5分

1.3 問題の概要

問題		概　　要
問題1	火花試験	提示された写真及び図を基に火花試験等を判定する。
問題2	組織判定	提示された顕微鏡による組織写真を基に試験片の組織を判定する。
問題3	温度測定の構成機器	提示された写真を基に温度測定に関する構成機器等を判定する。
問題4	変形測定	提示された測定に関する写真を基に変形測定に関する作業等を判定する。
問題5	硬さ試験	提示された写真を基に硬さ試験等を判定する。

1.4 持参用具等

品　名	寸法又は規格	数　量	備　考
筆記用具	鉛筆、消しゴム等	一式	

2 計画立案等作業試験

2.1 試験実施日
平成31年8月25日(日)

2.2 試験時間
50分

2.3 問題の概要
作業条件の設定、作業段取り、設備の点検・調整等について行う。

2.4 持参用具等

品　名	寸法又は規格	数　量	備　考
筆記用具	鉛筆、消しゴム等	一式	

3 注意事項

(1) 判断等試験問題は、試験当日配付され、当日回収される。

(2) 使用用具等は、指定したもの以外のものは使用しないこと。

(3) 試験中は、用具等の貸し借りを禁止する。

(4) **この問題概要に書込みしたものを持ち込まないこと。また試験中に他の用紙にメモしたものや参考書等を参照することは禁止とする。**

(5) 試験中は、携帯電話(電卓機能の使用を含む)の使用を禁止とする。

平成31年度 技能検定
2級 金属熱処理（高周波・炎熱処理作業）
実技試験（計画立案等作業試験）問題

1 試験時間

50分

2 注意事項

（1） 係員の指示があるまで、この表紙はあけないでください。

（2） 解答用紙に、受検番号及び氏名を必ず記入してください。

（3） 係員の指示に従って、この試験問題が表紙を含めて7ページであることを確認してください。
それらに異常がある場合は、黙って手を挙げてください。

（4） 試験開始の合図で始めてください。

（5） 解答は、解答用紙の解答欄に記入してください。
なお、要求している解答以外は記入しないでください。

（6） 試験中は、携帯電話(電卓機能の使用を含む。)等の使用を禁止とします。

（7） 試験中、質問があるときは、黙って手を挙げてください。ただし、試験問題の内容、漢字の読み方等に関する質問にはお答えできません。

（8） 試験終了時刻前に解答ができあがった場合は、黙って手を挙げて、係員の指示に従ってください。

（9） 試験中に手洗いに立ちたいときは、黙って手を挙げて、係員の指示に従ってください。

（10） 試験終了の合図があったら、筆記用具を置き、係員の指示に従ってください。

（11） 試験終了後、解答用紙を提出してください。

（12） 計算等は、問題用紙の余白又は解答用紙の裏面を使用して行ってください。

3 試験に使用できる用具等一覧

品　　名	寸法又は規格	数量	備　　考
筆記用具等	鉛筆、消しゴム等	一式	

問題1

　下図に示す部品を高周波焼入焼戻しする場合について、次の各設問に答えなさい。ただし、解答は解答用紙の解答欄に記号で記入すること。

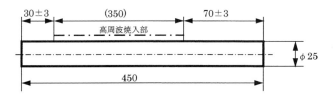

　（注）1　鋼種：SCM440　　　　　　　　　　　　　　　　　単位：mm
　　　　2　前熱処理後の硬さ：285〜352HBW
　　　　3　高周波焼入焼戻し後の指定表面硬さ：50〜55HRC
　　　　4　指定有効硬化層深さ：0.8〜1.2mm(限界硬さ400HV)

設問1　前熱処理の方法として、最も適切なものを一つ選びなさい。

　　イ　800℃から水焼入れ　→　500℃焼戻し　→　急冷
　　ロ　850℃から油焼入れ　→　600℃焼戻し　→　急冷
　　ハ　920℃から油焼入れ　→　600℃焼戻し　→　炉冷
　　ニ　920℃から油焼入れ　→　650℃焼戻し　→　炉冷

設問2　加熱に必要な周波数として、最も適切なものを一つ選びなさい。

　　イ　　3 kHz
　　ロ　 10 kHz
　　ハ　100 kHz
　　ニ　400 kHz

設問3　高周波焼入方法とコイルの組合せとして、最も適切なものを一つ選びなさい。

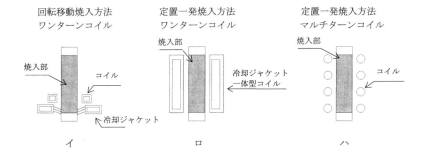

設問4　高周波焼入温度として、最も適切なものを一つ選びなさい。

　　　　イ　1000 ℃
　　　　ロ　　900 ℃
　　　　ハ　　800 ℃
　　　　ニ　　750 ℃

設問5　高周波焼入れ時の冷却剤として、最も適切なものを一つ選びなさい。

　　　　イ　油
　　　　ロ　空気
　　　　ハ　食塩水
　　　　ニ　水溶液焼入剤

問題2

　下記の断面図に示す歯車の歯部を高周波焼入焼戻しする場合について、次の各設問に答えなさい。ただし、解答は解答用紙の解答欄に記号で記入すること。

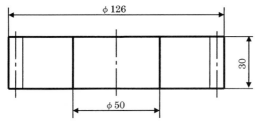

単位：mm

（注）　1　鋼種：S45C
　　　　2　前熱処理後の硬さ：22～27HRC
　　　　3　指定表面硬さ(歯先)：50～55HRC
　　　　4　歯底の指定有効硬化層深さ：1.0～1.5mm(限界硬さ 450HV)
　　　　5　歯車諸元：モジュール3、歯数 40
　　　　6　焼戻し：炉加熱

設問1　高周波焼入方法として、最も適切なものを一つ選びなさい。

　　　イ　回転移動焼入れ
　　　ロ　一歯一発焼入れ
　　　ハ　定置一発焼入れ

設問2　焼入れにおける冷却剤として、最も適切なものを一つ選びなさい。

　　　イ　油
　　　ロ　水
　　　ハ　水溶液焼入剤

設問3　炉加熱による焼戻温度として、最も適切なものを一つ選びなさい。

　　　イ　100 ℃
　　　ロ　150 ℃
　　　ハ　200 ℃
　　　ニ　300 ℃

問題3

図1に示す部品を高周波焼入焼戻しする場合について、次の各設問に答えなさい。ただし、解答は解答用紙の解答欄に記号で記入すること。

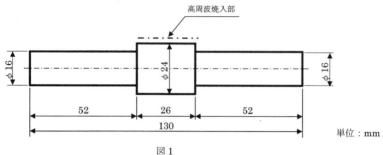

図 1

単位：mm

（注）1　鋼種：S53C
　　　2　前熱処理：調質(焼入焼戻し)
　　　3　焼入方法：回転一発焼入れ
　　　4　冷却剤：5％水溶液(PAG)焼入剤
　　　5　指定表面硬さ：56〜62HRC
　　　6　指定有効硬化層深さ：1.5〜2.0mm（限界硬さ 500HV）

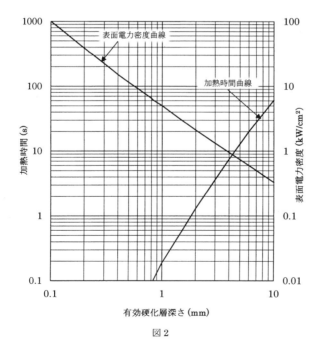

図 2

設問1　前熱処理後の硬さの範囲として、最も適切なものを一つ選びなさい。
　　　　イ　　109〜156 HBW
　　　　ロ　　149〜192 HBW
　　　　ハ　　183〜255 HBW
　　　　ニ　　229〜285 HBW

設問2　加熱に必要な周波数として、最も適切なものを一つ選びなさい。
　　　　イ　　　3 kHz
　　　　ロ　　 10 kHz
　　　　ハ　　 50 kHz
　　　　ニ　　200 kHz

設問3　図2に示す関係が成立する場合、加熱時間として、最も適切なものを一つ選びなさい。
　　　　イ　　1.0 秒
　　　　ロ　　2.0 秒
　　　　ハ　　3.0 秒
　　　　ニ　　4.0 秒

設問4　図2に示す関係が成立する場合、加熱に必要な電力として、最も適切なものを一つ選びなさい。
　　　　ただし、加熱コイル部のワークの被加熱面積は20 cm²であるものとする。
　　　　イ　　30 kW
　　　　ロ　　50 kW
　　　　ハ　　70 kW
　　　　ニ　　90 kW

設問5　高周波焼入れ後の炉加熱による焼戻温度として、最も適切なものを一つ選びなさい。
　　　　イ　　170 ℃
　　　　ロ　　270 ℃
　　　　ハ　　370 ℃

問題4

　下記に示す高周波焼入設備の構成について、次の各設問に答えなさい。ただし、解答は解答用紙の解答欄に記号で記入すること。

設問1　高周波焼入設備の構成を示している下図中の(　　)内に当てはまる語句を、語群からそれぞれ一つずつ選びなさい。

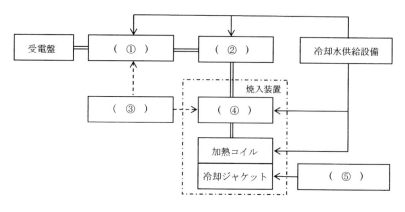

語群

イ　高周波変成器	ロ　焼入機制御盤	ハ　整合盤
ニ　磁性材料(コア)	ホ　高周波電源装置	ヘ　焼入液供給設備

設問2　主な高周波電源の特徴を示している下表中の(　　)内に当てはまる語句として、最も適切なものを語群からそれぞれ一つずつ選びなさい。ただし、同じ記号は重複して使用しないこと。

	電動発電機(MG)式	サイリスタインバータ式	電子管式	トランジスタインバータ式
周波数(kHz)	0.05～20	(　①　)	(　②　)	(　③　)
最大変換効率(%)	(　④　)	94	(　⑤　)	(　⑥　)
据付面積	(　⑦　)	(　⑧　)	中	小

語群

周波数(kHz)	イ　0.1～10	ロ　0.1～500	ハ　10～1000
最大変換効率(%)	ニ　95	ホ　85	ヘ　65
据付面積	ト　大	チ　中	リ　小

平成 30 年度 技能検定

2 級 金属熱処理（高周波·炎熱処理作業）

実技試験（計画立案等作業試験）問題

1 試験時間

50 分

2 注意事項

（1） 係員の指示があるまで、この表紙はあけないでください。

（2） 解答用紙に、受検番号及び氏名を必ず記入してください。

（3） 係員の指示に従って、この試験問題が表紙を含めて 8 ページであることを確認してください。
それらに異常がある場合は、黙って手を挙げてください。

（4） 試験開始の合図で始めてください。

（5） 解答は、解答用紙の解答欄に記入してください。
なお、要求している解答以外は記入しないでください。

（6） 試験中は、携帯電話(電卓機能の使用を含む。)等の使用を禁止とします。

（7） 試験中、質問があるときは、黙って手を挙げてください。ただし、試験問題の内容、漢字の読み方等に関する質問にはお答えできません。

（8） 試験終了時刻前に解答ができあがった場合は、黙って手を挙げて、係員の指示に従ってください。

（9） 試験中に手洗いに立ちたいときは、黙って手を挙げて、係員の指示に従ってください。

（10） 試験終了の合図があったら、筆記用具を置き、係員の指示に従ってください。

（11） 試験終了後、解答用紙を提出してください。

（12） 計算等は、問題用紙の余白又は解答用紙の裏面を使用して行ってください。

3 試験に使用できる用具等一覧

品　　名	寸法又は規格	数量	備　　考
筆記用具等	鉛筆、消しゴム等	一式	

問題1

 下図に示す部品を高周波焼入焼戻しする場合について、次の各設問に答えなさい。ただし、解答は解答用紙の解答欄に記号で記入すること。

（注）1 鋼種：S40C
　　　2 前熱処理後の硬さ：200～240HV
　　　3 高周波焼入焼戻し後の指定表面硬さ：54～58HRC
　　　4 指定有効硬化層深さ：0.8～1.5mm(限界硬さ 400HV)
　　　5 使用する高周波発振装置の容量：50kW

設問1 高周波焼入れする場合、焼入方法として適切なものを一つ選びなさい。
　　イ　回転定置一発焼入方法
　　ロ　無回転定置一発焼入方法
　　ハ　回転移動焼入方法
　　ニ　無回転移動焼入方法

設問2

（1）高周波焼入れする場合の加熱条件のうち、周波数として適切なものを一つ選びなさい。
　　イ　　3 kHz
　　ロ　 10 kHz
　　ハ　 30 kHz
　　ニ　150 kHz

（2）高周波焼入れする場合の加熱条件のうち、加熱焼入温度として適切なものを一つ選びなさい。
　　イ　　800 ℃
　　ロ　　900 ℃
　　ハ　1000 ℃
　　ニ　1100 ℃

設問3 この部品を焼入れする場合、冷却剤として適切なものを一つ選びなさい。
　　イ　空気(強制空冷)
　　ロ　水
　　ハ　20% PAG水溶液焼入剤
　　ニ　油

設問4　この部品を指定硬さにする場合、焼戻炉での加熱温度として最も適切なものを一つ選びなさい。

  イ　150 ℃
  ロ　250 ℃
  ハ　350 ℃
  ニ　600 ℃

問題2

　下図に示す歯車の歯部を高周波焼入焼戻しする場合について、次の各設問に答えなさい。ただし、解答は解答用紙の解答欄に記号で記入すること。

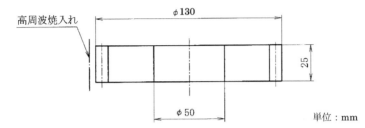

(注)1　鋼種：SCM435
　　　2　歯車諸元：モジュール2.5、歯数50
　　　3　前熱処理後の硬さ：270〜320HBW
　　　4　指定表面硬さ(歯先)：50〜55HRC
　　　5　指定有効硬化層深さ(歯底)：0.8〜1.5mm(限界硬さ400HV)

設問1　前熱処理条件として、適切なものを一つ選びなさい。
　　　イ　800℃から水焼入れ　→　500℃焼戻し　→　急冷
　　　ロ　850℃から水焼入れ　→　600℃焼戻し　→　急冷
　　　ハ　800℃から油焼入れ　→　500℃焼戻し　→　急冷
　　　ニ　850℃から油焼入れ　→　600℃焼戻し　→　急冷

設問2　高周波焼入方法として、適切なものを一つ選びなさい。
　　　イ　一歯一発焼入れ
　　　ロ　無回転定置一発焼入れ
　　　ハ　回転定置一発焼入れ
　　　ニ　回転移動焼入れ

設問3　高周波焼入時の周波数として、適切なものを一つ選びなさい。

　　　イ　　　3 kHz
　　　ロ　　10 kHz
　　　ハ　　30 kHz
　　　ニ　100 kHz

設問4　焼入れにおける冷却剤として、適切なものを一つ選びなさい。

　　　イ　10%　PAG水溶液焼入剤
　　　ロ　15℃　水
　　　ハ　　3%　塩水
　　　ニ　80℃　焼入油

設問5　焼入後、下図に示すような焼割れが発見された。その対策として、適切でないものを一つ選び
　　　なさい。

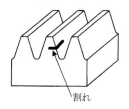

割れ

　　　イ　加熱温度を低くする。
　　　ロ　冷却剤流量を少なくする。
　　　ハ　冷却剤の温度を低くする。
　　　ニ　面取りを実施する。

問題 3

下図1のA部とB部を2工程で高周波焼入れする場合について、次の各設問に答えなさい。ただし、解答は解答用紙の解答欄に記号で記入すること。

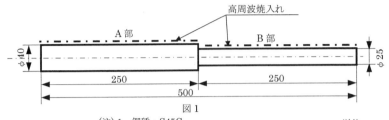

図 1

(注) 1　鋼種：S45C　　　　　　　　　　　　　　　　　単位：mm
　　　 2　焼入方法：回転移動焼入れ
　　　 3　指定表面硬さ：52〜58HRC (69〜78HS)
　　　 4　指定有効硬化層深さ：2〜3mm(限界硬さ450HV)

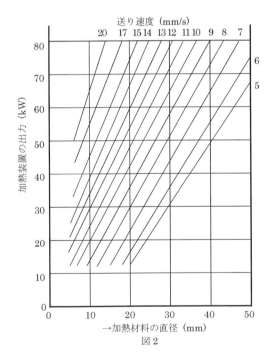

図 2

設問1　図2において、加熱装置出力を 65kWに設定した場合のA部の高周波焼入れの送り速度として、適切なものを一つ選びなさい。
- イ　6 mm／s
- ロ　7 mm／s
- ハ　8 mm／s
- ニ　9 mm／s

設問2　図2において、B部の高周波焼入れの送り速度を10mm／sに設定した場合の加熱装置の出力として、適切なものを一つ選びなさい。
- イ　45 kW
- ロ　50 kW
- ハ　55 kW
- ニ　60 kW

設問3　この部品を焼入れする場合の正しい工程順序として、適切なものを一つ選びなさい。
- イ　A部の右端から焼入れして、B部を焼入れする。
- ロ　A部の左端から焼入れして、B部を焼入れする。
- ハ　B部の右端から焼入れして、A部を焼入れする。
- ニ　B部の左端から焼入れして、A部を焼入れする。

設問4　B部の高周波焼入れの周波数として、適切なものを一つ選びなさい。
- イ　　3 kHz
- ロ　　6 kHz
- ハ　　30 kHz
- ニ　200 kHz

問題4

炎焼入れについて、次の各設問に答えなさい。ただし、解答は解答用紙の解答欄に記号で記入すること。

設問1　炎焼入れの特徴として、誤っているものを一つ選びなさい。
　　イ　急速加熱、冷却のため、炉加熱による焼入れと比べ短時間処理であり、高い硬さが得られる。
　　ロ　硬化を必要とする部分のみ、加熱、焼入れする省エネルギー的な焼入れ方法である。
　　ハ　原則的には、焼入硬化できる材料であれば、比較的簡単な装置、方法で焼入れができる。
　　ニ　放射温度計を用いて、正確に温度を測定することができる。

設問2　炎焼入用燃料ガスと酸素の混合割合によって生じる中性炎の「酸素の割合」及び「表面状態」について、該当するものをそれぞれ一つずつ選びなさい。

炎の種類	酸素の割合	表面状態
中性炎	イ　少ない ロ　多い ハ　適正	イ　脱炭や肌荒れを生じやすい ロ　脱炭防止となる ハ　多少酸化気味となる

設問3　各燃料ガスの性質を示す下表の（　A　）～（　D　）内に当てはまるものを、語群から一つずつ選びなさい。

燃料ガス	反応式	最高炎温度(℃) (0℃、空気中)
アセチレン(C_2H_2)	$C_2H_2 + (　A　) = 2CO_2 + H_2O$	（　C　）
プロパン(C_3H_8)	$C_3H_8 + 5O_2 = (　B　) + 4H_2O$	（　D　）

語群

イ　$2O_2$	ロ　$2.5O_2$	ハ　$3O_2$
ニ　$3CO_2$	ホ　$4CO_2$	ヘ　$5CO_2$
ト　1525	チ　1925	リ　2325

平成 29 年度 技能検定

２級 金属熱処理（高周波・炎熱処理作業）

実技試験（計画立案等作業試験） 問題

1 試験時間

　　　50 分

2 注意事項

（1） 係員の指示があるまで、この表紙はあけないでください。

（2） 解答用紙に、受検番号及び氏名を必ず記入してください。

（3） 係員の指示に従って、この試験問題が表紙を含めて 6 ページであることを確認してください。
　　　それらに異常がある場合は、黙って手を挙げてください。

（4） 試験開始の合図で始めてください。

（5） 解答は、解答用紙の解答欄に記入してください。
　　　なお、要求している解答以外は記入しないでください。

（6） 試験中は、携帯電話(電卓機能の使用を含む。)等の使用を禁止とします。

（7） 試験中、質問があるときは、黙って手を挙げてください。ただし、試験問題の内容、漢字の読み方等に関する質問にはお答えできません。

（8） 試験終了時刻前に解答ができあがった場合は、黙って手を挙げて、係員の指示に従ってください。

（9） 試験中に手洗いに立ちたいときは、黙って手を挙げて、係員の指示に従ってください。

（10） 試験終了の合図があったら、筆記用具を置き、係員の指示に従ってください。

（11） 試験終了後、解答用紙を提出してください。

（12） 計算等は、問題用紙の余白又は解答用紙の裏面を使用して行ってください。

3 試験に使用できる用具等一覧

品　　　名	寸法又は規格	数量	備　　　考
筆記用具等	鉛筆、消しゴム等	一式	

問題1

下図に示す部品を高周波焼入焼戻しする場合について、次の各設問に答えなさい。ただし、解答は解答用紙の解答欄に記号で記入しなさい。

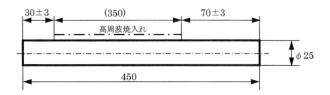

(注) 1　鋼種：SCM440　　　　　　　　　　　　　　　　（単位：mm）
　　　 2　前熱処理後の硬さ：285～352HBW
　　　 3　高周波焼入焼戻し後の指定表面硬さ：50～55HRC
　　　 4　指定有効硬化層深さ：0.8～1.2mm(限界硬さ 400HV)

設問1　前熱処理の方法として、適切なものを一つ選びなさい。
　　　イ　920℃から油焼入れ　→　550℃焼戻し　→　炉冷
　　　ロ　920℃から油焼入れ　→　500℃焼戻し　→　炉冷
　　　ハ　850℃から油焼入れ　→　600℃焼戻し　→　急冷
　　　ニ　800℃から水焼入れ　→　500℃焼戻し　→　急冷

設問2　加熱に必要な周波数として、最も適切なものを一つ選びなさい。
　　　イ　　　1kHz
　　　ロ　　　3kHz
　　　ハ　　 10kHz
　　　ニ　　100kHz

設問3　高周波焼入方法とコイルの組合せとして、適切なものを一つ選びなさい。

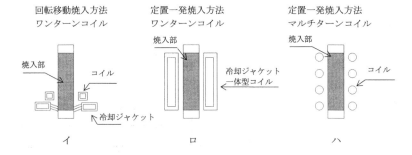

設問4　高周波焼入温度として、最も適切なものを一つ選びなさい。
　　　イ　　800℃
　　　ロ　　900℃
　　　ハ　 1000℃
　　　ニ　 1100℃

設問5　高周波焼入れ時の冷却剤として、最も適切なものを一つ選びなさい。
　　　　イ　空気
　　　　ロ　油
　　　　ハ　食塩水
　　　　ニ　水溶液焼入剤

問題2

次の断面図に示す歯車の歯部を高周波焼入焼戻しする場合について、次の各設問に答えなさい。ただし、解答は解答用紙の解答欄に記号で記入すること。

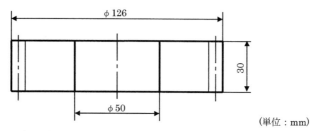

（単位：mm）

（注） 1 鋼種：S45C
2 前熱処理後の硬さ：22〜27HRC
3 指定表面硬さ(歯先)：50〜55HRC
4 歯底の指定有効硬化層深さ：1.0〜1.5mm(限界硬さ450HV)
5 歯車諸元：モジュール3、歯数40
6 焼戻し：炉加熱

設問1 高周波焼入方法として、適切なものを一つ選びなさい。
イ 定置一発焼入れ
ロ 一歯一発焼入れ
ハ 移動焼入れ

設問2 焼入れにおける冷却剤として、適切なものを一つ選びなさい。
イ 食塩水
ロ 油
ハ 水溶液焼入剤

設問3 焼戻温度として、適切なものを一つ選びなさい。
イ 100℃
ロ 150℃
ハ 200℃
ニ 250℃

問題3

下図のシャフトのA部〜C部を高周波焼入れする場合について、次の各設問に答えなさい。ただし、解答は、解答用紙の解答欄に記号で記入すること。

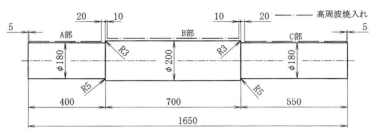

（単位：mm）

(注)　1　鋼種：SUJ2
　　　2　前熱処理：焼入焼戻し
　　　3　前熱処理後の硬さ：38〜43HS(26〜31HRC)
　　　4　指定表面硬さ：90HS (64.7HRC)以上
　　　5　指定有効硬化層深さ：A部、C部　2.5〜3.5mm　：B部　8mm以上
　　　6　予熱は、行ってもよい。

設問1　A部〜C部の加熱に必要な周波数として、最も適切なものを一つずつ選びなさい。

　　　A部　：　イ　3 kHz　　　ロ　10 kHz　　　ハ　100 kHz
　　　B部　：　イ　3 kHz　　　ロ　10 kHz　　　ハ　100 kHz
　　　C部　：　イ　3 kHz　　　ロ　10 kHz　　　ハ　100 kHz

設問2　A部〜C部を焼入れする方法として、最も適切なものを一つ選びなさい。

　　　イ　A、B、C部とも回転移動焼入れ
　　　ロ　A部とC部は回転一発焼入れ、B部は回転移動焼入れ
　　　ハ　A部とC部は無回転移動焼入れ、B部は回転移動焼入れ
　　　ニ　A部は回転一発焼入れ、B部とC部は回転移動焼入れ

設問3　A部〜C部を焼入れする際の冷却方法として、適切なものを一つ選びなさい。

　　　イ　A部、B部、C部とも 20%PAG 水溶液冷却
　　　ロ　A部、B部、C部とも水冷
　　　ハ　A部とC部は水冷、B部は 20%PAG 水溶液冷却
　　　ニ　A部とC部は強制空冷、B部は 20%PAG 水溶液冷却

設問4　炉加熱による焼戻温度として、適切なものを一つ選びなさい。

　　　イ　150℃
　　　ロ　250℃
　　　ハ　300℃
　　　ニ　350℃

問題4

次の高周波焼入設備の構成に関する各設問に答えなさい。ただし、解答は解答用紙の解答欄に記号で記入すること。

設問1　下図は、高周波焼入設備の構成を示している。(A)~(E)に当てはまるものを下記語群からそれぞれ一つずつ選びなさい。

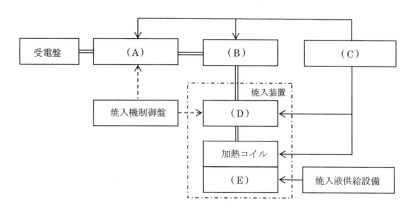

語群

イ	高周波変成器	ロ	冷却ジャケット	ハ	整合盤
ニ	磁性材料(コア)	ホ	高周波電源装置	ヘ	冷却水供給設備

設問2　下表は、主な高周波電源の特徴を示している。(A)~(H)に当てはまるものを下記の語群からそれぞれ一つずつ選びなさい。

	電動発電機(MG)式	サイリスタインバータ式	電子管式	トランジスタインバータ式
周波数(kHz)	(A)	(B)	10~1000	(C)
最大変換効率(%)	(D)	94	(E)	(F)
据付面積	(G)	(H)	中	小

語群

周波数(kHz)	イ	0.1~500	ロ	0.1~10	ハ	0.05~20
最大変換効率(%)	ニ	65	ホ	85	ヘ	95
据付面積	ト	大	チ	中	リ	小

平成31年度 技能検定

1級 金属熱処理（高周波・炎熱処理作業）

実技試験（製作等作業試験）問題

1 試験時間

課　題	試験時間
〔課題1〕組織判定	5分
〔課題2〕有効硬化層深さ測定	硬さ試験機に自動換算機能が付いている場合※
	15分
	硬さ試験機に自動換算機能が付いていない場合※
	18分

※ 自動換算機能とは、硬さを自動で換算する機能のことをいう。

2 注意事項

(1) 試験実施日に、本試験問題を持参すること。

(2) 試験問題は表紙を含め4ページで、課題数が2題であることを確認しておくこと。

(3) 解答は、各課題の解答用紙の解答欄に、それぞれ記入すること。

(4) 解答用紙の各ページに、受検番号・氏名を記入すること。

(5) 課題の実施順序は、技能検定委員からの指示に従うこと。

(6) 各課題の終了ごとに、当該課題の解答用紙を切り離し、技能検定委員に提出すること。

(7) 試験用設備は、事前に整備をしてあります。

(8) 作業時の服装等は、作業に適したものであること。

(9) **この問題には、事前に書込みをしないこと。また、試験中に他の用紙にメモをしたものや参考書等を参照することは禁止する。**

(10) 試験中は、携帯電話(電卓機能等の使用を含む。)等の使用を禁止とする。

(11) 試験用設備、試験用試料等の取扱い等について、そのまま継続すると試験用設備、試験用試料等の破損や怪我を招くおそれがある危険な行為であると技能検定委員が判断した場合、試験中にその旨を注意することがある。

　　さらに、当該注意を受けてもなお、危険な行為を続けた場合は、試験を中断し、技能検定委員全員が試験継続不可と判断した場合は、失格とする。ただし、緊急性を伴うと判断された場合は、注意を挟まず、即中止（失格）とすることがある。

〔課題1〕組織判定

　　注意事項に従って、与えられた試験片の組織を判定しなさい。

● 注意事項

(1)　金属顕微鏡は、焦点微調整以外は操作をしないこと。

(2)　試験片は、あらかじめ研磨、腐食をしてあります。

(3)　検鏡倍率は、400倍(又は500倍)としてあります。

〔課題2〕 有効硬化層深さ測定

　　注意事項に従って、与えられた試験片の被検面について低試験力ビッカース硬さ試験を行い、限界硬さ近傍の硬さ推移曲線を作成して、有効硬化層深さを求めなさい。

● 注意事項

(1)　試験片はS45Cで、高周波焼入焼戻しした後、仕上げ研磨をしてあります。

(2)　硬さ試験機(低試験力ビッカース硬さ試験)※の試験力は、2.942N(300gf)です。
　　（※機種や仕様については、事前に公表されます。）

(3)　有効硬化層深さは、日本工業規格(JIS)において示されている限界硬さまでとします。

1級 金属熱処理(高周波・炎熱処理作業) 実技試験 使用工具等一覧表

1 受検者が持参するもの

品　名	寸法又は規格	数　量	備　考
作業服等	作業時の服装等は、作業に適したものであること。	一式	
筆記用具		一式	

2 試験場に準備してあるもの

(数量欄の数字で特にことわりのないものは、受検者1人当たりの数量を示す。)

区　分	品　名	数　量	備　考
〔課題1〕 組織判定	組織判定用試験片	1	
	金属顕微鏡	1式	接眼鏡を通して判定ができるもの（接眼鏡でなくモニターで判定することは不可）。
〔課題2〕 有効硬化層深さ測定	有効硬化層深さ測定用試験片	1	
	硬さ試験機 (低試験力ビッカース硬さ試験)	1式	自動換算機能が付いていない場合は、換算表が別に準備されている。
	直定規	1	

実技試験（計画立案等作業試験）について

1 試験実施日

平成31年8月25日(日)

2 試験時間

60分

3 問題の概要

作業条件の設定、作業段取り、設備の点検・調整等について行う。

4 持参用具等

品　　名	寸法又は規格	数量	備　　　考
筆記用具等	鉛筆、消しゴム等	一式	

5 その他

試験中は、携帯電話(電卓機能の使用を含む。)等の使用は禁止とする。

平成 31 年度 技能検定

1 級 金属熱処理（高周波・炎熱処理作業）
実技試験（計画立案等作業試験）問題

1 試験時間

60 分

2 注意事項

（1） 係員の指示があるまで、この表紙はあけないでください。

（2） 解答用紙に、受検番号及び氏名を必ず記入してください。

（3） 係員の指示に従って、この試験問題が表紙を含めて 11 ページであることを確認してください。
それらに異常がある場合は、黙って手を挙げてください。

（4） 試験開始の合図で始めてください。

（5） 解答は、解答用紙の解答欄に記入してください。
なお、要求している解答以外は記入しないでください。

（6） 試験中は、携帯電話(電卓機能の使用を含む。)等の使用を禁止とします。

（7） 試験中、質問があるときは、黙って手を挙げてください。ただし、試験問題の内容、漢字の読み方等に関する質問にはお答えできません。

（8） 試験終了時刻前に解答ができあがった場合は、黙って手を挙げて、係員の指示に従ってください。

（9） 試験中に手洗いに立ちたいときは、黙って手を挙げて、係員の指示に従ってください。

（10） 試験終了の合図があったら、筆記用具を置き、係員の指示に従ってください。

（11） 試験終了後、解答用紙を提出してください。

（12） 計算等は、問題用紙の余白又は解答用紙の裏面を使用して行ってください。

3 試験に使用できる用具等一覧

品　　名	寸法又は規格	数量	備　　　　考
筆記用具等	鉛筆、消しゴム等	一式	

問題1

下図の部品を高周波焼入れする場合について、次の各設問に答えなさい。ただし、設問1、設問2及び設問4の解答は解答用紙の解答欄に記号で記入すること。また、設問3の解答は解答用紙の解答欄に数値で記入すること。

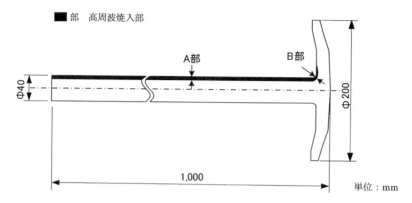

■部　高周波焼入部

（注）　1　鋼種：SCM440
　　　　2　前熱処理：焼ならし
　　　　3　指定表面硬さ：55～62HRC
　　　　4　指定有効硬化層深さ：A部3.0～5.0mm(限界硬さ41HRC)
　　　　　　　　　　　　　　　　B部2.0～4.0mm(限界硬さ41HRC)
　　　　5　焼入方法：縦型回転移動焼入れ

設問1　この部品を加熱するのに最も適切な加熱コイル形状を一つ選びなさい。ただし、下図は加熱コイルの断面形状を示す。

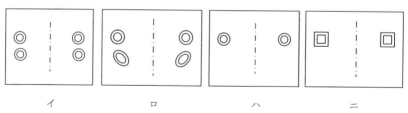

イ　　　　　　　　　ロ　　　　　　　　ハ　　　　　　　　ニ

設問2　この部品を加熱するのに必要な周波数として、最も適切なものを一つ選びなさい。

　　イ　　　0.5 kHz
　　ロ　　　10 kHz
　　ハ　　　80 kHz
　　ニ　　　150 kHz

設問3　この部品を加熱するのに必要な電力を求めなさい。ただし、解答はkW単位とし、小数点以下第1位を四捨五入して整数値で解答すること。なお、送り速度は15mm／s、電力密度は2.5kW／cm²、加熱コイル部のワークの被加熱面積は5000mm²とする。

設問4　焼入冷却剤として、最も適切なものを一つ選びなさい。

　　　イ　3%水溶液焼入剤
　　　ロ　15%水溶液焼入剤
　　　ハ　25%水溶液焼入剤

問題2

下図に示すカムシャフトを高周波焼入れする場合について、次の各設問に答えなさい。ただし、解答は解答用紙の解答欄に記号で記入すること。

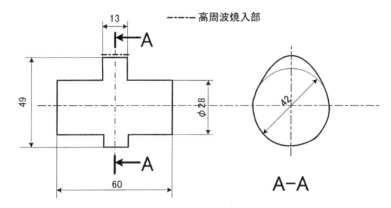

単位:mm

(注)　1　材質：FCD700
　　　　2　指定表面硬さ：55HRC以上
　　　　3　指定有効硬化層深さ：2〜4mm
　　　　4　焼入方法：回転一発焼入れ
　　　　5　加熱コイル：1ターン(加熱コイル冷却ジャケット一体型)

設問1　この部品を加熱するのに必要な周波数として、最も適切なものを一つ選びなさい。

　　　　イ　　　1 kHz
　　　　ロ　　10 kHz
　　　　ハ　　50 kHz
　　　　ニ　100 kHz

設問2　設問1で求められた最適周波数よりも高い周波数で加熱した場合、A－A断面の硬化パターンとして、最も適切なものを一つ選びなさい。

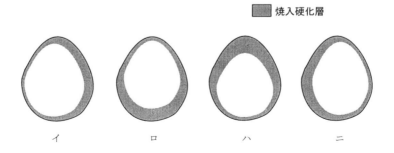

　　イ　　　　　　　ロ　　　　　　　ハ　　　　　　　ニ

設問3　焼入加熱温度として、最も適切なものを一つ選びなさい。

　　　　イ　　　850 ℃
　　　　ロ　　　950 ℃
　　　　ハ　　1050 ℃
　　　　ニ　　1150 ℃

設問4　設問3で求められた加熱温度で適切に焼入れしたが、表面硬さが53HRCと低かった。その原因として考えられるものを一つ選びなさい。

　　　　イ　　素材のフェライト面積が少なかった。
　　　　ロ　　水溶液焼入剤の液濃度が低かった。
　　　　ハ　　加熱終了から冷却開始までの時間が短かった。
　　　　ニ　　冷却時間が短かった。

問題3

　高周波焼入方法について、次の各設問に答えなさい。ただし、解答は解答用紙の解答欄に記号で記入すること。

(注)　1　鋼種：S48C
　　　　2　被加熱物形状寸法：丸棒（φ25mm、長さ200mm）
　　　　3　有効硬化層深さ：約2.5mm
　　　　4　冷却剤：水溶液焼入剤
　　　　5　周波数80kHz、出力200kWの発振機にて処理
　　　　6　定置一発焼入れ：加熱時間　6秒
　　　　　　移動焼入れ：加熱時間　2.4 秒

設問1　写真A及び写真Bは、高周波焼入状況を示している。それぞれの写真に当てはまる焼入方法として、最も適切なものを語群から一つずつ選びなさい。

写真A　　　　　　　　　　　　　　写真B

語群

イ	移動焼入れで、加熱コイルと冷却ジャケットが一体型
ロ	移動焼入れで、加熱コイルと冷却ジャケットが分離(単独)型
ハ	定置一発焼入れで、加熱コイルと冷却ジャケットが分離(単独)型
ニ	定置一発焼入れで、加熱コイルと冷却ジャケットが一体型

設問2　上記の移動焼入れの条件で焼入れした場合の硬さ推移曲線として、最も適切なものを一つ選びなさい。

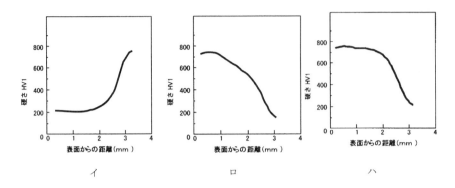

イ　　　　　　　　　　　　ロ　　　　　　　　　　　　ハ

設問3　設問2の硬さ推移曲線時の残留応力分布図として、最も適切なものを一つ選びなさい。

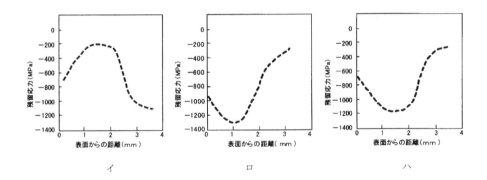

イ　　　　　　　　　　　　ロ　　　　　　　　　　　　ハ

問題4

　下図のローラの胴部分(φ65部)を炎焼入れする場合について、次の各設問に答えなさい。ただし、解答は解答用紙の解答欄に記号で記入すること。

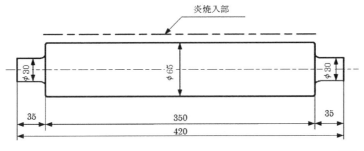

単位：mm

　（注）　1　鋼種：SUJ2
　　　　　2　指定硬化層深さ：3〜4mm(670HV 以上)
　　　　　3　指定表面硬さ：胴部分(φ65 部)で 62HRC (85HS)以上
　　　　　4　軸受部(φ30 部)の硬さ：26〜31HRC (38〜43HS)
　　　　　5　炎加熱の熱源：酸素−アセチレンガス
　　　　　6　前加工：球状化焼なましの素材を切削加工、焼入焼戻し

設問1　このローラを炎焼入れする前の焼入焼戻し条件として、最も適切なものを一つ選びなさい。

　　　イ　820℃ 油冷 → 200℃ 焼戻し
　　　ロ　750℃ 油冷 → 600℃ 焼戻し
　　　ハ　820℃ 空冷 → 200℃ 焼戻し
　　　ニ　820℃ 油冷 → 600℃ 焼戻し

設問2　炎焼入れの方法として、最も適切なものを一つ選びなさい。

　　　イ　約500℃に予熱後、ローラを縦にして、一発焼入法
　　　ロ　予熱せずにローラを横にして、一発焼入法
　　　ハ　予熱せずにローラを縦にして、漸進−回転焼入方法
　　　ニ　約500℃に予熱後、ローラを横にして、漸進−回転焼入方法

設問3　炎焼入れの条件として、最も適切なものを一つ選びなさい。

　　　イ　870℃ 25％水溶液冷却
　　　ロ　820℃ 油冷
　　　ハ　850℃ 空冷
　　　ニ　850℃ 水冷

問題5

下表は、各鋼種における顕微鏡組織、熱処理、加熱温度及び冷却を示している。表中の(　)内に当てはまる語句として、最も適切なものを語群からそれぞれ一つずつ選びなさい。ただし、解答は解答用紙の解答欄に記号で記入すること。また、同じ記号は重複して使用しないこと。

鋼種	顕微鏡組織	熱処理	加熱温度(℃)	冷却
SK85	マルテンサイト＋少量の未固溶炭化物	焼入れ	(①)	水冷
SCM420	フェライト＋パーライト	焼ならし	(②)	空冷
SKD61	マルテンサイト	焼入れ	(③)	空冷
SKH2	マルテンサイト＋残留オーステナイト＋未固溶炭化物	焼入れ	(④)	油冷
SCM445	マルテンサイト	焼入れ	(⑤)	油冷

語群

イ　800	ロ　850	ハ　920
ニ　980	ホ　1020	ヘ　1260

問題6

　次の各設問に答えなさい。ただし、設問1及び設問2の解答は、解答用紙の解答欄に記号で記入すること。また、設問3の解答は、解答用紙の解答欄に数値で記入すること。

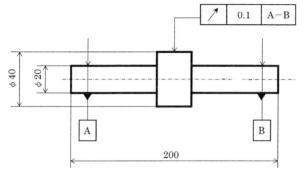

単位：mm

設問1　文中の（　　）内に当てはまる語句を、語群からそれぞれ一つずつ選びなさい。

　日本工業規格(JIS)では、上図の幾何公差について「実際の（　①　）は、共通データム軸直線 A－B のまわりに1回転させる間に、任意の（　②　）において0.1mm（　③　）でなければならない。」と規定している。

語群

イ　円周振れ	ロ　全振れ	ハ　平行度	ニ　傾斜度
ホ　平面度	ヘ　横断面	ト　縦断面	チ　表面
リ　以下	ヌ　以上	ル　未満	

設問2　上図の幾何公差を測定する場合に使用する器具として、ダイヤルゲージ以外で適切なものを、語群から二つ選びなさい。

語群

イ　シリンダゲージ	ロ　マイクロメータ	ハ　すきまゲージ
ニ　ハイトゲージ	ホ　Vブロック	ヘ　定盤

設問3　提示された写真A～Dは、図中の幾何公差を計測した際のゲージ目盛値を含む写真である。これを基に図中の幾何公差を求めなさい。ただし、単位はmmとし、解答値は小数点以下第3位を四捨五入して小数点以下第2位までの数値で解答すること。

写真 A　　　　　　　　　　　　　　　　　　写真 B

写真 C　　　　　　　　　　　　　　　　　　写真 D

平成 30 年度 技能検定

1 級 金属熱処理(高周波・炎熱処理作業)

実技試験(計画立案等作業試験)問題

1 試験時間

50 分

2 注意事項

（1） 係員の指示があるまで、この表紙はあけないでください。

（2） 解答用紙に、受検番号及び氏名を必ず記入してください。

（3） 係員の指示に従って、この試験問題が表紙を含めて 8 ページであることを確認してください。
それらに異常がある場合は、黙って手を挙げてください。

（4） 試験開始の合図で始めてください。

（5） 解答は、解答用紙の解答欄に記入してください。
なお、要求している解答以外は記入しないでください。

（6） 試験中は、携帯電話(電卓機能の使用を含む。)等の使用を禁止とします。

（7） 試験中、質問があるときは、黙って手を挙げてください。ただし、試験問題の内容、漢字の読み
方等に関する質問にはお答えできません。

（8） 試験終了時刻前に解答ができあがった場合は、黙って手を挙げて、係員の指示に従ってください。

（9） 試験中に手洗いに立ちたいときは、黙って手を挙げて、係員の指示に従ってください。

（10） 試験終了の合図があったら、筆記用具を置き、係員の指示に従ってください。

（11） 試験終了後、解答用紙を提出してください。

（12） 計算等は、問題用紙の余白又は解答用紙の裏面を使用して行ってください。

3 試験に使用できる用具等一覧

品　　名	寸法又は規格	数量	備　　　　考
筆記用具等	鉛筆、消しゴム等	一式	

問題1

下表に示す歯車番号1～3の外歯車を高周波焼入れする場合について、表中の(A)～(E)内に当てはまるものを、語群から一つずつ選びなさい。ただし、解答は解答用紙の解答欄に記号で記入すること。

歯車番号	歯数	モジュール	歯幅 (mm)	鋼種 / 硬さ	表面硬さ	有効硬化層深さ	焼入方法	周波数 (kHz)	出力 (kW)	加熱時間 (s)	移動速度 (mm/s)	冷却時間 (s)
1	20	40	710	SCMn2B 30～35 HS	60～65 HS	歯底で 3.0～4.0mm	歯底移動焼入れ	(A)	90	－	(D)	－
2	30	5	35	S53C 229 ～ 285HBW	54～61 HRC	歯底で 1.0～3.0mm	全歯一発焼入れ	(B)	220	15	－	40
3	60	1.5	20	SCM435 271 ～ 309HBW	53～56 HRC	歯底で 1.0～1.5mm	全歯一発焼入れ	(C)	90	(E)	－	10

語群

A	イ　1 kHz	ロ　5 kHz	ハ　10 kHz
B	イ　3 kHz	ロ　10 kHz	ハ　50 kHz
C	イ　10 kHz	ロ　50 kHz	ハ　200 kHz
D	イ　3.0 mm／s	ロ　7.5 mm／s	ハ　10.0 mm／s
E	イ　0.5 s	ロ　4.0 s	ハ　10.0 s

問題2

下図の部品を炎焼入れする場合について、次の各設問に答えなさい。ただし、解答は解答用紙の解答欄に記号で記入すること。

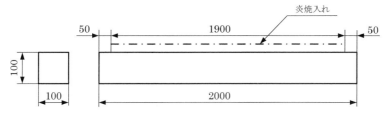

単位：mm

(注) 1　鋼種：S45C
2　前熱処理：調質
3　前熱処理後の硬さ：201〜269HBW
4　炎焼入れ後の硬さ：58HRC以上

設問1　S45Cの前熱処理条件として、最も適切な組合せを一つ選びなさい。

記号	焼入れ	焼戻し
イ	800℃　水冷	600℃　急冷
ロ	800℃　水冷	500℃　急冷
ハ	850℃　水冷	600℃　急冷
ニ	850℃　水冷	500℃　急冷

設問2　下図は、部品を移動焼入れしている状態を示している。図中の（　A　）～（　C　）内に最も当てはまるものを、語群から一つずつ選びなさい。

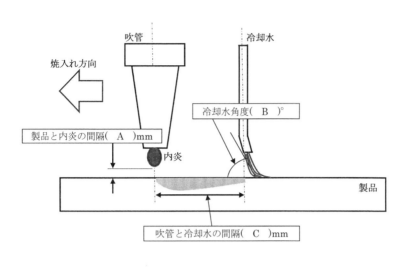

語群

イ　0	ロ　3	ハ　8	ニ　15
ホ　30	ヘ　60	ト　90	

設問3　次の炎焼入れの条件のうち、前熱処理を「調質」ではなく「焼なまし」とした場合に調整を最も必要とするものを一つ選びなさい。
イ　吹管と冷却水との間隔
ロ　製品と内炎の間隔
ハ　冷却水温度
ニ　加熱時間(移動速度)

設問4　移動焼入法における火力と移動速度の関係として、適切なものを一つ選びなさい。
イ　移動速度が一定のとき、火力は全硬化層深さには影響しない。
ロ　火力を移動速度に比例させて調整すると、全硬化層深さは一定した深さに調整できる。
ハ　火力を一定にして、移動速度を増加させた場合、全硬化層深さは深くなる。
ニ　火力が一定のとき、移動速度は全硬化層深さには影響しない。

問題3

下記はリング部品の断面図である。この部品の外周部を高周波焼入れする場合について、次の各設問に答えなさい。ただし、解答は解答用紙の解答欄に記号で記入すること。

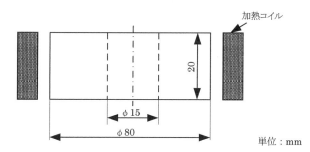

単位：mm

（注）1　鋼種：S53C
　　　2　熱処理仕様
　　　　　・硬化層深さ：中央部　0.5~3.0mm（限界硬さ500HV）
　　　　　・表面硬さ　　：75~85HS
　　　3　高周波焼入れ条件：加熱時間3秒、加熱温度950℃

設問1　高周波加熱時に電源周波数を変えながら焼入れした結果、下記のA～Cのような硬化パターンが得られた。A～Cについて、それぞれで使用した電源の周波数をイ～ハから一つずつ選びなさい。

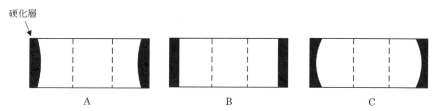

| | A | B | C |

　　イ　　　10 kHz
　　ロ　　　50 kHz
　　ハ　　200 kHz

設問2　上記の高周波焼入時の加熱出力として、適切なものを一つ選びなさい。
　　イ　　　10 kW
　　ロ　　　50 kW
　　ハ　　100 kW
　　ニ　　400 kW

設問3　高周波焼入れ後の表面硬さが70HSと低かった。その原因として当てはまらないものを一つ選び
　　　なさい。
　　　　イ　素材の前組織のフェライト面積が多く、未溶解のフェライトが残存した。
　　　　ロ　残留オーステナイトが多かった。
　　　　ハ　冷却が不足して、微細パーライトが析出した。
　　　　ニ　素材表面が脱炭していた。

設問4　設問3の高周波焼入れ後の低硬さに対して適切な対策を行った結果、焼入後硬さが87HSとなっ
　　　た。同部品の焼戻しを高周波加熱で行う場合、炉加熱の180℃×1hと同等の硬さが得られる高周
　　　波焼戻し温度として、適切なものを一つ選びなさい。ただし、加熱時間は60秒とする。
　　　　イ　140 ℃
　　　　ロ　180 ℃
　　　　ハ　220 ℃
　　　　ニ　260 ℃

問題4

　下記は、日本工業規格(JIS)の「鉄鋼の高周波焼入焼戻し加工」に関するものである。次の各設問に答えなさい。ただし、解答は解答用紙の解答欄に記号で記入すること。

設問1　高周波焼入焼戻しの定義は、次のように規定されている。文中の（　A　）〜（　C　）内に当てはまるものを、語群から一つずつ選びなさい。

　　鉄鋼製品の表面全体又は部分の表面硬化を目的として、（　A　）によってAc₃点又はAc₁点以上の適切な温度に加熱した後、適切な冷却剤で冷却し(焼入れ)、更に（　B　）を調節し、じん性を増すために、（　C　）点以下の適切な温度に通常の焼戻炉中で加熱した後、冷却する(焼戻し)処理。焼戻しは高周波焼戻しも含む。

　　　語群

イ　硬さ	ロ　誘導加熱	ハ　Ac₁
ニ　Ac₃	ホ　通電加熱	ヘ　残留応力

設問2　高周波発振装置の精度は、次のように規定されている。表中の（　A　）〜（　B　）内に当てはまるものを、語群から一つずつ選びなさい。

単位%

高周波発振装置の種類	精　度	
	電圧	電力
電動発電機式、真空管式、その他	±（　A　）	±5
サイリスタ式、トランジスタ式	±2	±（　B　）

　　　語群

イ　1	ロ　2.5	ハ　4	ニ　5

設問3　焼入機械の精度は、次のように規定されている。表中の（　A　）〜（　B　）内に当てはまるものを、語群から一つずつ選びなさい。

項　　目	精　度
軸心の振れ	（　A　）mm
面の振れ	0.3 mm
移動速度(mm／s)の変動範囲	±（　B　）%

　　　語群

イ　0.5	ロ　1	ハ　5

設問4 焼入冷却剤の種類には、水、熱処理油、水溶液焼入剤等があり、それぞれの使用温度許容値
は、次のように規定されている。表中の（ A ）～（ C ）内に当てはまるものを、語群から一つ
ずつ選びなさい。
なお、同一記号を重複して使用してもかまわない。

単位℃

冷却剤	水溶液焼入剤	水	熱処理油
使用温度許容値	目的温度 ±（ A ）	目的温度 ±（ B ）	目的温度 ±（ C ）

語群

イ 5	ロ 10	ハ 20	ニ 30

平成 29 年度 技能検定

1 級 金属熱処理（高周波・炎熱処理作業）

実技試験（計画立案等作業試験） 問題

1 試験時間

　　　50 分

2 注意事項

（1） 係員の指示があるまで、この表紙はあけないでください。

（2） 解答用紙に、受検番号及び氏名を必ず記入してください。

（3） 係員の指示に従って、この試験問題が表紙を含めて 8 ページであることを確認してください。
　　　それらに異常がある場合は、黙って手を挙げてください。

（4） 試験開始の合図で始めてください。

（5） 解答は、解答用紙の解答欄に記入してください。
　　　なお、要求している解答以外は記入しないでください。

（6） 試験中は、携帯電話(電卓機能の使用を含む。)等の使用を禁止とします。

（7） 試験中、質問があるときは、黙って手を挙げてください。ただし、試験問題の内容、漢字の読み
　　　方等に関する質問にはお答えできません。

（8） 試験終了時刻前に解答ができあがった場合は、黙って手を挙げて、係員の指示に従ってください。

（9） 試験中に手洗いに立ちたいときは、黙って手を挙げて、係員の指示に従ってください。

（10） 試験終了の合図があったら、筆記用具を置き、係員の指示に従ってください。

（11） 試験終了後、解答用紙を提出してください。

（12） 計算等は、問題用紙の余白又は解答用紙の裏面を使用して行ってください。

3 試験に使用できる用具等一覧

品　名	寸法又は規格	数量	備　考
筆記用具等	鉛筆、消しゴム等	一式	

問題1

　下図の部品を高周波焼入れする場合について、次の各設問に答えなさい。ただし、解答は、設問1、2、4は記号で、設問3は数値で、解答用紙の解答欄にそれぞれ記入すること。

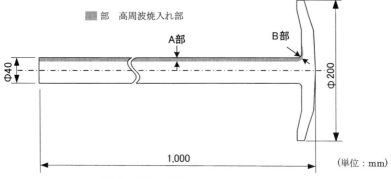

　　（注）　1　鋼種：SCM440
　　　　　　2　前熱処理：焼ならし
　　　　　　3　指定表面硬さ：55〜62HRC
　　　　　　4　指定有効硬化層深さ：A部3.0〜5.0mm(限界硬さ41HRC)
　　　　　　　　　　　　　　　　　　　B部2.0〜4.0mm(限界硬さ41HRC)
　　　　　　5　焼入方法：縦型回転移動焼入れ

設問1　この部品を加熱するのに最適な加熱コイル形状を一つ選びなさい。ただし、下図は加熱コイルの断面形状を示す。

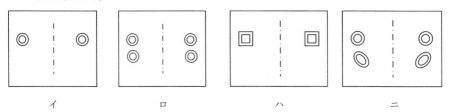

設問2　この部品を加熱するのに必要な周波数として、適切なものを一つ選びなさい。
　　　　イ　　　1 kHz
　　　　ロ　　 10 kHz
　　　　ハ　　 50 kHz
　　　　ニ　　200 kHz

設問3　この部品を加熱するのに必要な電力を求めなさい。ただし、解答はkW単位とし、1の位を四捨五入した数値で解答用紙の解答欄に記入しなさい。なお、送り速度は15mm/s、電力密度は2kW/cm²、加熱コイル部のワークの被加熱面積は5,000mm²とする。

設問4　焼入冷却剤として、最も適切なものを一つ選びなさい。
　　　　イ　水
　　　　ロ　5%水溶液焼入剤
　　　　ハ　15%水溶液焼入剤

問題2

次の断面図に示す歯車の歯部を高周波焼入焼戻しする場合について、次の各設問に答えなさい。ただし、設問1、2、4の解答は、解答用紙の解答欄に記号で記入すること。

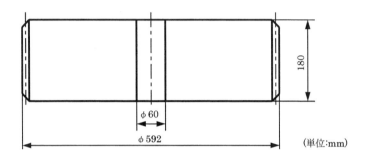

(単位:mm)

(注) 1　鋼種：SCMn2(C＝0.25〜0.35％、Mn＝1.00〜1.60％)
　　　2　歯車諸元：モジュール8、歯数72枚の平歯車
　　　3　焼入方法：一歯歯先移動焼入
　　　4　指定表面硬さ：60〜65HS
　　　5　ピッチ円(P.C.D)上での指定有効硬化層深さ(限界硬さ350HV)：1.5〜2.5mm

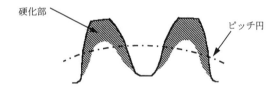

設問1　歯部を加熱するのに必要な周波数として、適切なものを一つ選びなさい。
　　　イ　　　1 kHz
　　　ロ　　　3 kHz
　　　ハ　　10 kHz
　　　ニ　100 kHz

設問2　焼入加熱温度として、適切なものを一つ選びなさい。
　　　イ　　850℃
　　　ロ　　950℃
　　　ハ　1050℃

設問3　下記は焼入方法に関する記述である。（　　　）内に当てはまる熱処理に関する用語を解答欄に記述
　　　しなさい。

　　　　連続して歯を焼入れする場合、最初に焼入れした歯が隣歯を加熱時に誘導加熱を受け、
　　　（　①　）され、硬さ低下や（　②　）が発生する場合がある。そこで、一般的には加熱歯の隣歯が
　　　（　①　）を受けないように、冷却を行っている。

設問4　炉加熱焼戻しを行う場合の温度として、適切なものを一つ選びなさい。
　　　　イ　　200℃
　　　　ロ　　280℃
　　　　ハ　　350℃

問題3

　　高周波焼入方法について、次の各設問に答えなさい。ただし、解答は、解答用紙の解答欄に記号で記入すること。

　　(注)　1　鋼種：S48C
　　　　　2　被加熱物形状寸法：丸棒（φ25mm、長さ200mm）
　　　　　3　有効硬化層深さ：約2.5mm
　　　　　4　冷却剤：水溶液焼入剤
　　　　　5　周波数80kHz、出力200kWの発振機にて処理
　　　　　6　定置一発焼入れ　　加熱時間　6秒
　　　　　　　移動焼入れ　　　　加熱時間　2.4秒

設問1　写真(A)及び(B)は、高周波焼入状況を示している。それぞれの写真に当てはまる焼入方法として、適切なものを語群から一つずつ選びなさい。

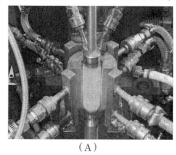　

（A）　　　　　　　　　　　　　　（B）

語群

イ	定置一発焼入れで、加熱コイルと冷却ジャケットが一体型
ロ	定置一発焼入れで、加熱コイルと冷却ジャケットが分離(単独)型
ハ	移動焼入れで、加熱コイルと冷却ジャケットが一体型
ニ	移動焼入れで、加熱コイルと冷却ジャケットが分離(単独)型

設問2　上記の移動焼入れの条件で焼入れした場合の硬さ推移曲線として、適切なものを一つ選びなさい。

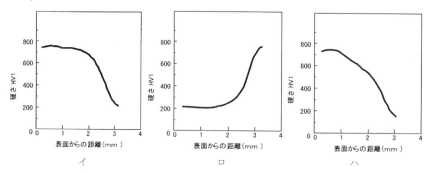

設問3　設問2の硬さ推移曲線時の残留応力分布図として、適切なものを一つ選びなさい。

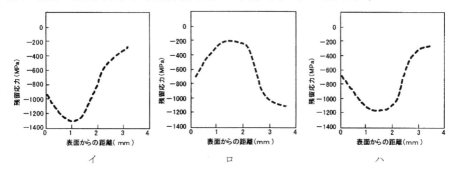

問題4

　　下図のローラの胴部分(ϕ65部)を炎焼入れする場合について、次の各設問に答えなさい。ただし、設問1、2、3の解答は解答用紙の解答欄に記号で記入すること。

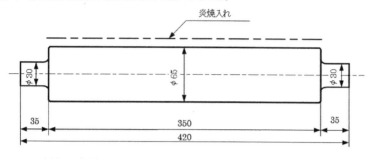

　　(注)　1　鋼種：SUJ2　　　　　　　　　　　　　　　　　　(単位：mm)
　　　　　2　指定硬化層深さ：3~4mm(670HV以上)
　　　　　3　指定表面硬さ：胴部分(ϕ65部)で62HRC (85HS)以上
　　　　　4　軸受部(ϕ30部)の硬さ：26～31HRC (38～43HS)
　　　　　5　炎加熱の熱源：酸素－アセチレンガス
　　　　　6　前加工：球状化焼なましの素材を切削加工、焼入焼戻し

設問1　このローラを炎焼入れする前の焼入焼戻し条件として、適切なものを一つ選びなさい。
　　　　イ　750℃油冷　→　500℃焼戻し
　　　　ロ　820℃油冷　→　200℃焼戻し
　　　　ハ　820℃油冷　→　600℃焼戻し
　　　　ニ　820℃空冷　→　150℃焼戻し

設問2　炎焼入れの方法として、適切なものを一つ選びなさい。
　　　　イ　予熱せずにローラを縦にして、漸進－回転焼入方法
　　　　ロ　予熱せずにローラを横にして、一発焼入法
　　　　ハ　約500℃に予熱後、ローラを縦にして、一発焼入法
　　　　ニ　約500℃に予熱後、ローラを横にして、漸進－回転焼入方法

設問3　炎焼入れの条件として、適切なものを一つ選びなさい。
　　　　イ　820℃油冷
　　　　ロ　850℃水冷
　　　　ハ　850℃空冷
　　　　ニ　870℃水溶液冷却

設問4　下記は焼入れ後の品質に関する記述である。(　　　)内に当てはまる金属組織名を、解答欄に記述しなさい。

　　　　炎焼入れ後、胴中央部を切断して硬さ分布を測定すると、表面から2～3mm程度で硬さが急激に低下していた。この原因は、(　　　)が析出していたためと考えられる。

金属熱処理

学科試験問題

平成 31 年度 技能検定

2 級 金属熱処理 学科試験問題

(一般熱処理作業)

1. 試験時間　　1 時間 40 分
2. 問題数　　　50 題(A 群 25 題、B 群 25 題)
3. 注意事項
   (1)　　係員の指示があるまで、この表紙はあけないでください。
   (2)　　答案用紙(真偽法と多肢択一法の併用)に検定職種名、作業名、級別、受検番号、氏名を必ず記入してください。
   (3)　　係員の指示に従って、問題数を確かめてください。それらに異常がある場合は、黙って手を挙げてください。問題は A 群(真偽法)と B 群(多肢択一法)とに分かれています。
   (4)　　試験開始の合図で始めてください。
   (5)　　解答の方法(真偽法と多肢択一法の併用)は次のとおりです。
   　　イ．　A 群の問題(真偽法)は、一つ一つの問題の内容が正しいか、誤っているかを判断して解答してください。
   　　ロ．　B 群の問題(多肢択一法)は、正解と思うものを一つだけ選んで、解答してください。二つ以上に解答した場合は誤答となります。
   　　ハ．　答案用紙(マークシート用紙)へ解答する際は、答案用紙に記載されている注意事項に従ってください。
   　　ニ．　答案用紙の解答欄は、A 群の問題と B 群の問題とでは異なります。所定の解答欄に、試験問題の題数に応じて解答してください。解答欄は A 群は 50 題まで、B 群は 25 題まで解答できるようになっています。
   (6)　　電子式卓上計算機その他これと同等の機能を有するものは、使用してはいけません。
   (7)　　携帯電話等は、使用してはいけません。
   (8)　　試験中、質問があるときは、黙って手を挙げてください。ただし、試験問題の内容、漢字の読み方等に関する質問にはお答えできません。
   (9)　　試験終了時刻前に解答ができあがった場合は、黙って手を挙げて、係員の指示に従ってください。
   (10)　　試験中に手洗いに立ちたいときは、黙って手を挙げて、係員の指示に従ってください。
   (11)　　試験終了の合図があったら、筆記用具を置き、係員の指示に従ってください。

[A群(真偽法)]

1 鉄－炭素系平衡状態図において、A_3線とA_{cm}線との交点は、共析点である。

2 マルテンサイト組織の鋼を600℃で焼戻しすると、ソルバイト組織が得られる。

3 等温変態曲線とは、オーステナイトの等温変態の様相を、縦軸に温度、横軸に時間をとって図示したものである。

4 同一鋼種においては、オーステナイト結晶粒径が大きいものほど焼入性が悪い。

5 軸受鋼の球状化焼なまし処理の目的は、焼入焼戻し後、優れた耐摩耗性等を得ることである。

6 ショットピーニングは、鋼の応力腐食割れに対する抵抗力を向上させる。

7 アルカリ脱脂浴に界面活性剤を添加すると、洗浄効果が下がる。

8 日本工業規格(JIS)の「熱電対」によれば、常用限度の温度が最も高いものは、K熱電対である。

9 日本工業規格(JIS)の「光高温計による温度測定方法」によれば、光高温計による温度測定方法の適用温度範囲は、原則として約900～2000℃と規定されている。

10 マクロ的な破面観察では、破損事故品に対して、疲労破壊かぜい性破壊かなどを判断することはできない。

11 浸透探傷試験は、溶接部には適用できない。

12 ダイカストとは、砂で鋳型を作り、低圧で溶融金属を流し込んで鋳物を製造する方法である。

13 フライス盤では、溝加工ができない。

14 日本工業規格(JIS)の「機械製図」によれば、かくれ線には、細い破線又は太い破線を使用する。

15 日本工業規格(JIS)によれば、SUPは、ばね鋼鋼材を表す記号である。

16 電力は、抵抗と電圧の積から求めることができる。

17 2kWの電熱器を100Vで使用する場合、10Aのヒューズを使用する。

18 大気汚染防止法関係法令では、ばい煙の定義の一つとして、「燃料その他の物の燃焼に伴い発生するいおう酸化物」を規定している。

19 SK85の焼戻しは、550℃付近で二次硬化現象がある。

20 鉄鋼製品の調質とは、焼入硬化後、約400℃以上に焼戻す処理で、強じんな特性が得られる。

21 等温焼なましは、一般に、完全焼なましよりも短時間で処理が完了する。

22 吸熱型変成ガスは、原料ガスと過剰空気の混合ガスを変成することで得られる。

23 高温焼戻ぜい性は、Moの添加によって抑制される。

24 鋼の焼割れを防止する方法の一つとして、時間焼入れがある。

25 焼ならし及び焼なまし状態において、全脱炭層深さは、顕微鏡による測定方法では測定することができない。

［B群(多肢択一法)］

1 文中の(　　)内に当てはまる語句として、正しいものはどれか。
日本工業規格(JIS)の「鉄鋼用語(熱処理)」では、鋼の主要な変態温度の一つである
(　　)について、「冷却時、フェライト変態が始まる温度」と規定している。
　イ　Ac_1
　ロ　Ac_3
　ハ　Ar_1
　ニ　Ar_3

2 パーライトを構成する組織として、正しいものはどれか。
　イ　フェライト＋セメンタイト
　ロ　フェライト＋オーステナイト
　ハ　オーステナイト＋セメンタイト
　ニ　フェライト＋グラファイト

3 Ms点に関する記述として、正しいものはどれか。
　イ　マルテンサイトが分解し始める温度
　ロ　オーステナイトがベイナイトに変態し始める温度
　ハ　オーステナイトがマルテンサイトに変態し始める温度
　ニ　トルースタイトが生成し始める温度

4 鋼に含まれる次の合金元素のうち、焼入性倍数が最も大きいものはどれか。
　イ　Si
　ロ　Mn
　ハ　Cr
　ニ　Ni

5 サブゼロ処理に関する一般的な記述として、誤っているものはどれか。
　イ　焼入れ後の残留オーステナイトをマルテンサイト化するために行う。
　ロ　割れを防止するため、湯戻しを行ってからサブゼロ処理を行う場合もある。
　ハ　寸法の経年変化を防止できる。
　ニ　液体窒素を使用する場合、$-70℃$が下限である。

6 ガス窒化処理に関する一般的な記述として、誤っているものはどれか。
　イ　処理温度は、$500～550℃$で行う。
　ロ　鋼に化合物層と拡散層を形成させる処理である。
　ハ　アルミニウムやクロムよりもニッケルやコバルトを含む鋼の方が硬化する。
　ニ　窒化処理後、焼戻しを必要としない。

7 焼入冷却剤の特徴に関する記述として、誤っているものはどれか。
  イ 空気は、水よりも冷却能が小さい冷却剤である。
  ロ 水は、水温が30℃の方が20℃よりも冷却能は小さい。
  ハ 焼入油は、一般に、粘度が高くなるほど冷却能は大きくなる。
  ニ 水溶液焼入剤は、濃度によって冷却能を調整できる。

8 鉄鋼部品のショットブラストに使われるショットの種類として、適切でないものはどれか。
  イ 鋳鋼ショット
  ロ ガラスビーズ
  ハ 樹脂球
  ニ カットワイヤショット

9 防錆処理の方法として、適切でないものはどれか。
  イ 化成処理
  ロ 油塗布
  ハ めっき
  ニ ショットブラスト

10 次のうち、最も精度の高い温度制御方式はどれか。
  イ ON－OFF式
  ロ 比例－積分－微分式
  ハ 比例式
  ニ 比例－積分式

11 キルド鋼の特徴に関する一般的な記述として、誤っているものはどれか。
  イ リムド鋼よりも介在物や偏析が多い。
  ロ けい素やアルミニウムで脱酸した鋼である。
  ハ 熱処理を施して使用する場合が多い。
  ニ 機械構造用合金鋼は、キルド鋼である。

12 文中の( )内に当てはまる語句として、正しいものはどれか。
日本工業規格(JIS)によれば、( )は、ダイヤモンドハンマを一定の高さから落下させ、その跳ね上がり高さに比例する値として求める。
  イ ロックウェル硬さ
  ロ ビッカース硬さ
  ハ ブリネル硬さ
  ニ ショア硬さ

[B群(多肢択一法)]

13 金属材料の引張試験の目的として、誤っているものはどれか。
イ ぜい性を調べる。
ロ 耐力を調べる。
ハ 伸びを調べる。
ニ 絞りを調べる。

14 光学顕微鏡による組織試験に関する記述として、誤っているものはどれか。
イ 鋼中の非金属介在物の種類を判別できない。
ロ 完全焼なましした機械構造用炭素鋼の炭素含有率を判定することができる。
ハ 鋼表面の脱炭の有無を調べることができる。
ニ ステンレス鋼の固溶化熱処理が適切に行われたかどうかを判断することができる。

15 日本工業規格(JIS)によれば、鋼の焼入性試験方法に関する記述として、正しいものはどれか。
イ 焼入剤として、油を使用する。
ロ 一端焼入方法とも呼ばれている。
ハ 試験片は、直径30mm、長さ100mmである。
ニ 試験片は、所定の焼入温度に保たれている炉に装入し、少なくとも10分をかけて中心部まで均一に昇温した後、その温度に15〜20分間保つ。

16 文中の(　　)内に当てはまる語句として、正しいものはどれか。
品質管理において、下図は、(　　)と呼ばれている。

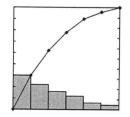

イ パレート図
ロ 連関図
ハ 特性要因図
ニ ヒストグラム

17 日本工業規格(JIS)の「生産管理用語」によれば、5Sとして規定されていないものはどれか。

    イ　静粛

    ロ　清潔

    ハ　清掃

    ニ　しつけ

18 文中の(　　)内に当てはまる語句として、正しいものはどれか。

労働安全衛生法関係法令では、屋内に設ける通路について、「通路面から高さ(　　)以内に障害物を置かないこと。」と規定している。

    イ　1.8 m

    ロ　2.8 m

    ハ　3.8 m

    ニ　4.8 m

19 日本工業規格(JIS)の「合金工具鋼鋼材」によれば、SKD11の焼入温度として、正しいものはどれか。

    イ　　830 ℃

    ロ　　930 ℃

    ハ　1030 ℃

    ニ　1130 ℃

20 SUS420J2に関する一般的な記述として、誤っているものはどれか。

    イ　フェライト系ステンレス鋼である。

    ロ　形状によっては、昇温中の割れ防止として、600～650℃で予熱をする。

    ハ　完全焼なましは、800～900℃に加熱後、炉内で徐冷する。

    ニ　焼戻温度は、600～750℃である。

21 次のうち、不活性ガスはどれか。

    イ　CO

    ロ　CO_2

    ハ　H_2

    ニ　He

22 日本工業規格(JIS)の「金属熱処理設備－有効加熱帯及び有効処理帯試験方法」に規定されている事項として、正しいものはどれか。

    イ　保持温度許容差は、±10℃、±20℃の2クラスのみである。

    ロ　箱型炉の炉内寸法と有効加熱帯寸法は、同一である。

    ハ　保持温度測定位置は、加熱設備の形式と有効加熱帯の寸法によって決められる。

    ニ　有効加熱帯の温度測定は、無負荷試験では行わない。

［B群(多肢択一法)］

23 次のうち、水溶液焼入剤の使用温度の上限として、最も一般的なものはどれか。
　　イ　15 ℃
　　ロ　50 ℃
　　ハ　85 ℃
　　ニ　95 ℃

24 日本工業規格(JIS)の「鋼の脱炭層深さ測定方法」によれば、顕微鏡による測定方法
　　で、フェライト脱炭層深さが0.05mmの場合、脱炭層深さの表示記号として、正し
　　いものはどれか。
　　イ　HD－M－T 0.05
　　ロ　DC－M－T 0.05
　　ハ　DM－F 0.05
　　ニ　DM－T 0.05

25 日本工業規格(JIS)の「鉄鋼用語(試験)」によれば、鋼のマクロ組織試験において、
　　マクロ組織として規定されていないものはどれか。
　　イ　中心部偏析
　　ロ　気泡
　　ハ　内部割れ
　　ニ　脱炭層深さ

平成 30 年度 技能検定

2 級 金属熱処理 学科試験問題

（一般熱処理作業）

1. 試験時間　　1 時間 40 分

2. 問題数　　　50 題(A 群 25 題、B 群 25 題)

3. 注意事項

   (1)　　係員の指示があるまで、この表紙はあけないでください。

   (2)　　答案用紙(真偽法と多肢択一法の併用)に検定職種名、作業名、級別、受検番号、氏名を必ず記入してください。

   (3)　　係員の指示に従って、問題数を確かめてください。それらに異常がある場合は、黙って手を挙げてください。問題は A 群(真偽法)と B 群(多肢択一法)とに分かれています。

   (4)　　試験開始の合図で始めてください。

   (5)　　解答の方法(真偽法と多肢択一法の併用)は次のとおりです。

   　　イ．　A 群の問題(真偽法)は、一つ一つの問題の内容が正しいか、誤っているかを判断して解答してください。

   　　ロ．　B 群の問題(多肢択一法)は、正解と思うものを一つだけ選んで、解答してください。二つ以上に解答した場合は誤答となります。

   　　ハ．　答案用紙(マークシート用紙)へ解答する際は、答案用紙に記載されている注意事項に従ってください。

   　　ニ．　答案用紙の解答欄は、A 群の問題と B 群の問題とでは異なります。所定の解答欄に、試験問題の題数に応じて解答してください。解答欄は A 群は 50 題まで、B 群は 25 題まで解答できるようになっています。

   (6)　　電子式卓上計算機その他これと同等の機能を有するものは、使用してはいけません。

   (7)　　携帯電話等は、使用してはいけません。

   (8)　　試験中、質問があるときは、黙って手を挙げてください。ただし、試験問題の内容、漢字の読み方等に関する質問にはお答えできません。

   (9)　　試験終了時刻前に解答ができあがった場合は、黙って手を挙げて、係員の指示に従ってください。

   (10)　　試験中に手洗いに立ちたいときは、黙って手を挙げて、係員の指示に従ってください。

   (11)　　試験終了の合図があったら、筆記用具を置き、係員の指示に従ってください。

[A群(真偽法)]

1　日本工業規格(JIS)の「鋼－結晶粒度の顕微鏡試験方法」では、粒度番号5以上の鋼を粗粒鋼と規定している。

2　Acmとは、冷却時、フェライト変態が始まる温度である。

3　同一鋼種においては、オーステナイト結晶粒の大きさは、焼入性には影響を与えない。

4　機械構造用炭素鋼の焼ならしは、亜共析鋼の場合、A₃以上の温度に加熱して均一なオーステナイト組織にした後、炉冷する熱処理である。

5　焼戻しの際、部分的な残留応力の解放によるひずみ発生の危険が大きい場合は、金型で押さえ込んだり、プレスしたままで加熱冷却することがある。

6　日本工業規格(JIS)によれば、K熱電対は、素線径(mm)に応じて常用限度(℃)と過熱使用限度(℃)が規定されている。

7　日本工業規格(JIS)の「鋼のサルファプリント試験方法」によれば、サルファプリントによるマクロ試験では、検出される硫化物のサイズ及び分布から材料の均質性を評価することができる。

8　日本工業規格(JIS)の「鋼－結晶粒度の顕微鏡試験方法」によれば、熱処理粒度試験方法のうち、ピクリン酸飽和水溶液で腐食するBechet-Beaujard法の適用鋼種は、焼戻しマルテンサイトやベイナイト鋼などである。

9　超音波探傷試験では、一般に、鋼の内部を透過する超音波は、材料の結晶粒度の影響を受ける。

10　日本工業規格(JIS)では、ダイカストについて、「重力又は低圧力を用いて、溶融金属を金型の中に注湯して造られる鋳物。」と規定している。

11　研削盤では、円筒内面の研削加工はできない。

12　日本工業規格(JIS)では、ロット生産について、「品種ごとに生産量をまとめて複数の製品を交互に生産する形態。」と規定している。

13　日本における電気の周波数は、静岡県の富士川と新潟県の糸魚川あたりを境にし、東側は60Hz、西側は50Hzである。

14　日本工業規格(JIS)によれば、交流の場合、低圧ヒューズの定格電圧及び定格電流は実効値で示す。

15 大気汚染防止法関係法令によれば、熱処理炉は、ばい煙発生施設には当たらない。

16 浸炭焼入焼戻材等を酸洗いすると、水素ぜい性が生じやすい。

17 鋼の焼割れの原因の一つに、変態応力がある。

18 スーティングとは、変成炉、浸炭炉等の浸炭性雰囲気ガスから遊離した炭素が炉内の雰囲気中に浮遊し、被加工物、触媒、内壁等に付着する現象のことである。

19 強制ガス冷却では、ガスの種類を変えると冷却速度が変化する。

20 冷却装置の水冷却槽では、水温が常に35℃程度になるような設備を必要とする。

21 焼むらは、焼入冷却剤の流速が原因となることもある。

22 時間焼入れは、鋼の焼入ひずみを低減する熱処理方法の一つである。

23 高温焼戻ぜい性は、Moの添加によって促進する。

24 日本工業規格(JIS)の「鋼の脱炭層深さ測定方法」によれば、脱炭層深さ(全脱炭層深さ)を測定する方法の一つとして、炭素含有率による測定方法がある。

25 日本工業規格(JIS)の「鋼の火花試験方法」によれば、火花試験で使用するといしは、原則として20m／s以上の円周速度で使用してはならない。

［Ｂ群(多肢択一法)］

1　文中の(　　)内に当てはまる語句として、正しいものはどれか。
日本工業規格(JIS)では、(　　)について、「Fe_3Cの化学式で示される鉄炭化物。」と
規定している。
　　イ　オーステナイト
　　ロ　フェライト
　　ハ　マルテンサイト
　　ニ　セメンタイト

2　鋼を加熱する場合、オーステナイトが生成し始める温度を示す記号として、正しい
ものはどれか。
　　イ　Ar_1
　　ロ　Ae_3
　　ハ　Ac_1
　　ニ　Arm

3　炭素含有量が0.6%の炭素鋼をオーステナイト状態に加熱した後、徐冷したときの常
温における金属組織はどれか。
　　イ　初析フェライト＋パーライト
　　ロ　初析フェライト＋マルテンサイト
　　ハ　初析セメンタイト＋レデブライト
　　ニ　初析セメンタイト＋パーライト

4　連続冷却変態曲線の他の呼び方として、適切なものはどれか。
　　イ　CCT曲線
　　ロ　I曲線
　　ハ　TTT曲線
　　ニ　S曲線

5　鋼の焼入性を向上させる元素として、誤っているものはどれか。
　　イ　V
　　ロ　Cr
　　ハ　Mo
　　ニ　Mn

6　マルテンパに関する一般的な記述として、誤っているものはどれか。
　　イ　Ms直上の温度の熱浴で保持した後、冷却する。
　　ロ　処理後に焼戻しを必要としない。
　　ハ　マルクエンチとも呼ばれる。
　　ニ　オイルバスが利用できる。

7 加熱炉の炉材に関する記述として、適切でないものはどれか。
    イ 加熱炉の内壁の炉材には、耐火材と断熱材が用いられる。
    ロ 中性耐火材は、マグネシアを主成分としている。
    ハ 耐火材には、中性の他に、酸性や塩基性のものもある。
    ニ 断熱材として、セラミックファイバも使われる。

8 日本工業規格(JIS)の「ばねのショットピーニング」によれば、ショットの概略形状が、球ではなく円柱であるものはどれか。
    イ 鋳鋼ショット
    ロ ガラスビーズ
    ハ セラミックビーズ
    ニ カットワイヤショット

9 文中の(　　)内に当てはまる語句として、正しいものはどれか。
温度制御において、現在温度が設定温度以下なら操作量を100%にし、設定温度を超えると0%にするものを(　　)などという。
    イ 微分動作
    ロ 積分動作
    ハ 比例動作
    ニ オンオフ動作

10 偏析に関する記述として、適切でないものはどれか。
    イ 正偏析と負偏析がある。
    ロ 凝固速度を遅くすることで防止することができる。
    ハ 焼割れや焼むらなどの原因になる。
    ニ 偏析帯には不純物や非金属介在物が多く存在する。

11 日本工業規格(JIS)によれば、ロックウェル硬さ試験において、圧子が円すい形ダイヤモンドでないスケールはどれか。
    イ Aスケール
    ロ Bスケール
    ハ Cスケール
    ニ Dスケール

12 日本工業規格(JIS)の「金属材料引張試験方法」によれば、引張試験で求めることができない特性はどれか。
    イ 引張強さ
    ロ 絞り
    ハ 遷移温度
    ニ 伸び

[B群(多肢択一法)]

13 文中の(　)内に当てはまる語句として、正しいものはどれか。
日本工業規格(JIS)の「鋼の焼入性試験方法（一端焼入方法）」では、焼入作業について、「試験片を加熱炉から取り出してから焼入れ開始までの時間はできるだけ短くし、(　)以内にしなければならない。」と規定している。

　イ　　5 秒
　ロ　 10 秒
　ハ　 15 秒
　ニ　 20 秒

14 文中の(　)内に当てはまる語句として、正しいものはどれか。
日本工業規格(JIS)の「加工方法記号」によれば、熱処理の加工方法を表すHQは、加工方法が(　)であることを表している。

　イ　焼ならし
　ロ　焼なまし
　ハ　焼入れ
　ニ　焼もどし

15 文中の(　)内に当てはまる語句として、正しいものはどれか。
労働安全衛生法関係法令では、研削といしの覆いについて、「事業者は、回転中の研削といしが労働者に危険を及ぼすおそれのあるときは、覆いを設けなければならない。ただし、直径が(　)未満の研削といしについては、この限りではない。」と規定している。

　イ　50 mm
　ロ　60 mm
　ハ　70 mm
　ニ　80 mm

16 文中の(　)内に当てはまる語句として、適切なものはどれか。
鋳鉄品の焼入焼戻しでは、焼入れは、昇温時に予熱した上、(　)で加熱後、油冷する。

　イ　　550～ 600 ℃
　ロ　　700～ 750 ℃
　ハ　　860～ 900 ℃
　ニ　1000～1050 ℃

17 文中の(　)内に当てはまる語句として、適切なものはどれか。
SUS304の固溶化熱処理では、約(　)に加熱後、急冷する。

　イ　　650 ℃
　ロ　　950 ℃
　ハ　1050 ℃
　ニ　1250 ℃

18 文中の(   )内に当てはまる語句として、正しいものはどれか。

日本工業規格(JIS)の「合金工具鋼鋼材」では、SKS3の焼なまし温度について、(   )と規定している。

   イ   750〜 800℃ 徐冷
   ロ   850〜 900℃ 徐冷
   ハ   950〜1000℃ 徐冷
   ニ   1000〜1050℃ 徐冷

19 吸熱型ガス変成炉をバーンアウトする場合、バーンアウト前の温度設定として、適切なものはどれか。

   イ   変成温度と同一温度にする。
   ロ   変成温度よりも低くする。
   ハ   変成温度よりも高くする。
   ニ   常温にする。

20 次の雰囲気ガスのうち、還元性ガスはどれか。

   イ   Ar
   ロ N_2
   ハ   He
   ニ   CO

21 焼入冷却剤として、蒸気膜段階のないものはどれか。

   イ   水
   ロ   水溶液焼入剤
   ハ   油
   ニ   塩浴

22 文中の(   )内に当てはまる語句として、適切なものはどれか。

電気抵抗炉の発熱体には、ニッケル・クロム発熱体などの金属発熱体と、(   )や炭化けい素などの非金属発熱体がある。

   イ   水素
   ロ   黒鉛
   ハ   りん
   ニ   硫黄

23 コンベア形連続炉の形式として、適していないものはどれか。

   イ   ピット形
   ロ   回転レトルト形
   ハ   メッシュベルト形
   ニ   ローラハース形

[B群(多肢択一法)]

24 ブロック材に貫通穴がある場合、焼割れの最も発生しやすい穴の形状はどれか。

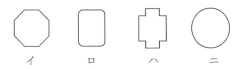

イ　　　　　ロ　　　　　ハ　　　　　ニ

25 日本工業規格(JIS)の「鋼の火花試験方法」によれば、C量が約0.5%の場合の炭素鋼火花の特徴(炭素破裂)として、正しいものはどれか。

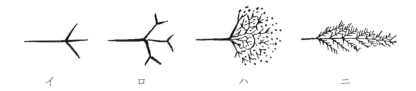

イ　　　　　　ロ　　　　　　ハ　　　　　　ニ

平成 29 年度 技能検定

2 級 金属熱処理 学科試験問題

（一般熱処理作業）

1. 試験時間　　1 時間 40 分
2. 問題数　　　50 題(A 群 25 題、B 群 25 題)
3. 注意事項
   (1)　　係員の指示があるまで、この表紙はあけないでください。
   (2)　　答案用紙(真偽法と多肢択一法の併用)に検定職種名、作業名、級別、受検番号、氏名を必ず記入してください。
   (3)　　係員の指示に従って、問題数を確かめてください。それらに異常がある場合は、黙って手を挙げてください。問題は A 群(真偽法)と B 群(多肢択一法)とに分かれています。
   (4)　　試験開始の合図で始めてください。
   (5)　　解答の方法(真偽法と多肢択一法の併用)は次のとおりです。
   　　イ．　A 群の問題(真偽法)は、一つ一つの問題の内容が正しいか、誤っているかを判断して解答してください。
   　　ロ．　B 群の問題(多肢択一法)は、正解と思うものを一つだけ選んで、解答してください。二つ以上に解答した場合は誤答となります。
   　　ハ．　答案用紙(マークシート用紙)へ解答する際は、答案用紙に記載されている注意事項に従ってください。
   　　ニ．　答案用紙の解答欄は、A 群の問題と B 群の問題とでは異なります。所定の解答欄に、試験問題の題数に応じて解答してください。解答欄は A 群 50 題まで、B 群は 25 題まで解答できるようになっています。
   (6)　　電子式卓上計算機その他これと同等の機能を有するものは、使用してはいけません。
   (7)　　携帯電話等は、使用してはいけません。
   (8)　　試験中、質問があるときは、黙って手を挙げてください。ただし、試験問題の内容、漢字の読み方等に関する質問にはお答えできません。
   (9)　　試験終了時刻前に解答ができあがった場合は、黙って手を挙げて、係員の指示に従ってください。
   (10)　試験中に手洗いに立ちたいときは、黙って手を挙げて、係員の指示に従ってください。
   (11)　試験終了の合図があったら、筆記用具を置き、係員の指示に従ってください。

［A群(真偽法)］

1 1.0%炭素鋼を、Fe－C系平衡状態図における均一オーステナイト領域の温度から室温まで徐冷すると、初析セメンタイトとパーライトの組織となる。

2 マルテンサイトを600℃で焼戻しすると、ソルバイト組織が得られる。

3 等温変態曲線とは、オーステナイトの等温変態の様相を、縦軸に温度、横軸に時間をとって図示したものである。

4 同一鋼種においては、オーステナイト結晶粒が大きいものほど焼入性が悪い。

5 合金工具鋼の球状化焼なまし温度における保持時間は、一般に、炭素工具鋼における保持時間よりも短めにする。

6 ショットピーニングは、鋼の応力腐食割れに対する抵抗力を向上させる。

7 日本工業規格(JIS)によれば、光高温計による温度測定方法の適用温度範囲は、原則として約900～2000℃と規定されている。

8 マクロ的な破面観察では、破損品に対して、破壊の起点、亀裂の進展方向等を判断することができる。

9 浸透探傷試験は、セラミックスには適用できない。

10 アーク溶接とは、電源から供給する電力によってアークを発生させ、この熱エネルギーを利用して行う溶接である。

11 フライス盤では、溝加工ができない。

12 日本工業規格(JIS)の「機械製図」によれば、中心線には破線を用いる。

13 三相誘導電動機は、動力線3本中、2本を入れ替えて回転方向を逆にできる。

14 2kWの電熱器を100Vで使用する場合、10Aのヒューズを使用する。

15 大気汚染防止法関係法令によれば、ばい煙には、燃料その他の物の燃焼に伴って発生するいおう酸化物は含まれていない。

16 ねずみ鋳鉄の鋳造応力を除去するための焼なまし温度は、800～850℃である。

17 マルテンサイト系ステンレス鋼は、一般に、焼入焼戻しして使用される。

18 合金工具鋼鋼材では、通常、焼ならしが行われる。

19 可燃性ガスの爆発範囲(燃焼範囲)の限界濃度には、上限界と下限界がある。

20 吸熱型変成ガスは、原料ガスと過剰空気の混合ガスを変成することで得られる。

21 日本工業規格(JIS)の「金属熱処理設備-有効加熱帯及び有効処理帯試験方法」では、有効加熱帯について、「熱処理の目的に応じて、加工材料を温度許容範囲内に保持できる加熱設備における装入領域。」と規定している。

22 焼入れする処理品の表面に気泡が発生すると、焼むらの原因となる。

23 サブゼロ割れとは、一般に、残留オーステナイトがマルテンサイト変態する際に、体積膨張によって表面に引張応力が発生して割れとなることである。

24 焼曲がりの主な原因は、焼戻し後の急冷によるものである。

25 日本工業規格(JIS)の「鋼の脱炭層深さ測定方法」では、全脱炭層深さについて、「鋼材の表面から、脱炭層と生地との化学的性質又は物理的性質の差異が、もはや区別できない位置までの距離。」と規定している。

[B群(多肢択一法)]

1 鋼を高温から冷却する場合、オーステナイトからパーライトに変態する温度を示す記号はどれか。
 イ Ac_1
 ロ Ac_3
 ハ Ar_1
 ニ Ar_3

2 パーライトを構成する組織として、正しいものはどれか。
 イ フェライト＋セメンタイト
 ロ フェライト＋オーステナイト
 ハ オーステナイト＋セメンタイト
 ニ δフェライト＋オーステナイト

3 Ms点に関する記述として、正しいものはどれか。
 イ マルテンサイトが分解し始める温度
 ロ オーステナイトがベイナイトに変態し始める温度
 ハ オーステナイトがマルテンサイトに変態し始める温度
 ニ トルースタイトが生成し始める温度

4 鋼に含まれる次の合金元素のうち、焼入性倍数が最も大きいものはどれか。
 イ Si
 ロ Mn
 ハ Cr
 ニ Ni

5 炭素工具鋼の球状化焼なましに関する記述として、誤っているものはどれか。
 イ 一般に、焼入れの前処理として行われる。
 ロ 炭化物を球状化して、フェライト地に分散するために行う。
 ハ 加熱温度は、790～810℃である。
 ニ じん性を改善する。

6 応力除去焼なましの目的として、誤っているものはどれか。
 イ 鋳造で発生した残留応力の緩和
 ロ ショットピーニングで生成された表面近傍の圧縮残留応力の緩和
 ハ 溶接で発生した残留応力の緩和
 ニ 機械加工で発生した残留応力の緩和

7 焼入冷却剤の特徴に関する記述として、誤っているものはどれか。
 イ 空気は、水よりも冷却能が小さい冷却剤である。
 ロ 水は、水温が30℃の方が20℃よりも冷却能は小さい。
 ハ 焼入油は、一般に、粘度が高くなるほど冷却能は大きくなる。
 ニ 水溶液焼入剤は、濃度によって冷却能を調整できる。

8 脱脂に関する記述として、誤っているものはどれか。
 イ 脱脂方法の一つとして、乳化剤脱脂法がある。
 ロ 脱脂剤の一つとして、塩素系有機溶剤がある。
 ハ 炭化水素系脱脂剤を使った脱脂方法には、蒸気法がある。
 ニ アルカリ脱脂剤には、苛性ソーダを使用しない。

9 温度自動制御方式に関する記述として、誤っているものはどれか。
 イ 比例動作は、設定値と測定値の差(偏差)に対し、出力が比例する。
 ロ 比例動作は、オフセット(定常的に残る偏差)を防ぐことができない。
 ハ 比例動作に積分動作を加えると、オフセット(定常的に残る偏差)を除去することができる。
 ニ 微分動作単独での制御も可能である。

10 合金工具鋼鋼材に関する記述として、誤っているものはどれか。
 イ 日本工業規格(JIS)によれば、鋼材の種類は、その用途に応じ、主として切削工具鋼用、耐衝撃工具鋼用、冷間金型用、熱間金型用に分類されている。
 ロ 鋼材の種類に応じて、W、Cr、Mo、V等を添加した鋼である。
 ハ 鋼材は、リムド鋼から製造する。
 ニ 焼入焼戻しをして使用される。

11 金属材料の引張試験の目的として、誤っているものはどれか。
 イ じん性又はぜい性を調べる。
 ロ 耐力を調べる。
 ハ 伸びを調べる。
 ニ 絞りを調べる。

12 光学顕微鏡による組織試験に関する記述として、誤っているものはどれか。
 イ 鋼中の非金属介在物の種類を判別できない。
 ロ 完全焼なましした機械構造用炭素鋼の炭素含有率を判定することができる。
 ハ 鋼表面の脱炭の有無を調べることができる。
 ニ ステンレス鋼の固溶化熱処理が適切に行われたかどうかを判断することができる。

[B群(多肢択一法)]

13　日本工業規格(JIS)によれば、鋼の焼入性試験方法に関する記述として、正しいものはどれか。
　　イ　焼入剤として、油を使用する。
　　ロ　一端焼入方法とも呼ばれている。
　　ハ　試験片は、直径30mm、長さ100mmである。
　　ニ　試験片は、所定の焼入温度に保たれている炉に装入し、少なくとも10分をかけて中心部まで均一に昇温した後、その温度に15〜20分間保つ。

14　品質管理に関する記述として、誤っているものはどれか。
　　イ　ロットとは、一つの管理対象となる製品等の集団をいう。
　　ロ　規格限界とは、製品、材料、検査等の特性について許容できる限界値をいう。
　　ハ　正規分布とは、平均を中心に左右対称の曲線分布をいう。
　　ニ　ヒストグラムとは、測定値のばらつきを折れ線グラフで表したものである。

15　文中の(　　)内に当てはまる数値として、正しいものはどれか。
　　労働安全衛生法関係法令では、屋内に設ける通路について、「通路面から高さ(　　)以内に障害物を置かないこと。」と規定している。
　　イ　1.8 m
　　ロ　2.8 m
　　ハ　3.8 m
　　ニ　4.8 m

16　SUS420J2に関する記述として、誤っているものはどれか。
　　イ　フェライト系ステンレス鋼である。
　　ロ　形状によっては、昇温中の割れ防止として、600〜650℃で予熱をする。
　　ハ　完全焼なましは、800〜900℃に加熱後、炉内で徐冷する。
　　ニ　焼戻温度は、一般に、600〜750℃である。

17　焼入処理に関する記述として、正しいものはどれか。
　　イ　ベイナイト焼入れは、機械構造用合金鋼であれば、肉厚に関係なく適用できる。
　　ロ　塩浴焼入れとは、オーステナイト化後、50〜80℃に焼入れする処理である。
　　ハ　機械構造用合金鋼の焼入れでは、A_3変態点以上30〜50℃に加熱し、急冷する。
　　ニ　SKS2を切削工具として使用する場合には、焼入後、約100℃で焼戻しする。

[B群(多肢択一法)]

18 真空焼入れに関する記述として、正しいものはどれか。
   イ 切削油が付着したまま加工品を炉内に装入してもよい。
   ロ 工業的に用いられている真空焼入炉の最高加熱温度は、1000℃である。
   ハ ガス冷却では、冷却速度は、加圧よりも常圧の方が速い。
   ニ 油冷却槽のチャンバー内の圧力を制御して焼入れする場合がある。

19 次のうち、不活性ガスはどれか。
   イ CO
   ロ O_2
   ハ H_2
   ニ Ar

20 日本工業規格(JIS)の「金属熱処理設備－有効加熱帯及び有効処理帯試験方法」に規定されている事項として、正しいものはどれか。
   イ 保持温度許容差は、±10℃、±20℃の2クラスのみである。
   ロ 箱型炉の炉内寸法と有効加熱帯寸法は、同一である。
   ハ 保持温度測定位置は、加熱設備の形式と有効加熱帯の寸法によって決められる。
   ニ 有効加熱帯の温度測定は、無負荷試験では行わない。

21 熱処理油による冷却過程の各段階(蒸気膜－沸騰－対流)に関する記述として、誤っているものはどれか。
   イ 塩浴冷却剤による冷却は、ほとんどが対流段階によって行われる。
   ロ 特性温度とは、蒸気膜段階から沸騰段階に移るときの温度のことである。
   ハ 蒸気膜段階では、穏やかな冷却が行われる。
   ニ 沸騰段階は、蒸気膜段階に比べ、冷却速度が遅い。

22 加熱設備又は冷却設備に関する記述として、誤っているものはどれか。
   イ 雰囲気炉の加熱には、ラジアントチューブを使用する場合もある。
   ロ 焼入水槽は、一般に、水温が目的温度±10℃以内に保持できるように温度管理をする。
   ハ 連続炉の有効加熱帯測定では、測定温度が出口において保持温度許容差に入っていればよい。
   ニ 連続式焼入加熱設備は、焼入冷却直前までに、加工材料の目的温度に必要時間保持できるように、設備内の搬送速度を調整できなければならない。

23 焼むらに関する記述として、正しいものはどれか。
   イ 焼入液の撹拌状態は、焼むらの発生に影響しない。
   ロ 焼入れ水温を高くすると、焼むらの発生を少なくする効果がある。
   ハ 処理品の表面の酸化スケールは、焼むらの発生を少なくする効果がある。
   ニ 焼むらで生じた軟点の組織は、微細パーライトである。

［Ｂ群(多肢択一法)］

24 日本工業規格(JIS)によれば、全脱炭層深さが0.28mmの場合、顕微鏡による測定方
法における全脱炭層深さの表示記号として、正しいものはどれか。
　　イ　HD－M－T 0.28
　　ロ　DC－M－T 0.28
　　ハ　DM－F 0.28
　　ニ　DM－T 0.28

25 日本工業規格(JIS)の「鋼の脱炭層深さ測定方法」において、測定方法として規定さ
れていないものはどれか。
　　イ　顕微鏡による測定方法
　　ロ　硬さ試験による測定方法
　　ハ　マクロ組織試験による測定方法
　　ニ　炭素含有率による測定方法

平成 31 年度 技能検定

1 級 金属熱処理 学科試験問題

（一般熱処理作業）

1. 試験時間　　1 時間 40 分
2. 問題数　　　50 題(A 群 25 題、B 群 25 題)
3. 注意事項
   - (1)　　係員の指示があるまで、この表紙はあけないでください。
   - (2)　　答案用紙(真偽法と多肢択一法の併用)に検定職種名、作業名、級別、受検番号、氏名を必ず記入してください。
   - (3)　　係員の指示に従って、問題数を確かめてください。それらに異常がある場合は、黙って手を挙げてください。問題は A 群(真偽法)と B 群(多肢択一法)とに分かれています。
   - (4)　　試験開始の合図で始めてください。
   - (5)　　解答の方法(真偽法と多肢択一法の併用)は次のとおりです。
     - イ.　　A 群の問題(真偽法)は、一つ一つの問題の内容が正しいか、誤っているかを判断して解答してください。
     - ロ.　　B 群の問題(多肢択一法)は、正解と思うものを一つだけ選んで、解答してください。二つ以上に解答した場合は誤答となります。
     - ハ.　　答案用紙(マークシート用紙)へ解答する際は、答案用紙に記載されている注意事項に従ってください。
     - ニ.　　答案用紙の解答欄は、A群の問題とB群の問題とでは異なります。所定の解答欄に、試験問題の題数に応じて解答してください。解答欄は A 群は 50 題まで、B 群は 25 題まで解答できるようになっています。
   - (6)　　電子式卓上計算機その他これと同等の機能を有するものは、使用してはいけません。
   - (7)　　携帯電話等は、使用してはいけません。
   - (8)　　試験中、質問があるときは、黙って手を挙げてください。ただし、試験問題の内容、漢字の読み方等に関する質問にはお答えできません。
   - (9)　　試験終了時刻前に解答ができあがった場合は、黙って手を挙げて、係員の指示に従ってください。
   - (10)　　試験中に手洗いに立ちたいときは、黙って手を挙げて、係員の指示に従ってください。
   - (11)　　試験終了の合図があったら、筆記用具を置き、係員の指示に従ってください。

[A群(真偽法)]

1 鉄－炭素系平衡状態図において、オーステナイトの炭素固溶限は4.3%である。

2 ソルバイトは、マルテンサイトをやや高い温度に焼戻しして得られる粒状に析出成長したセメンタイトとフェライトの混合組織である。

3 純鉄には融点以下の1392℃と911℃に固相の結晶構造が変化する変態点があり、911℃以下は面心立方晶、それ以上1392℃までは体心立方晶となる。

4 日本工業規格(JIS)の「鉄鋼用語(熱処理)」では、臨界直径について、「与えられた条件下での焼入れによって、その中心部において50%マルテンサイト組織をもつ長さ $3d$ (d は直径)以上の丸棒の直径。」と規定している。

5 鋼においては、焼ならしよりも、焼なましの方がパーライトの層間隔が狭い。

6 ショットピーニングにおけるピーニング強度は、実用上、アルメンアークハイトによって評価する。

7 炉温の比例制御において、比例帯を0%にすると、オンオフ制御となる。

8 プログラム制御による温度制御とは、あらかじめ設定された制御パターンに従って、温度を制御する方法である。

9 ロックウェル硬さ試験では、球面や曲面の硬さを測定する場合でも、曲率ごとに測定値を補正する必要はない。

10 鋼表面の焼割れは、磁粉探傷試験で検出することができる。

11 ダイカストでは、一般に、砂型鋳造よりも優れた鋳肌を得ることができる。

12 鍛造加工は、材料の加熱温度によって、熱間鍛造、温間鍛造、冷間鍛造等に分類される。

13 ステンレス鋼は、熱伝導率が高く、普通鋼に比べて、切削時のトラブルの少ない被削材である。

14 ボール盤は、座ぐり、中ぐり及びリーマ通しの加工には利用できない。

15 日本工業規格(JIS)の「機械製図」によれば、想像線に用いられる線の種類は、跳び破線である。

16 1Aとは、0.1秒間に1Cの電荷が移動するときの電流の強さである。

17 1kWの電熱器を100Vの電源で使用する場合、5Aのヒューズが適切である。

18 大気汚染防止法関係法令によれば、ばい煙が発生する熱処理用加熱炉では、いおう酸化物、ばいじん等の排出基準が規定されている。

19 フェライト系ステンレス鋼の焼なまし作業は、1100～1150℃から急冷する方法で行われる。

20 高速度工具鋼は、焼入温度の上昇に伴って、耐衝撃性が低下する。

21 SKD61を真空焼入加熱する場合、1×10^{-1} Paよりも真空度の高い1×10^{-4} Paの方が、脱Cr現象が少ない。

22 焼入れによる変形を軽減するためには、機械加工後、応力除去焼なましを施してから焼入れするとよい。

23 焼入れした高炭素鋼の残留オーステナイトは、経年変化の原因となることがある。

24 日本工業規格(JIS)の「鋼の脱炭層深さ測定方法」によれば、顕微鏡による測定方法のうち、DM－Fは、全脱炭層深さを表す表示記号である。

25 日本工業規格(JIS)の「鋼の脱炭層深さ測定方法」では、実用脱炭層深さについて、「鋼材の表面から実用上差し支えない硬さが得られる位置までの距離。実用上差し支えない硬さとは、材料規格などに規定された最低硬さなどとする。」と規定している。

[B群(多肢択一法)]

1 鉄－炭素系平衡状態図における共晶反応として、正しいものはどれか。
    イ 融液＋δフェライト → オーステナイト
    ロ 融液 → オーステナイト＋セメンタイト
    ハ オーステナイト → αフェライト＋セメンタイト
    ニ オーステナイト → セメンタイト＋パーライト

2 文中の(   )内に当てはまる語句として、正しいものはどれか。
  日本工業規格(JIS)の「鉄鋼用語(熱処理)」では、(   )について、「1種以上の元素
  を含むα鉄又はδ鉄固溶体。」と規定している。
    イ セメンタイト
    ロ パーライト
    ハ フェライト
    ニ オーステナイト

3 焼入れ後の残留オーステナイトに関する記述として、正しいものはどれか。
    イ 結晶構造は、体心立方格子である。
    ロ 油焼入れの方が、水焼入れよりも、残留オーステナイト量が多くなる。
    ハ 強磁性を有している。
    ニ 時間が経過しても、マルテンサイトには変化しない。

4 熱処理における質量効果の程度を知る方法として、誤っているものはどれか。
    イ 焼入性曲線による方法
    ロ 理想臨界直径による方法
    ハ 等温変態曲線による方法
    ニ 連続冷却変態曲線による方法

5 次の機械構造用合金鋼鋼材のうち、一般に、最も焼入性の良いものはどれか。
    イ SMn420
    ロ SCr420
    ハ SCM440
    ニ SNCM420

6 焼入作業に関する一般的な記述として、誤っているものはどれか。
    イ 焼入れ後の硬さは、炭素含有量によって変化する。
    ロ 焼入れにおいて、熱応力よりも変態応力の方が大きいと、焼割れが生じやす
      い。
    ハ マルテンサイト変態温度は、炭素含有量に影響されない。
    ニ 焼入焼戻鋼とオーステンパした鋼では、硬さが同じであれば、オーステンパ
      した鋼の方が、より強じん性である。

7 焼入冷却剤の冷却能に関する記述として、誤っているものはどれか。
　　イ　空気の冷却能は、対流に依存する。
　　ロ　水溶液焼入剤の冷却能は、添加する高分子有機剤の種類や量によって変化する。
　　ハ　水の冷却能は、温度依存性が大きい。
　　ニ　コールド熱処理油の冷却能は、一般に、60〜80℃で最も小さくなる。

8 ショットブラストに関する記述として、誤っているものはどれか。
　　イ　熱処理前後に行われる処理であり、スケールや錆が除去できる。
　　ロ　一般に、ショットピーニングよりも吹き付け力が強く、圧縮残留応力が大きい。
　　ハ　ショットには、砂、鋳鉄粒、ガラスビーズ等が用いられる。
　　ニ　鋳鉄製又は鋳鋼製のショットは、日本工業規格(JIS)で規定されている。

9 温度計に関する記述として、誤っているものはどれか。
　　イ　抵抗温度計　　→　測温抵抗体の抵抗値の変化から温度を測定する。
　　ロ　放射温度計　　→　示温塗料を用い、色の変化から処理物の表面温度を測定する。
　　ハ　光高温計　　　→　測定対象物の輝度とフィラメントの輝度を合わせて測定する。
　　ニ　熱電温度計　　→　二つの異なった金属の接合部に発生する熱起電力を利用して測定する。

10 日本工業規格(JIS)の「熱電対」によれば、構成材料のマイナス側導体が「ニッケル及びアルミニウムを主とした合金」であるものはどれか。
　　イ　J熱電対
　　ロ　T熱電対
　　ハ　R熱電対
　　ニ　K熱電対

11 ステンレス鋼に関する記述として、正しいものはどれか。
　　イ　フェライト系は、マルテンサイト系よりも耐食性が悪い。
　　ロ　オーステナイト・フェライト系の二相ステンレス鋼は、オーステナイト系よりも応力腐食割れや粒界割れを起こしやすい。
　　ハ　析出硬化系には$Cr-Ni$系にAlを添加したものがあり、耐食性、成形性、溶接性等が改善される。
　　ニ　高炭素のマルテンサイト系は、機械構造用炭素鋼鋼材よりも焼入性が悪い。

[B群(多肢択一法)]

12 金属材料の衝撃試験の目的として、誤っているものはどれか。
    イ　吸収エネルギーを調べる。
    ロ　遷移温度を調べる。
    ハ　ぜい性破面率を調べる。
    ニ　降伏点を調べる。

13 金属組織現出用腐食液に関する記述として、正しいものはどれか。
    イ　3%硝酸アルコール溶液(ナイタル)は、一般に、3%ピクリン酸アルコール溶液(ピクラル)よりも腐食速度が速い。
    ロ　ピクリン酸ソーダ溶液は、樹枝状晶、インゴットパターン等の組織現出に適している。
    ハ　塩化第二鉄アルコール塩酸溶液は、機械構造用炭素鋼の組織現出に適している。
    ニ　赤血塩アルカリ溶液(村上試薬)では、複炭化物は着色されない。

14 文中の(　　)内に当てはまる語句の組合せとして、正しいものはどれか。
日本工業規格(JIS)の「鋼―結晶粒度の顕微鏡試験方法」では、混粒について、「1視野内において、最大頻度をもつ粒度番号の粒からおおむね(　①　)異なった粒度番号の粒が偏在し、これらの粒が約(　②　)の面積を占める状態にあるもの、又は、視野間において(　①　)異なった粒度番号の視野が存在するもの。」と規定している。
          ①　　　　②
    イ　1以上　　5％以上
    ロ　1以上　　10％以上
    ハ　3以上　　20％以上
    ニ　3以上　　40％以上

15 日本工業規格(JIS)の「鋼の焼入性試験方法(一端焼入方法)」によれば、鋼の焼入性試験方法に関する記述として、誤っているものはどれか。
    イ　焼入れは、試験片の下端面を噴水冷却して行う。
    ロ　試験片の寸法は、規定されている。
    ハ　焼入剤には、温度5〜30℃の水を用いる。
    ニ　硬さの測定位置は、試験片の軸方向に焼入端から10mmを起点とする。

16 文中の(　　)内に当てはまる語句として、正しいものはどれか。
日本工業規格(JIS)の「統計―用語及び記号」では、(　　)について、「サンプルサイズが一定の場合に、発生数を評価するための計数値管理図。」と規定している。
    イ　c管理図
    ロ　u管理図
    ハ　np管理図
    ニ　p管理図

[B群(多肢択一法)]

17 文中の( )内に当てはまる語句として、正しいものはどれか。
品質管理の手法において、下図は( )と呼ばれている。

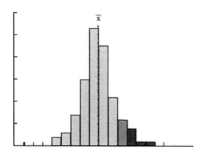

イ　パレート図
ロ　アローダイアグラム
ハ　マトリックス図
ニ　ヒストグラム

18 文中の( )内に当てはまる語句として、正しいものはどれか。
労働安全衛生法関係法令によれば、つりチェーンは、その伸びが、製造されたとき
の長さの( )を超える場合は、玉掛用具として使用してはならない。
イ　　3 ％
ロ　　5 ％
ハ　 10 ％
ニ　 15 ％

19 日本工業規格(JIS)の 「鋼の焼入性試験方法(一端焼入方法)」 によれば、Ni：3.00％
以下、C：0.37％以上の試験片の焼入温度として、正しいものはどれか。
イ　800 ℃
ロ　845 ℃
ハ　870 ℃
ニ　925 ℃

20 文中の( )内に当てはまる語句の組合せとして、正しいものはどれか。
日本工業規格(JIS)の 「高速度工具鋼鋼材」 によれば、SKH51の焼なまし温度(℃)は
(①)である。また、アンダーハードニングと呼ばれるじん性を得るための低め
の焼入温度は、一般に、(②)くらいである。

	①	②
イ	680〜710 徐冷	880 ℃
ロ	730〜780 徐冷	950 ℃
ハ	800〜880 徐冷	1150 ℃
ニ	910〜980 徐冷	1250 ℃

［B群(多肢択一法)］

21　マルテンサイト系ステンレス鋼の熱処理に関する記述として、正しいものはどれか。
　　　イ　SUS420J2の焼なましの加熱温度は、920〜980℃である。
　　　ロ　耐食性を重視するので、固溶化熱処理のみである。
　　　ハ　SUS440Cの焼入加熱温度は1010〜1070℃であり、その後は油冷である。
　　　ニ　焼戻温度は、通常、400〜500℃である。

22　文中の(　　)内に当てはまる語句として、正しいものはどれか。
　　日本工業規格(JIS)の「鉄鋼の焼入焼戻し加工」によれば、焼入冷却設備が油槽の場合、冷却剤の使用温度許容差は、(　　)である。
　　　イ　目的温度±　5℃
　　　ロ　目的温度±10℃
　　　ハ　目的温度±20℃
　　　ニ　目的温度±30℃

23　文中の(　　)内に当てはまる語句として、正しいものはどれか。
　　日本工業規格(JIS)の「金属熱処理設備－有効加熱帯及び有効処理帯試験方法」では、試験の負荷について、「有効加熱帯の温度測定は、無負荷試験による。ただし、(　　)によって負荷試験を行ってもよい。」と規定している。
　　　イ　試験温度
　　　ロ　加熱設備の大きさ
　　　ハ　試験実施者の判断
　　　ニ　受渡当事者間の協定

24　焼むらの原因として、適切でないものはどれか。
　　　イ　表面スケールの付着
　　　ロ　部分的な脱炭
　　　ハ　加熱昇温速度
　　　ニ　焼入冷却剤の流速と流量の不適正

25 焼割れ防止のための形状効果の良・不良を示した図の組合せとして、誤っているものはどれか。

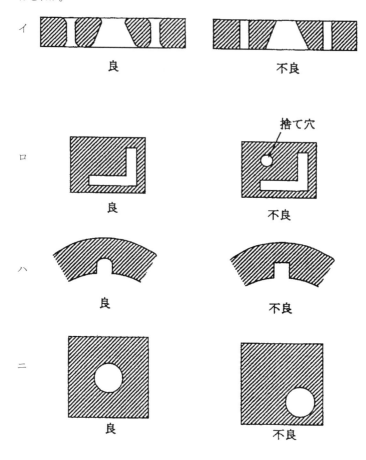

平成 30 年度 技能検定

1 級 金属熱処理 学科試験問題

（一般熱処理作業）

1. 試験時間　1 時間 40 分

2. 問題数　　50 題(A 群 25 題、B 群 25 題)

3. 注意事項

(1) 　係員の指示があるまで、この表紙はあけないでください。

(2) 　答案用紙(真偽法と多肢択一法の併用)に検定職種名、作業名、級別、受検番号、氏名を必ず記入してください。

(3) 　係員の指示に従って、問題数を確かめてください。それらに異常がある場合は、黙って手を挙げてください。問題は A 群(真偽法)と B 群(多肢択一法)とに分かれています。

(4) 　試験開始の合図で始めてください。

(5) 　解答の方法(真偽法と多肢択一法の併用)は次のとおりです。

　　イ．　A 群の問題(真偽法)は、一つ一つの問題の内容が正しいか、誤っているかを判断して解答してください。

　　ロ．　B 群の問題(多肢択一法)は、正解と思うものを一つだけ選んで、解答してください。二つ以上解答した場合は誤答となります。

　　ハ．　答案用紙(マークシート用紙)へ解答する際は、答案用紙に記載されている注意事項に従ってください。

　　ニ．　答案用紙の解答欄は、A 群の問題と B 群の問題とでは異なります。所定の解答欄に、試験問題の題数に応じて解答してください。解答欄は A 群 50 題まで、B 群は 25 題まで解答できるようになっています。

(6) 　電子式卓上計算機その他これと同等の機能を有するものは、使用してはいけません。

(7) 　携帯電話等は、使用してはいけません。

(8) 　試験中、質問があるときは、黙って手を挙げてください。ただし、試験問題の内容、漢字の読み方等に関する質問にはお答えできません。

(9) 　試験終了時刻前に解答ができあがった場合は、黙って手を挙げて、係員の指示に従ってください。

(10) 　試験中に手洗いに立ちたいときは、黙って手を挙げて、係員の指示に従ってください。

(11) 　試験終了の合図があったら、筆記用具を置き、係員の指示に従ってください。

[A群(真偽法)]

1 ベイナイト組織において、上部ベイナイトでは、フェライト晶の境界にFe_3Cが析出する。

2 連続冷却変態曲線によって、鋼の焼入性を評価することができる。

3 日本工業規格(JIS)によれば、臨界冷却速度において、マルテンサイトが初めて生じる最小の冷却速度を上部臨界冷却速度という。

4 工具鋼では、焼入れ前のミクロ組織として炭化物が不完全な球状化を呈していると、焼入時の変形や割れの原因になることがある。

5 吸熱型変成ガスの主成分は、CO_2、H_2及びN_2である。

6 熱処理品の防錆処理の一つとして、マンガンや亜鉛などを含むりん酸塩浴中に浸漬する化成処理がある。

7 バッチ式炉の炉温制御を比例動作で行う場合、昇温終了後の炉温は、常に設定温度と等しくなる。

8 ブリネル硬さ試験では、鋼の場合、一般に、10mmの超硬合金球の圧子と試験力2.94kNが用いられる。

9 日本工業規格(JIS)の「鋼の非金属介在物の顕微鏡試験方法」では、鋼の非金属介在物について、A系介在物とB系介在物の2種類に大別している。

10 超音波探傷試験は、主に表面の割れやきずを検出する方法であり、内部欠陥の位置や大きさについては検出することができない。

11 日本工業規格(JIS)では、ティグ溶接について、「電極にタングステンを、シールドガスにイナートガスを用いて行うガスシールドアーク溶接。」と規定している。

12 オーステナイト系ステンレス鋼は、フェライト系ステンレス鋼と比べて、被削性が非常に優れている。

13 鋼の電気抵抗は、一般に、合金元素量の増加とともに小さくなり、さらに昇温に伴って減少する。

14 最大加熱能力が90kWの電気抵抗炉を用いて、昇温に1時間、指定温度に3時間保持した場合、消費電力量は360kWhである。

15 大気汚染防止法関係法令によれば、ばい煙には、「燃料その他の物の燃焼に伴い発生するいおう酸化物」も含まれる。

[A群(真偽法)]

16 日本工業規格(JIS)では、鋭敏化熱処理について、「オーステナイト系ステンレス鋼の粒界腐食試験を行うために、500〜800℃の温度範囲に加熱して、粒界腐食に鋭敏な組織状態にする熱処理。」と規定している。

17 鋳鉄の黒鉛化焼なましは、700〜750℃で加熱後徐冷する。

18 雰囲気熱処理作業において、露点とは、雰囲気ガスの温度を圧力一定のもとで下げていくとき、水蒸気が凝縮し始める温度のことである。

19 バーンアウトとは、変成炉や浸炭炉内に蓄積した遊離炭素を炉内に適量の空気を送入して燃焼除去する操作である。

20 硝酸系塩浴は、炭素や有機物が混入すると爆発を起こすことがある。

21 熱処理欠陥である焼割れの原因の一つとして、マルテンサイト変態による引張応力が挙げられる。

22 焼入れによる変形の防止方法の一つとして、抜け穴や捨て穴を付けたり、肉薄部分に粘土又は当て金などを付けることによって肉厚の均一化を図り、加工材料の冷却速度を均一にする方法がある。

23 熱処理後、残留オーステナイトがマルテンサイト変態によって膨張し最終的に収縮することを、一般に、経年変化という。

24 残留応力の測定方法の一つとして、X線の回折現象を利用して測定する方法がある。

25 日本工業規格(JIS)の「鋼の火花試験方法」によれば、炭素鋼火花の特徴(炭素破裂)として、炭素量(%)が多くなるほど流線と破裂の数が減少する傾向にあることが挙げられる。

[B群(多肢択一法)]

1　γ鉄固溶体の炭素固溶限の最大値として、正しいものはどれか。
　　イ　約 0.02 mass%
　　ロ　約 0.10 mass%
　　ハ　約 0.77 mass%
　　ニ　約 2.14 mass%

2　マルテンサイトに関する記述として、誤っているものはどれか。
　　イ　拡散変態によって生じる組織である。
　　ロ　結晶構造は、体心正方晶である。
　　ハ　レンズ状などの種類がある。
　　ニ　低C鋼のマルテンサイトは、ラス状である。

3　日本工業規格(JIS)の「熱処理油剤」において、熱処理油の1種2号の品質及び性状に
　係る項目として、定められていないものはどれか。
　　イ　特性温度
　　ロ　800℃から400℃までの冷却秒数
　　ハ　全酸化
　　ニ　水分

4　Ar″点(Ms点)に関する記述として、正しいものはどれか。
　　イ　ベイナイト変態が開始する温度である。
　　ロ　パーライト変態が開始する温度である。
　　ハ　マルテンサイト変態が開始する温度である。
　　ニ　トルースタイトが生成し始める温度である。

5　次の元素のうち、鋼の焼入性に及ぼす影響が最も大きいものはどれか。
　　イ　Ni
　　ロ　Mn
　　ハ　Mo
　　ニ　Cr

6　文中の(　　)内に当てはまる語句として、正しいものはどれか。
　熱処理炉の炉材として用いられる耐火材には、酸性、中性及び塩基性の3種類があ
　るが、酸性耐火材は、一般に、(　　)を多量に含有している。
　　イ　けい酸
　　ロ　アルミナ
　　ハ　マグネシア
　　ニ　セラミックファイバ

［B群(多肢択一法)］

7　ショットピーニングに関する一般的な記述として、誤っているものはどれか。
　　イ　やわらかい表面部の微細なキズを潰す。
　　ロ　表面部を加工硬化させる。
　　ハ　表面部の残留オーステナイトをマルテンサイトに変態させる。
　　ニ　表面部に引張残留応力を与える。

8　日本工業規格(JIS)の「熱電対」によれば、マイナス側導体が白金で構成されている
　　熱電対はどれか。
　　イ　J熱電対
　　ロ　K熱電対
　　ハ　R熱電対
　　ニ　T熱電対

9　熱電温度計に関する記述として、正しいものはどれか。
　　イ　基準接点を必要としない。
　　ロ　測温部に熱電対を用いる。
　　ハ　測温範囲は、1000℃以下に限られる。
　　ニ　補償導線を必ず使用しなければならない。

10　文中の(　)内に当てはまる語句として、適切なものはどれか。
　　日本工業規格(JIS)によれば、結晶粒度の顕微鏡試験方法において、結晶粒の観察に
　　用いられる顕微鏡倍率は、通常(　)である。
　　イ　　50 倍
　　ロ　100 倍
　　ハ　150 倍
　　ニ　200 倍

11　日本工業規格(JIS)の「金属材料のシャルピー衝撃試験方法」によれば、試験報告書
　　の必須項目として規定されているものはどれか。
　　イ　吸収エネルギー
　　ロ　延性破面率
　　ハ　横膨出
　　ニ　試験片の軸方向

12　文中の(　)内に当てはまる語句として、正しいものはどれか。
　　日本工業規格(JIS)における「鋼の焼入性試験方法(一端焼入方法)」によれば、試験
　　片の全長は(　)と規定されている。
　　イ　　50±0.5 mm
　　ロ　　75±0.5 mm
　　ハ　100±0.5 mm
　　ニ　125±0.5 mm

13 文中の(　)内に当てはまる語句として、正しいものはどれか。
　　日本工業規格(JIS)によれば、下図は(　)である。

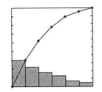

　　　イ　パレート図
　　　ロ　ヒストグラム
　　　ハ　特性要因図
　　　ニ　連関図

14 日本工業規格(JIS)によれば、穴基準のはめあい方式でのはめあい状態を表す記号の
　　うち、すきまばめとなるものはどれか。
　　　イ　H7 s6
　　　ロ　H7 g6
　　　ハ　H7 js6
　　　ニ　H7 r6

15 文中の(　)内に当てはまる語句として、正しいものはどれか。
　　クレーン等安全規則では、「リンクの断面の直径の減少が、当該つりチェーンが製造
　　されたときの当該リンクの断面の直径の(　)をこえるもの」について、不適格な
　　つりチェーンとして、その使用を禁止している。
　　　イ　　3％
　　　ロ　　5％
　　　ハ　　7％
　　　ニ　10％

16 オーステンパに関する一般的な記述として、適切でないものはどれか。
　　　イ　ベイナイト焼入れとも呼ばれる。
　　　ロ　肉厚の大型部品に有効である。
　　　ハ　焼入焼戻材と比べ、伸び・絞り・衝撃値等が優れている。
　　　ニ　TTT曲線によって熱浴温度を設定する。

17 セメンタイト(Fe_3C)のC％として、適切なものはどれか。
　　　イ　約 0.02 mass％
　　　ロ　約 0.80 mass％
　　　ハ　約 4.32 mass％
　　　ニ　約 6.67 mass％

[B群(多肢択一法)]

18 吸熱型変成炉において、原料ガスにプロパンガス(C_3H_8)を用いた場合、生成される変成ガス組成として正しいものはどれか。
    イ　COガス33%、H_2ガス67%
    ロ　COガス20.5%、H_2ガス41%、N_2ガス38.5%
    ハ　COガス23.8%、H_2ガス31.6%、N_2ガス44.6%
    ニ　COガス50%、H_2ガス50%

19 雰囲気焼入炉を始動する場合の吸熱型変成ガスの一般的な導入時期として、適切なものはどれか。
    イ　導入してから昇温を開始する。
    ロ　昇温開始後、速やかに導入する。
    ハ　炉内温度が、750℃以上となってから導入する。
    ニ　エンリッチガスを流し始めてから導入する。

20 日本工業規格(JIS)によれば、有効加熱帯が幅1.2m×奥行き1.8m×高さ0.8mのバッチ式箱型加熱設備の有効加熱帯試験を行う場合、保持温度測定位置数として正しいものはどれか。
    イ　3か所
    ロ　5か所
    ハ　9か所
    ニ　12か所

21 サブゼロ処理に関する記述として、誤っているものはどれか。
    イ　0℃以下で行う。
    ロ　150〜200℃の焼戻しを行った後に行う。
    ハ　残留オーステナイトをマルテンサイトに変態させる処理である。
    ニ　複雑な形状の場合、割れることがある。

22 熱処理で生ずる変形の防止方法として、適切でないものはどれか。
    イ　焼入れ前に加工応力を除去しておく。
    ロ　装入方法に注意する。
    ハ　加熱は急速に行う。
    ニ　プレスクエンチを行う。

23 水素ぜい性の原因となる工程はどれか。
    イ　水溶液焼入剤による焼入れ
    ロ　水(アルカリ)系洗浄液による脱脂
    ハ　ドライアイス法によるサブゼロ処理
    ニ　酸洗い

24 次のうち、焼入れ後の硬さ不足(全体に硬さが低い)の原因として、影響が少ないものはどれか。

　　イ　フェライト＋オーステナイトの2相領域から焼入れしたとき

　　ロ　オーステナイトが多量に残留したとき

　　ハ　スケールの付着によって冷却速度が不足のとき

　　ニ　加熱昇温速度が変化したとき

25 日本工業規格(JIS)の「鋼の火花試験方法」に関する記述として、正しいものはどれか。

　　イ　といしの円周速度については定められていない。

　　ロ　グラインダに押しつける圧力は、できるだけ強く当てるのがよい。

　　ハ　火花観察では、原則、屋外で行う。

　　ニ　鋼種の推定又は異材の鑑別を行うことを目的としている。

平成 29 年度 技能検定

1 級 金属熱処理 学科試験問題

（一般熱処理作業）

1. 試験時間　　1 時間 40 分
2. 問題数　　　50 題(A 群 25 題、B 群 25 題)
3. 注意事項
   (1)　係員の指示があるまで、この表紙はあけないでください。
   (2)　答案用紙(真偽法と多肢択一法の併用)に検定職種名、作業名、級別、受検番号、氏名を必ず記入してください。
   (3)　係員の指示に従って、問題数を確かめてください。それらに異常がある場合は、黙って手を挙げてください。問題は A 群(真偽法)と B 群(多肢択一法)とに分かれています。
   (4)　試験開始の合図で始めてください。
   (5)　解答の方法(真偽法と多肢択一法の併用)は次のとおりです。
   　　イ．A 群の問題(真偽法)は、一つ一つの問題の内容が正しいか、誤っているかを判断して解答してください。
   　　ロ．B 群の問題(多肢択一法)は、正解と思うものを一つだけ選んで、解答してください。二つ以上に解答した場合は誤答となります。
   　　ハ．答案用紙(マークシート用紙)へ解答する際は、答案用紙に記載されている注意事項に従ってください。
   　　ニ．答案用紙の解答欄は、A 群の問題と B 群の問題とでは異なります。所定の解答欄に、試験問題の題数に応じて解答してください。解答欄は A 群は 50 題まで、B 群は 25 題まで解答できるようになっています。
   (6)　電子式卓上計算機その他これと同等の機能を有するものは、使用してはいけません。
   (7)　携帯電話等は、使用してはいけません。
   (8)　試験中、質問があるときは、黙って手を挙げてください。ただし、試験問題の内容、漢字の読み方等に関する質問にはお答えできません。
   (9)　試験終了時刻前に解答ができあがった場合は、黙って手を挙げて、係員の指示に従ってください。
   (10)　試験中に手洗いに立ちたいときは、黙って手を挙げて、係員の指示に従ってください。
   (11)　試験終了の合図があったら、筆記用具を置き、係員の指示に従ってください。

[A群(真偽法)]

1 Fe－C系平衡状態図において、オーステナイトの炭素固溶限は4.3%である。

2 オーステナイト域に加熱した鋼を、等温変態曲線のノーズ直上の温度で等温保持すると、上部ベイナイト組織となる。

3 等温変態曲線のノーズ温度における変態開始線までの時間は、過冷オーステナイトが安定している鋼ほど長い。

4 鋼を理想焼入れしたとき、中心部が100％マルテンサイト組織になる丸棒の直径を理想臨界直径という。

5 物理蒸着法(PVD法)は、高温加熱やスパッタリングなどの物理的方法で物質を蒸発し、製品の表面に凝縮させて、薄膜を形成する処理である。

6 ショットピーニングにおけるピーニング強度は、実用上、アルメンアークハイトによって評価する。

7 炉温の比例制御において、比例帯を0%にすると、オンオフ制御となる。

8 シャルピー衝撃試験において、シャルピー衝撃値は、衝撃時の吸収エネルギーが小さいほど大きくなる。

9 日本工業規格(JIS)では、常温でオーステナイト組織でない鋼の結晶粒度の顕微鏡試験方法として、浸炭粒度試験方法と熱処理粒度試験方法を規定している。

10 鍛造加工は、材料の加熱温度によって、熱間鍛造、温間鍛造、冷間鍛造等に分類される。

11 ボール盤は、座ぐり、中ぐり及びリーマ通しの加工には利用できない。

12 日本工業規格(JIS)の「機械製図」によれば、想像線には細い破線を用いる。

13 抵抗が同じ導線を流れる電流の大きさは、電圧に反比例する。

14 1kWの電熱器を100Vの電源で使用する場合、5Aのヒューズが適切である。

15 大気汚染防止法関係法令によれば、ばい煙が発生する熱処理用加熱炉では、いおう酸化物、ばいじん等の排出基準が規定されている。

16 ベイナイト焼入れした部品は、一般に、焼戻しする必要はない。

[A群(真偽法)]

17 1050℃から焼入れしたSKD11を180～200℃で焼戻しすると、残留オーステナイトは100%分解する。

18 SKH51を切削工具用として使用する場合の熱処理は、等温変態曲線におけるベイナイト変態域を利用したオーステンパである。

19 露点とは、雰囲気中の水分が凝縮し始める温度で、雰囲気ガスの管理に用いることができる。

20 真空熱処理では、一般に、酸化しやすい鋼ほど低真空でよい。

21 日本工業規格(JIS)の「金属熱処理設備－有効加熱帯及び有効処理帯試験方法」によれば、コンベヤ式などの連続式箱形加熱設備の保持温度測定位置は、炉の寸法に関係なく3か所である。

22 水溶液焼入剤は、高濃度になると冷却能が向上する。

23 冷間塑性加工を行った鋼は、再結晶温度以上に加熱したとき、加工度の違いによって、結晶粒が粗大化することがある。

24 日本工業規格(JIS)の「鋼－結晶粒度の顕微鏡試験方法」では、オーステナイトの結晶粒度を測定する場合、炭素含有率が0.25％を超える炭素鋼には適用できないと規定している。

25 残留応力の測定方法として、X線の回折現象を利用した方法がある。

[B群(多肢択一法)]

1 Fe－C系平衡状態図において、レデブライトを生成する変態として、正しいものはどれか。
- イ 磁気変態
- ロ 共析変態
- ハ 共晶変態
- ニ 包晶変態

2 金属組織に関する記述として、正しいものはどれか。
- イ 繊維状組織は、冷間加工によって生じやすい。
- ロ パーライト組織は、フェライトと黒鉛の共析晶である。
- ハ ソルバイト組織は、フェライト中に黒鉛が析出したものである。
- ニ マルテンサイト組織は、フェライト中にセメンタイトが析出した組織である。

3 焼入れ後の残留オーステナイトに関する記述として、正しいものはどれか。
- イ 結晶構造は、体心立方格子である。
- ロ 水焼入れよりも油焼入れの方が残留オーステナイト量が多くなる。
- ハ 強磁性を有している。
- ニ 時間が経過しても、マルテンサイトには変化しない。

4 熱処理における質量効果の程度を知る方法として、誤っているものはどれか。
- イ 焼入性曲線による方法
- ロ 理想臨界直径による方法
- ハ 等温変態曲線による方法
- ニ 連続冷却変態曲線による方法

5 機械構造用合金鋼鋼材に関する記述として、誤っているものはどれか。
- イ SCM440Hは、SCr420Hよりも焼入性が良い。
- ロ SNCM材は、SCM材よりも自硬性が大きい。
- ハ Moの添加は、高温焼戻ぜい性を抑制する。
- ニ SCM822とSNCM420は、理想臨界直径が同じである。

6 種々の表面硬化法の記述として、誤っているものはどれか。
- イ ガス浸炭処理に用いられている吸熱型変成ガスの主成分は、CO、H_2、N_2である。
- ロ プラズマ窒化は、グロー放電を利用した方法である。
- ハ ガス軟窒化処理には、吸熱型変成ガス＋NH_3などが用いられる。
- ニ 高周波焼入れでは、周波数が高くなるほど硬化層深さは深くなる。

［B群(多肢択一法)］

7 焼入冷却剤の冷却能に関する記述として、誤っているものはどれか。
　　イ　空気の冷却能は、対流に依存する。
　　ロ　水溶液焼入剤の冷却能は、添加する高分子有機剤の種類や量によって変化する。
　　ハ　水の冷却能は、温度依存性が大きい。
　　ニ　コールド熱処理油の冷却能は、一般に、60〜80℃で最も小さくなる。

8 ショットピーニングの効果に関する記述として、誤っているものはどれか。
　　イ　疲れ強さが向上する。
　　ロ　表面部を加工硬化させる。
　　ハ　表面部に引張残留応力が生じる。
　　ニ　表面部の残留オーステナイトの一部をマルテンサイトに変態させる。

9 温度計に関する記述として、誤っているものはどれか。
　　イ　抵抗温度計　→　測温抵抗体の抵抗値の変化から温度を測定する。
　　ロ　放射温度計　→　示温塗料を用い、色の変化から処理物の表面温度を測定する。
　　ハ　光高温計　→　測定対象物の輝度とフィラメントの輝度を合わせて測定する。
　　ニ　熱電温度計　→　二つの異なった金属の接合部に発生する熱起電力を利用して測定する。

10 ステンレス鋼に関する記述として、正しいものはどれか。
　　イ　フェライト系は、マルテンサイト系よりも耐食性が悪い。
　　ロ　オーステナイト・フェライト系の二相ステンレス鋼は、オーステナイト系よりも応力腐食割れや粒界割れを起こしやすい。
　　ハ　析出硬化系にはCr−Ni系にAlを添加したものがあり、耐食性、成形性、溶接性等が改善される。
　　ニ　高炭素のマルテンサイト系は、機械構造用炭素鋼鋼材よりも焼入性が悪い。

11 硬さ試験に関する記述として、誤っているものはどれか。
　　イ　ブリネル硬さ　→　くぼみの直交する2方向の直径を測定して、その平均値から求める。
　　ロ　ビッカース硬さ　→　くぼみの対角線長さを測定して、その平均値から求める。
　　ハ　ロックウェル硬さ　→　Bスケールでは、永久くぼみ深さhから、100−h／0.002の式を用いて求める。
　　ニ　ショア硬さ　→　測定値を0.5HSまで読み取り、連続して測定した5点の平均値から求める。

12 金属組織現出用腐食液に関する記述として、正しいものはどれか。

イ 3%硝酸アルコール溶液(ナイタル)は、一般に、3%ピクリン酸アルコール溶液
(ピクラル)よりも腐食速度が速い。

ロ ピクリン酸ソーダ溶液は、樹枝状晶、インゴットパターン等の組織現出に適
している。

ハ 塩化第二鉄アルコール塩酸溶液は、機械構造用炭素鋼の組織現出に適してい
る。

ニ 赤血塩アルカリ溶液(村上試薬)では、複炭化物は着色されない。

13 文中の(　　)内に当てはまる語句として、適切なものはどれか。
Uカーブ(U曲線)とは、焼入れされた丸棒の(　　)の硬さを測定して得られた硬さ曲
線である。

イ 外周

ロ 軸

ハ 横断面

ニ 縦断面

14 品質管理で用いる管理図に関する記述として、誤っているものはどれか。

イ $\overline{X}$ 管理図では、群の平均値 $\overline{X}$ を用いて工程水準を評価できる。

ロ R管理図では、特性値のばらつきの変化を評価できる。

ハ np管理図では、サンプルサイズが一定の場合、不適合品数を評価できる。

ニ $\overline{X}$ －R管理図では、分布の位置とばらつきの計数値管理図によって評価す
る。

15 労働安全衛生法関係法令による玉掛け作業の安全性に関する記述として、誤ってい
るものはどれか。

イ ワイヤロープ一よりの間において素線の数の10%以上の素線が切断している
ものは使用してはならない。

ロ ワイヤロープの直径の減少が公称径の7%を超えるものは使用してはならな
い。

ハ 鎖については、その伸びが当該鎖が製造されたときの長さの5%を超えるもの
は使用してはならない。

ニ 揚貨装置の玉掛けに用いるフック又はシャックルの安全係数については、5
未満としなければならない。

16 鍛造焼入れに関する記述として、誤っているものはどれか。

イ 熱間鍛造後、そのまま焼入れする。

ロ 普通焼入れよりも衝撃値が高くなる。

ハ 普通焼入れよりも焼入性がよい。

ニ 普通焼入れよりも結晶粒が大きい。

［B群(多肢択一法)］

17 鋳鉄品の熱処理に関する記述として、正しいものはどれか。
　　イ　焼ならしは、鋳造組織をできるだけ均一なパーライト基地にする処理である。
　　ロ　球状黒鉛鋳鉄品は、オーステンパ処理して使用することはない。
　　ハ　フェライト化焼なましは、900〜950℃でチルを黒鉛化する処理である。
　　ニ　ねずみ鋳鉄品の応力除去焼なましでは、急加熱しても悪影響はない。

18 マルテンサイト系ステンレス鋼の熱処理に関する記述として、正しいものはどれか。
　　イ　SUS420J2の焼なましの加熱温度は、920〜980℃である。
　　ロ　耐食性を重視するので、固溶化熱処理のみである。
　　ハ　SUS440Cの焼入加熱温度は1010〜1070℃であり、その後は油冷である。
　　ニ　焼戻温度は、通常、400〜500℃である。

19 発熱型変成ガスの製造に関する記述として、誤っているものはどれか。
　　イ　原料ガスは炭化水素である。
　　ロ　空気混合比を変えることで生成ガスの組成が変わる。
　　ハ　完全燃焼させたガスをそのまま使用する。
　　ニ　ガスを変成する際に外部から熱を加えることはない。

20 多目的型雰囲気炉で焼入れ加熱中に長時間停電した場合の処置として、適切なものはどれか。
　　イ　そのまま放置する。
　　ロ　中間扉を開き、処理品を空冷する。
　　ハ　炉内ガスを窒素ガスに置換する。
　　ニ　中間扉を開き、処理品を装入室まで出す。

21 文中の(　　)内に当てはまる語句として、正しいものはどれか。
　　日本工業規格(JIS)の「金属熱処理設備－有効加熱帯及び有効処理帯試験方法」では、試験の負荷について、「有効加熱帯の温度測定は、無負荷試験による。ただし、(　　)によって負荷試験を行ってもよい。」と規定している。
　　イ　試験温度
　　ロ　加熱設備の大きさ
　　ハ　試験実施者の判断
　　ニ　受渡当事者間の協定

22　日本工業規格(JIS)の「鉄鋼の焼入焼戻し加工」によれば、焼入冷却設備が水又は水溶液槽の場合の冷却剤の使用温度許容差として、正しいものはどれか。

　　イ　目的温度± 5℃
　　ロ　目的温度±10℃
　　ハ　目的温度±20℃
　　ニ　目的温度±30℃

23　焼割れ防止のための形状効果の良・不良を示した図の組合せとして、誤っているものはどれか。

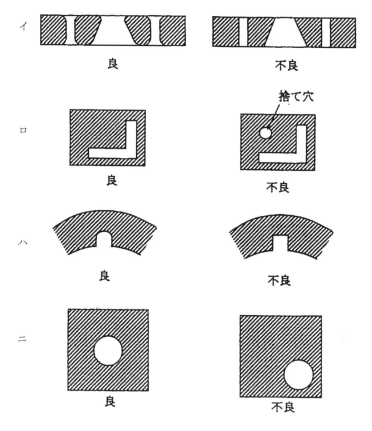

24　焼割れ発生防止手段として、適切なものはどれか。

　　イ　焼入加熱温度を30℃高くする。
　　ロ　Ms点直下まで冷却し、冷媒から引き上げ、空冷する。
　　ハ　焼入加熱の保持時間を延長する。
　　ニ　焼入れから焼戻しまでの時間を長くする。

[B群(多肢択一法)]

25 下図は、日本工業規格(JIS)の「鋼の火花試験方法」における火花の形状と部分名称
を示したものである。図中のAの部分の名称として、正しいものはどれか。

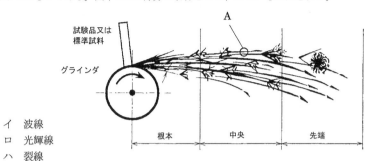

　イ　波線
　ロ　光輝線
　ハ　裂線
　ニ　流線

平成 31 年度 技能検定

2 級 金属熱処理 学科試験問題

（浸炭・浸炭窒化・窒化処理作業）

1. 試験時間　　1 時間 40 分
2. 問題数　　50 題(A 群 25 題、B 群 25 題)
3. 注意事項
   (1) 係員の指示があるまで、この表紙はあけないでください。
   (2) 答案用紙(真偽法と多肢択一法の併用)に検定職種名、作業名、級別、受検番号、氏名を必ず記入してください。
   (3) 係員の指示に従って、問題数を確かめてください。それらに異常がある場合は、黙って手を挙げてください。問題は A 群(真偽法)と B 群(多肢択一法)とに分かれています。
   (4) 試験開始の合図で始めてください。
   (5) 解答の方法(真偽法と多肢択一法の併用)は次のとおりです。
   　　イ．　A 群の問題(真偽法)は、一つ一つの問題の内容が正しいか、誤っているかを判断して解答してください。
   　　ロ．　B 群の問題(多肢択一法)は、正解と思うものを一つだけ選んで、解答してください。二つ以上に解答した場合は誤答となります。
   　　ハ．　答案用紙(マークシート用紙)へ解答する際は、答案用紙に記載されている注意事項に従ってください。
   　　ニ．　答案用紙の解答欄は、A 群の問題と B 群の問題とでは異なります。所定の解答欄に、試験問題の題数に応じて解答してください。解答欄は A 群は 50 題まで、B 群は 25 題まで解答できるようになっています。
   (6) 電子式卓上計算機その他これと同等の機能を有するものは、使用してはいけません。
   (7) 携帯電話等は、使用してはいけません。
   (8) 試験中、質問があるときは、黙って手を挙げてください。ただし、試験問題の内容、漢字の読み方等に関する質問にはお答えできません。
   (9) 試験終了時刻前に解答ができあがった場合は、黙って手を挙げて、係員の指示に従ってください。
   (10) 試験中に手洗いに立ちたいときは、黙って手を挙げて、係員の指示に従ってください。
   (11) 試験終了の合図があったら、筆記用具を置き、係員の指示に従ってください。

[A群(真偽法)]

1 鉄－炭素系平衡状態図において、A₃線とAcm線との交点は、共析点である。

2 マルテンサイト組織の鋼を600℃で焼戻しすると、ソルバイト組織が得られる。

3 等温変態曲線とは、オーステナイトの等温変態の様相を、縦軸に温度、横軸に時間をとって図示したものである。

4 同一鋼種においては、オーステナイト結晶粒径が大きいものほど焼入性が悪い。

5 軸受鋼の球状化焼なまし処理の目的は、焼入焼戻し後、優れた耐摩耗性等を得ることである。

6 ショットピーニングは、鋼の応力腐食割れに対する抵抗力を向上させる。

7 アルカリ脱脂浴に界面活性剤を添加すると、洗浄効果が下がる。

8 日本工業規格(JIS)の「熱電対」によれば、常用限度の温度が最も高いものは、K熱電対である。

9 日本工業規格(JIS)の「光高温計による温度測定方法」によれば、光高温計による温度測定方法の適用温度範囲は、原則として約900～2000℃と規定されている。

10 マクロ的な破面観察では、破損事故品に対して、疲労破壊かぜい性破壊かなどを判断することはできない。

11 浸透探傷試験は、溶接部には適用できない。

12 ダイカストとは、砂で鋳型を作り、低圧で溶融金属を流し込んで鋳物を製造する方法である。

13 フライス盤では、溝加工ができない。

14 日本工業規格(JIS)の「機械製図」によれば、かくれ線には、細い破線又は太い破線を使用する。

15 日本工業規格(JIS)によれば、SUPは、ばね鋼鋼材を表す記号である。

16 電力は、抵抗と電圧の積から求めることができる。

17 2kWの電熱器を100Vで使用する場合、10Aのヒューズを使用する。

18 大気汚染防止法関係法令では、ばい煙の定義の一つとして、「燃料その他の物の燃焼に伴い発生するいおう酸化物」を規定している。

19 鉄鋼材料の酸化反応が進行すると酸化スケールが発生し、その酸化スケールの直下には、脱炭層が形成される。

20 浸炭焼入焼戻しされた鋼の表面近傍には、一般に、引張残留応力が生じる。

21 ガス浸炭における浸炭防止方法の一つとして、キャップ又はねじの装着による方法がある。

22 吸熱型変成ガスは、原料の炭化水素系ガスと空気を混合し、高温のニッケル触媒を通して変成させる。

23 日本工業規格(JIS)の「金属熱処理設備－有効加熱帯及び有効処理帯試験方法」では、無負荷試験のみを試験方法として規定しており、負荷試験は規定していない。

24 850℃でガス浸炭窒化を行う場合、雰囲気ガス中のNH_3量を多くすると、一般に、表面硬さは低下する。

25 日本工業規格(JIS)の「鋼の浸炭硬化層深さ測定方法」では、有効硬化層深さと全硬化層深さを共に規定している。

[B群(多肢択一法)]

1 文中の(   )内に当てはまる語句として、正しいものはどれか。
   日本工業規格(JIS)の「鉄鋼用語(熱処理)」では、鋼の主要な変態温度の一つである
   (   )について、「冷却時、フェライト変態が始まる温度」と規定している。
   イ Ac_1
   ロ Ac_3
   ハ Ar_1
   ニ Ar_3

2 パーライトを構成する組織として、正しいものはどれか。
   イ フェライト＋セメンタイト
   ロ フェライト＋オーステナイト
   ハ オーステナイト＋セメンタイト
   ニ フェライト＋グラファイト

3 Ms点に関する記述として、正しいものはどれか。
   イ マルテンサイトが分解し始める温度
   ロ オーステナイトがベイナイトに変態し始める温度
   ハ オーステナイトがマルテンサイトに変態し始める温度
   ニ トルースタイトが生成し始める温度

4 鋼に含まれる次の合金元素のうち、焼入性倍数が最も大きいものはどれか。
   イ Si
   ロ Mn
   ハ Cr
   ニ Ni

5 サブゼロ処理に関する一般的な記述として、誤っているものはどれか。
   イ 焼入れ後の残留オーステナイトをマルテンサイト化するために行う。
   ロ 割れを防止するため、湯戻しを行ってからサブゼロ処理を行う場合もある。
   ハ 寸法の経年変化を防止できる。
   ニ 液体窒素を使用する場合、$-70℃$が下限である。

6 ガス窒化処理に関する一般的な記述として、誤っているものはどれか。
   イ 処理温度は、500～550℃で行う。
   ロ 鋼に化合物層と拡散層を形成させる処理である。
   ハ アルミニウムやクロムよりもニッケルやコバルトを含む鋼の方が硬化する。
   ニ 窒化処理後、焼戻しを必要としない。

[B群(多肢択一法)]

7 焼入冷却剤の特徴に関する記述として、誤っているものはどれか。
 イ 空気は、水よりも冷却能が小さい冷却剤である。
 ロ 水は、水温が30℃の方が20℃よりも冷却能は小さい。
 ハ 焼入油は、一般に、粘度が高くなるほど冷却能は大きくなる。
 ニ 水溶液焼入剤は、濃度によって冷却能を調整できる。

8 鉄鋼部品のショットブラストに使われるショットの種類として、適切でないものはどれか。
 イ 鋳鋼ショット
 ロ ガラスビーズ
 ハ 樹脂球
 ニ カットワイヤショット

9 防錆処理の方法として、適切でないものはどれか。
 イ 化成処理
 ロ 油塗布
 ハ めっき
 ニ ショットブラスト

10 次のうち、最も精度の高い温度制御方式はどれか。
 イ ON−OFF式
 ロ 比例−積分−微分式
 ハ 比例式
 ニ 比例−積分式

11 キルド鋼の特徴に関する一般的な記述として、誤っているものはどれか。
 イ リムド鋼よりも介在物や偏析が多い。
 ロ けい素やアルミニウムで脱酸した鋼である。
 ハ 熱処理を施して使用する場合が多い。
 ニ 機械構造用合金鋼は、キルド鋼である。

12 文中の( )内に当てはまる語句として、正しいものはどれか。
日本工業規格(JIS)によれば、( )は、ダイヤモンドハンマを一定の高さから落下させ、その跳ね上がり高さに比例する値として求める。
 イ ロックウェル硬さ
 ロ ビッカース硬さ
 ハ ブリネル硬さ
 ニ ショア硬さ

[B群(多肢択一法)]

13　金属材料の引張試験の目的として、誤っているものはどれか。
　　イ　ぜい性を調べる。
　　ロ　耐力を調べる。
　　ハ　伸びを調べる。
　　ニ　絞りを調べる。

14　光学顕微鏡による組織試験に関する記述として、誤っているものはどれか。
　　イ　鋼中の非金属介在物の種類を判別できない。
　　ロ　完全焼なましした機械構造用炭素鋼の炭素含有率を判定することができる。
　　ハ　鋼表面の脱炭の有無を調べることができる。
　　ニ　ステンレス鋼の固溶化熱処理が適切に行われたかどうかを判断することができる。

15　日本工業規格(JIS)によれば、鋼の焼入性試験方法に関する記述として、正しいものはどれか。
　　イ　焼入剤として、油を使用する。
　　ロ　一端焼入方法とも呼ばれている。
　　ハ　試験片は、直径30mm、長さ100mmである。
　　ニ　試験片は、所定の焼入温度に保たれている炉に装入し、少なくとも10分をかけて中心部まで均一に昇温した後、その温度に15〜20分間保つ。

16　文中の(　　)内に当てはまる語句として、正しいものはどれか。
　　品質管理において、下図は、(　　)と呼ばれている。

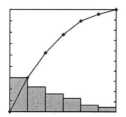

　　イ　パレート図
　　ロ　連関図
　　ハ　特性要因図
　　ニ　ヒストグラム

17 日本工業規格(JIS)の「生産管理用語」によれば、5Sとして規定されていないものは
どれか。
   イ　静粛
   ロ　清潔
   ハ　清掃
   ニ　しつけ

18 文中の(　　)内に当てはまる語句として、正しいものはどれか。
労働安全衛生法関係法令では、屋内に設ける通路について、「通路面から高さ(　　)
以内に障害物を置かないこと。」と規定している。
   イ　1.8 m
   ロ　2.8 m
   ハ　3.8 m
   ニ　4.8 m

19 吸熱型変成ガスの変成温度として、適切なものはどれか。
   イ　約 850 ℃
   ロ　約 950 ℃
   ハ　約1050 ℃
   ニ　約1150 ℃

20 吸熱型変成ガスのCO濃度として、適切なものはどれか。
   イ　 5〜10 %
   ロ　20〜25 %
   ハ　30〜35 %
   ニ　40〜45 %

21 ガス軟窒化処理における雰囲気ガスの組成として、適切なものはどれか。
   イ　吸熱型変成ガス 約50% ＋ アンモニアガス(NH_3) 約50%
   ロ　吸熱型変成ガス 約90% ＋ アンモニアガス(NH_3) 約10%
   ハ　吸熱型変成ガス 約50% ＋ ブタンガス(C_4H_{10}) 約50%
   ニ　吸熱型変成ガス 約90% ＋ ブタンガス(C_4H_{10}) 約10%

22 ガス浸炭と比較した場合のガス浸炭窒化の特徴として、正しいものはどれか。
   イ　一般に、処理温度が高い。
   ロ　焼入性が向上する。
   ハ　焼入変形が大きい。
   ニ　残留オーステナイトが発生しにくい。

［B群(多肢択一法)］

23　多目的型の密閉型浸炭焼入炉で用いる焼入冷却剤として、適切なものはどれか。
　　イ　水
　　ロ　油
　　ハ　塩浴
　　ニ　水溶液焼入剤

24　粒界酸化に関する記述として、適切なものはどれか。
　　イ　熱処理雰囲気中の酸化性ガスによって金属製品の表面近傍の結晶粒界が酸化
　　　　されることをいう。
　　ロ　低温焼戻しによって発生する組織のことをいう。
　　ハ　網状セメンタイトを焼入したときの組織のことをいう。
　　ニ　残留オーステナイト層のことをいう。

25　日本工業規格(JIS)の「鋼の脱炭層深さ測定方法」によれば、測定方法の種類とし
　　て、規定されていないものはどれか。
　　イ　超音波探傷試験による測定方法
　　ロ　炭素含有率による測定方法
　　ハ　硬さ試験による測定方法
　　ニ　顕微鏡による測定方法

平成 30 年度 技能検定

2 級 金属熱処理 学科試験問題

（浸炭・浸炭窒化・窒化処理作業）

1. 試験時間　　1 時間 40 分
2. 問題数　　　50 題(A 群 25 題、B 群 25 題)
3. 注意事項
   (1)　　係員の指示があるまで、この表紙はあけないでください。
   (2)　　答案用紙(真偽法と多肢択一法の併用)に検定職種名、作業名、級別、受検番号、氏名を必ず記入してください。
   (3)　　係員の指示に従って、問題数を確かめてください。それらに異常がある場合は、黙って手を挙げてください。問題は A 群(真偽法)と B 群(多肢択一法)とに分かれています。
   (4)　　試験開始の合図で始めてください。
   (5)　　解答の方法(真偽法と多肢択一法の併用)は次のとおりです。
   　イ．　A 群の問題(真偽法)は、一つ一つの問題の内容が正しいか、誤っているかを判断して解答してください。
   　ロ．　B 群の問題(多肢択一法)は、正解と思うものを一つだけ選んで、解答してください。二つ以上に解答した場合は誤答となります。
   　ハ．　答案用紙(マークシート用紙)へ解答する際は、答案用紙に記載されている注意事項に従ってください。
   　ニ．　答案用紙の解答欄は、A 群の問題と B 群の問題とでは異なります。所定の解答欄に、試験問題の題数に応じて解答してください。解答欄は A 群は 50 題まで、B 群は 25 題まで解答できるようになっています。
   (6)　　電子式卓上計算機その他これと同等の機能を有するものは、使用してはいけません。
   (7)　　携帯電話等は、使用してはいけません。
   (8)　　試験中、質問があるときは、黙って手を挙げてください。ただし、試験問題の内容、漢字の読み方等に関する質問にはお答えできません。
   (9)　　試験終了時刻前に解答ができあがった場合は、黙って手を挙げて、係員の指示に従ってください。
   (10)　試験中に手洗いに立ちたいときは、黙って手を挙げて、係員の指示に従ってください。
   (11)　試験終了の合図があったら、筆記用具を置き、係員の指示に従ってください。

[A群(真偽法)]

1 日本工業規格(JIS)の「鋼－結晶粒度の顕微鏡試験方法」では、粒度番号5以上の鋼を粗粒鋼と規定している。

2 Acmとは、冷却時、フェライト変態が始まる温度である。

3 同一鋼種においては、オーステナイト結晶粒の大きさは、焼入性には影響を与えない。

4 機械構造用炭素鋼の焼ならしは、亜共析鋼の場合、A₃以上の温度に加熱して均一なオーステナイト組織にした後、炉冷する熱処理である。

5 焼戻しの際、部分的な残留応力の解放によるひずみ発生の危険が大きい場合は、金型で押さえ込んだり、プレスしたままで加熱冷却することがある。

6 日本工業規格(JIS)によれば、K熱電対は、素線径(mm)に応じて常用限度(℃)と過熱使用限度(℃)が規定されている。

7 日本工業規格(JIS)の「鋼のサルファプリント試験方法」によれば、サルファプリントによるマクロ試験では、検出される硫化物のサイズ及び分布から材料の均質性を評価することができる。

8 日本工業規格(JIS)の「鋼－結晶粒度の顕微鏡試験方法」によれば、熱処理粒度試験方法のうち、ピクリン酸飽和水溶液で腐食するBechet-Beaujard法の適用鋼種は、焼戻しマルテンサイトやベイナイト鋼などである。

9 超音波探傷試験では、一般に、鋼の内部を透過する超音波は、材料の結晶粒度の影響を受ける。

10 日本工業規格(JIS)では、ダイカストについて、「重力又は低圧力を用いて、溶融金属を金型の中に注湯して造られる鋳物。」と規定している。

11 研削盤では、円筒内面の研削加工はできない。

12 日本工業規格(JIS)では、ロット生産について、「品種ごとに生産量をまとめて複数の製品を交互に生産する形態。」と規定している。

13 日本における電気の周波数は、静岡県の富士川と新潟県の糸魚川あたりを境にし、東側は60Hz、西側は50Hzである。

14 日本工業規格(JIS)によれば、交流の場合、低圧ヒューズの定格電圧及び定格電流は実効値で示す。

15 大気汚染防止法関係法令によれば、熱処理炉は、ばい煙発生施設には当たらない。

16 吸熱型変成ガスは、ガス変成炉の出口でガスを急冷してガス組成を安定化させる。

17 プロパン(C_3H_8)を原料ガスとして吸熱型ガスを変成する場合、原料ガスと空気の混合比は、約1：10である。

18 ガス浸炭窒化処理は、窒化用ガスが分解しやすいように、通常900℃以上で行われる。

19 フレームカーテン用の燃焼ガスとしてメタン(CH_4)も使用できる。

20 日本工業規格(JIS)の「鉄鋼の浸炭及び浸炭窒化焼入焼戻し加工」によれば、焼入冷却設備において、油槽の冷却剤の使用温度許容差は、目的温度±10℃に調整できなければならない。

21 プラズマ窒化装置では、窒化しようとする部品を陰極に、炉壁を陽極にセットする。

22 浸炭焼入焼戻しした鋼部品の表面硬化層に多量の残留オーステナイトが存在すると、経年変化の原因となる。

23 高温浸炭処理では、二次焼入れを行うことによって、成長した鋼の結晶粒を微細化できる。

24 浸炭層において炭素濃度勾配が急であると、剥離の原因となることがある。

25 浸炭防止効果の確認は、火花試験では判定ができない。

［B群(多肢択一法)］

1 文中の(　　)内に当てはまる語句として、正しいものはどれか。
日本工業規格(JIS)では、(　　)について、「Fe_3Cの化学式で示される鉄炭化物。」と
規定している。
　　イ　オーステナイト
　　ロ　フェライト
　　ハ　マルテンサイト
　　ニ　セメンタイト

2 鋼を加熱する場合、オーステナイトが生成し始める温度を示す記号として、正しい
ものはどれか。
　　イ　Ar_1
　　ロ　Ae_3
　　ハ　Ac_1
　　ニ　Arm

3 炭素含有量が0.6%の炭素鋼をオーステナイト状態に加熱した後、徐冷したときの常
温における金属組織はどれか。
　　イ　初析フェライト＋パーライト
　　ロ　初析フェライト＋マルテンサイト
　　ハ　初析セメンタイト＋レデブライト
　　ニ　初析セメンタイト＋パーライト

4 連続冷却変態曲線の他の呼び方として、適切なものはどれか。
　　イ　CCT曲線
　　ロ　I曲線
　　ハ　TTT曲線
　　ニ　S曲線

5 鋼の焼入性を向上させる元素として、誤っているものはどれか。
　　イ　V
　　ロ　Cr
　　ハ　Mo
　　ニ　Mn

6 マルテンパに関する一般的な記述として、誤っているものはどれか。
　　イ　Ms直上の温度の熱浴で保持した後、冷却する。
　　ロ　処理後に焼戻しを必要としない。
　　ハ　マルクエンチとも呼ばれる。
　　ニ　オイルバスが利用できる。

7 加熱炉の炉材に関する記述として、適切でないものはどれか。
  イ 加熱炉の内壁の炉材には、耐火材と断熱材が用いられる。
  ロ 中性耐火材は、マグネシアを主成分としている。
  ハ 耐火材には、中性の他に、酸性や塩基性のものもある。
  ニ 断熱材として、セラミックファイバも使われる。

8 日本工業規格(JIS)の「ばねのショットピーニング」によれば、ショットの概略形状が、球ではなく円柱であるものはどれか。
  イ 鋳鋼ショット
  ロ ガラスビーズ
  ハ セラミックビーズ
  ニ カットワイヤショット

9 文中の( )内に当てはまる語句として、正しいものはどれか。
  温度制御において、現在温度が設定温度以下なら操作量を100%にし、設定温度を超えると0%にするものを( )などという。
  イ 微分動作
  ロ 積分動作
  ハ 比例動作
  ニ オンオフ動作

10 偏析に関する記述として、適切でないものはどれか。
  イ 正偏析と負偏析がある。
  ロ 凝固速度を遅くすることで防止することができる。
  ハ 焼割れや焼むらなどの原因になる。
  ニ 偏析帯には不純物や非金属介在物が多く存在する。

11 日本工業規格(JIS)によれば、ロックウェル硬さ試験において、圧子が円すい形ダイヤモンドでないスケールはどれか。
  イ Aスケール
  ロ Bスケール
  ハ Cスケール
  ニ Dスケール

12 日本工業規格(JIS)の「金属材料引張試験方法」によれば、引張試験で求めることができない特性はどれか。
  イ 引張強さ
  ロ 絞り
  ハ 遷移温度
  ニ 伸び

［B群(多肢択一法)］

13 文中の(　)内に当てはまる語句として、正しいものはどれか。
　　日本工業規格(JIS)の「鋼の焼入性試験方法(一端焼入方法)」では、焼入作業について、「試験片を加熱炉から取り出してから焼入れ開始までの時間はできるだけ短くし、(　)以内にしなければならない。」と規定している。
　　　イ　　5 秒
　　　ロ　10 秒
　　　ハ　15 秒
　　　ニ　20 秒

14 文中の(　)内に当てはまる語句として、正しいものはどれか。
　　日本工業規格(JIS)の「加工方法記号」によれば、熱処理の加工方法を表すHQは、加工方法が(　)であることを表している。
　　　イ　焼ならし
　　　ロ　焼なまし
　　　ハ　焼入れ
　　　ニ　焼もどし

15 文中の(　)内に当てはまる語句として、正しいものはどれか。
　　労働安全衛生法関係法令では、研削といしの覆いについて、「事業者は、回転中の研削といしが労働者に危険を及ぼすおそれのあるときは、覆いを設けなければならない。ただし、直径が(　)未満の研削といしについては、この限りではない。」と規定している。
　　　イ　50 mm
　　　ロ　60 mm
　　　ハ　70 mm
　　　ニ　80 mm

16 浸炭焼入れにおける残留オーステナイト量に関する記述として、誤っているものはどれか。
　　　イ　多いほど、硬さが低下する。
　　　ロ　浸炭層よりも内部の方が発生しやすい。
　　　ハ　焼入温度の影響を受ける。
　　　ニ　表面の炭素濃度の影響を受ける。

17 ガス浸炭反応のブードア反応として、正しいものはどれか。
　　　イ　$CO + H_2 = C + H_2O$
　　　ロ　$2CO = C + CO_2$
　　　ハ　$CO + H_2O = CO_2 + H_2$
　　　ニ　$CH_4 + CO_2 = 2CO + 2H_2$

18 次のうち、同一条件でガス軟窒化処理した場合に、化合物層硬さが最も高くなる鋼種はどれか。

    イ　SCM420

    ロ　SCr435

    ハ　SACM645

    ニ　SCM440

19 ガス浸炭法と比較したガス浸炭窒化法の特徴として、誤っているものはどれか。

    イ　焼入変形が少ない。

    ロ　部品表面の光輝性がよい。

    ハ　焼戻軟化抵抗が小さい。

    ニ　残留オーステナイトの発生が多い。

20 次のうち、浸炭焼入焼戻処理品の疲労強度を向上させる方法として、最も効果的なものはどれか。

    イ　研磨加工

    ロ　ショットピーニング

    ハ　ホーニング

    ニ　サブゼロ処理

21 焼入れに用いる冷却装置でないものはどれか。

    イ　水冷装置

    ロ　油冷装置

    ハ　熱浴冷却装置

    ニ　サブゼロ冷却装置

22 文中の(　　)内に当てはまる語句として、適切なものはどれか。

日本工業規格(JIS)における鋼の浸炭硬化層深さ測定方法で、ビッカース硬さの試験力は、通常(　　)を適用するとされている。

    イ　HV0.1(0.98N)

    ロ　HV0.3(2.9N)

    ハ　HV0.5(4.9N)

    ニ　HV1(9.8N)

23 バッチ型ガス浸炭焼入炉における加熱室のRCファンの役割として、誤っているものはどれか。

    イ　炉内雰囲気の均一化

    ロ　炉内温度分布の均一化

    ハ　処理品の心部硬さの向上

    ニ　処理品の浸炭深さむらの改善

[B群(多肢択一法)]

24 過剰浸炭で、結晶粒界に生成する金属組織はどれか。
　　イ　網状セメンタイト
　　ロ　フェライト
　　ハ　マルテンサイト
　　ニ　残留オーステナイト

25 日本工業規格(JIS)によれば、浸炭焼入れの有効硬化層の限界硬さとして、正しいも
　のはどれか。
　　イ　550HV
　　ロ　450HV
　　ハ　350HV
　　ニ　250HV

平成 29 年度 技能検定

2 級 金属熱処理 学科試験問題

（浸炭・浸炭窒化・窒化処理作業）

1. 試験時間　　1 時間 40 分
2. 問題数　　　50 題(A 群 25 題、B 群 25 題)
3. 注意事項
   (1) 係員の指示があるまで、この表紙はあけないでください。
   (2) 答案用紙(真偽法と多肢択一法の併用)に検定職種名、作業名、級別、受検番号、氏名を必ず記入してください。
   (3) 係員の指示に従って、問題数を確かめてください。それらに異常がある場合は、黙って手を挙げてください。問題は A 群(真偽法)と B 群(多肢択一法)とに分かれています。
   (4) 試験開始の合図で始めてください。
   (5) 解答の方法(真偽法と多肢択一法の併用)は次のとおりです。
   　　イ．　A 群の問題(真偽法)は、一つ一つの問題の内容が正しいか、誤っているかを判断して解答してください。
   　　ロ．　B 群の問題(多肢択一法)は、正解と思うものを一つだけ選んで、解答してください。二つ以上に解答した場合は誤答となります。
   　　ハ．　答案用紙(マークシート用紙)へ解答する際は、答案用紙に記載されている注意事項に従ってください。
   　　ニ．　答案用紙の解答欄は、A 群の問題と B 群の問題とでは異なります。所定の解答欄に、試験問題の題数に応じて解答してください。解答欄は A 群は 50 題まで、B 群は 25 題まで解答できるようになっています。
   (6) 電子式卓上計算機その他これと同等の機能を有するものは、使用してはいけません。
   (7) 携帯電話等は、使用してはいけません。
   (8) 試験中、質問があるときは、黙って手を挙げてください。ただし、試験問題の内容、漢字の読み方等に関する質問にはお答えできません。
   (9) 試験終了時刻前に解答ができあがった場合は、黙って手を挙げて、係員の指示に従ってください。
   (10) 試験中に手洗いに立ちたいときは、黙って手を挙げて、係員の指示に従ってください。
   (11) 試験終了の合図があったら、筆記用具を置き、係員の指示に従ってください。

[A群(真偽法)]

1 1.0%炭素鋼を、Fe－C系平衡状態図における均一オーステナイト領域の温度から室温まで徐冷すると、初析セメンタイトとパーライトの組織となる。

2 マルテンサイトを600℃で焼戻しすると、ソルバイト組織が得られる。

3 等温変態曲線とは、オーステナイトの等温変態の様相を、縦軸に温度、横軸に時間をとって図示したものである。

4 同一鋼種においては、オーステナイト結晶粒が大きいものほど焼入性が悪い。

5 合金工具鋼の球状化焼なまし温度における保持時間は、一般に、炭素工具鋼における保持時間よりも短めにする。

6 ショットピーニングは、鋼の応力腐食割れに対する抵抗力を向上させる。

7 日本工業規格(JIS)によれば、光高温計による温度測定方法の適用温度範囲は、原則として約900～2000℃と規定されている。

8 マクロ的な破面観察では、破損品に対して、破壊の起点、亀裂の進展方向等を判断することができる。

9 浸透探傷試験は、セラミックスには適用できない。

10 アーク溶接とは、電源から供給する電力によってアークを発生させ、この熱エネルギーを利用して行う溶接である。

11 フライス盤では、溝加工ができない。

12 日本工業規格(JIS)の「機械製図」によれば、中心線には破線を用いる。

13 三相誘導電動機は、動力線3本中、2本を入れ替えて回転方向を逆にできる。

14 2kWの電熱器を100Vで使用する場合、10Aのヒューズを使用する。

15 大気汚染防止法関係法令によれば、ばい煙には、燃料その他の物の燃焼に伴って発生するいおう酸化物は含まれていない。

16 C_4H_{10}を原料ガスとして吸熱型ガスに変成する場合、原料ガスと空気の混合比は、約1：2.5 である。

17 鉄鋼材料の酸化反応が進行すると酸化スケールが発生し、その酸化スケールの直下には、脱炭層が形成される。

18 プラズマ窒化装置では、窒化しようとする鋼を陰極に、炉壁を陽極にセットする。

19 ガス浸炭における浸炭防止方法の一つとして、銅めっきを利用する方法がある。

20 浸炭焼入焼戻しされた鋼の表面近傍の焼入硬化層には、一般に、引張残留応力が生じる。

21 浸炭焼入れで直接焼入れする場合の焼入温度は、浸炭層(表面層)と心部の硬さ及び組織(ミクロ組織)と変形などの要求を考慮して設定する。

22 ガス浸炭窒化処理において、浸炭性ガスに添加するガスは、炭酸ガスである。

23 結晶粒粗大化は、浸炭温度が高いほど発生しやすい。

24 850℃でガス浸炭窒化を行う場合、雰囲気ガス中のNH_3量を多くすると、表面硬さを高くすることができる。

25 日本工業規格(JIS)の「鋼の浸炭硬化層深さ測定方法」では、ビッカース硬さ試験による測定方法で、試験力2.9Nで測定し、有効硬化層深さ2.5mmの場合、CD－H0.3－T2.5と表示する。

［B群(多肢択一法)］

1 鋼を高温から冷却する場合、オーステナイトからパーライトに変態する温度を示す記号はどれか。
　イ　Ac_1
　ロ　Ac_3
　ハ　Ar_1
　ニ　Ar_3

2 パーライトを構成する組織として、正しいものはどれか。
　イ　フェライト＋セメンタイト
　ロ　フェライト＋オーステナイト
　ハ　オーステナイト＋セメンタイト
　ニ　δフェライト＋オーステナイト

3 Ms点に関する記述として、正しいものはどれか。
　イ　マルテンサイトが分解し始める温度
　ロ　オーステナイトがベイナイトに変態し始める温度
　ハ　オーステナイトがマルテンサイトに変態し始める温度
　ニ　トルースタイトが生成し始める温度

4 鋼に含まれる次の合金元素のうち、焼入性倍数が最も大きいものはどれか。
　イ　Si
　ロ　Mn
　ハ　Cr
　ニ　Ni

5 炭素工具鋼の球状化焼なましに関する記述として、誤っているものはどれか。
　イ　一般に、焼入れの前処理として行われる。
　ロ　炭化物を球状化して、フェライト地に分散するために行う。
　ハ　加熱温度は、790〜810℃である。
　ニ　じん性を改善する。

6 応力除去焼なましの目的として、誤っているものはどれか。
　イ　鋳造で発生した残留応力の緩和
　ロ　ショットピーニングで生成された表面近傍の圧縮残留応力の緩和
　ハ　溶接で発生した残留応力の緩和
　ニ　機械加工で発生した残留応力の緩和

[B群(多肢択一法)]

7 焼入冷却剤の特徴に関する記述として、誤っているものはどれか。
 イ　空気は、水よりも冷却能が小さい冷却剤である。
 ロ　水は、水温が30℃の方が20℃よりも冷却能は小さい。
 ハ　焼入油は、一般に、粘度が高くなるほど冷却能は大きくなる。
 ニ　水溶液焼入剤は、濃度によって冷却能を調整できる。

8 脱脂に関する記述として、誤っているものはどれか。
 イ　脱脂方法の一つとして、乳化剤脱脂法がある。
 ロ　脱脂剤の一つとして、塩素系有機溶剤がある。
 ハ　炭化水素系脱脂剤を使った脱脂方法には、蒸気法がある。
 ニ　アルカリ脱脂剤には、苛性(かせい)ソーダを使用しない。

9 温度自動制御方式に関する記述として、誤っているものはどれか。
 イ　比例動作は、設定値と測定値の差(偏差)に対し、出力が比例する。
 ロ　比例動作は、オフセット(定常的に残る偏差)を防ぐことができない。
 ハ　比例動作に積分動作を加えると、オフセット(定常的に残る偏差)を除去することができる。
 ニ　微分動作単独での制御も可能である。

10 合金工具鋼鋼材に関する記述として、誤っているものはどれか。
 イ　日本工業規格(JIS)によれば、鋼材の種類は、その用途に応じ、主として切削工具鋼用、耐衝撃工具鋼用、冷間金型用、熱間金型用に分類されている。
 ロ　鋼材の種類に応じて、W、Cr、Mo、V等を添加した鋼である。
 ハ　鋼材は、リムド鋼から製造する。
 ニ　焼入焼戻しをして使用される。

11 金属材料の引張試験の目的として、誤っているものはどれか。
 イ　じん性又はぜい性を調べる。
 ロ　耐力を調べる。
 ハ　伸びを調べる。
 ニ　絞りを調べる。

12 光学顕微鏡による組織試験に関する記述として、誤っているものはどれか。
 イ　鋼中の非金属介在物の種類を判別できない。
 ロ　完全焼なましした機械構造用炭素鋼の炭素含有率を判定することができる。
 ハ　鋼表面の脱炭の有無を調べることができる。
 ニ　ステンレス鋼の固溶化熱処理が適切に行われたかどうかを判断することができる。

[B群(多肢択一法)]

13 日本工業規格(JIS)によれば、鋼の焼入性試験方法に関する記述として、正しいものはどれか。
　イ　焼入剤として、油を使用する。
　ロ　一端焼入方法とも呼ばれている。
　ハ　試験片は、直径30mm、長さ100mmである。
　ニ　試験片は、所定の焼入温度に保たれている炉に装入し、少なくとも10分をかけて中心部まで均一に昇温した後、その温度に15〜20分間保つ。

14 品質管理に関する記述として、誤っているものはどれか。
　イ　ロットとは、一つの管理対象となる製品等の集団をいう。
　ロ　規格限界とは、製品、材料、検査等の特性について許容できる限界値をいう。
　ハ　正規分布とは、平均を中心に左右対称の曲線分布をいう。
　ニ　ヒストグラムとは、測定値のばらつきを折れ線グラフで表したものである。

15 文中の(　　)内に当てはまる数値として、正しいものはどれか。
労働安全衛生法関係法令では、屋内に設ける通路について、「通路面から高さ(　　)以内に障害物を置かないこと。」と規定している。
　イ　1.8 m
　ロ　2.8 m
　ハ　3.8 m
　ニ　4.8 m

16 吸熱型変成ガスのCO濃度として、適切なものはどれか。
　イ　　5〜10 %
　ロ　20〜25 %
　ハ　30〜35 %
　ニ　40〜45 %

17 雰囲気ガスに関する記述として、誤っているものはどれか。
　イ　吸熱型変成ガスの原料ガス中に硫黄を含むと、Ni触媒が浸食される。
　ロ　メチルアルコール(CH_3OH)の分解ガスの主成分は、COとH_2である。
　ハ　吸熱型変成ガスは、発熱型変成ガスよりもCO濃度が高い。
　ニ　発熱型変成ガスの主成分は、N_2とH_2である。

18 ガス浸炭と比較した場合のガス浸炭窒化の特徴として、正しいものはどれか。
　イ　一般に、処理温度が高い。
　ロ　焼入性が向上する。
　ハ　焼入変形が大きい。
　ニ　残留オーステナイトが発生しにくい。

19 雰囲気ガスのカーボンポテンシャル(CP)の測定機器として、適切でないものはどれか。
 イ O_2センサ
 ロ マノメータ
 ハ 露点カップ
 ニ 赤外線式CO_2ガス分析計

20 一般的なガス浸炭処理において、浸炭処理を効率よく行うための拡散前の浸炭期のカーボンポテンシャル(CP)として、適切なものはどれか。
 イ 0.5%
 ロ 0.8%
 ハ 1.1%
 ニ 1.5%

21 ジルコニア式O_2センサを用いた炉内雰囲気制御に関する記述として、誤っているものはどれか。
 イ 起電力を測定する。
 ロ 自動制御に向かない。
 ハ 比較用ガスとして、空気を用いる。
 ニ エンリッチガスがプロパン、ブタン、メタンのいずれであっても使用することができる。

22 多目的型の密閉型浸炭焼入炉で用いる焼入冷却剤として、適切なものはどれか。
 イ 水
 ロ 油
 ハ 塩浴
 ニ 水溶液焼入剤

23 加熱装置に関する記述として、誤っているものはどれか。
 イ 熱源には、電気や燃料(オイル又はガス)が使用されている。
 ロ 電気加熱には、抵抗加熱、誘導加熱、電子加熱等がある。
 ハ 燃焼加熱では、燃焼騒音や排ガス中のNOx、SOxなどの公害に対する対策が必要である。
 ニ ラジアントチューブは、直接加熱方式に用いられる。

24 ガス浸炭焼入焼戻し処理において、処理後の硬化層深さが規格に対して浅くなった原因として、誤っているものはどれか。
 イ 冷却速度が遅かった。
 ロ 処理時間が短かった。
 ハ 浸炭雰囲気でカーボンポテンシャル(CP)が低かった。
 ニ 浸炭設定温度に対して実処理温度が高かった。

［B群(多肢択一法)］

25　全脱炭層深さの測定方法として、適切でないものはどれか。
　　　イ　顕微鏡による測定方法
　　　ロ　硬さ試験による測定方法
　　　ハ　炭素含有率による測定方法
　　　ニ　磁粉探傷試験による測定方法

平成 31 年度 技能検定

1 級 金属熱処理 学科試験問題

（浸炭・浸炭窒化・窒化処理作業）

1. 試験時間　　1 時間 40 分
2. 問題数　　　50 題(A 群 25 題、B 群 25 題)
3. 注意事項
   (1)　　係員の指示があるまで、この表紙はあけないでください。
   (2)　　答案用紙(真偽法と多肢択一法の併用)に検定職種名、作業名、級別、受検番号、氏名を必ず記入してください。
   (3)　　係員の指示に従って、問題数を確かめてください。それらに異常がある場合は、黙って手を挙げてください。問題は A 群(真偽法)と B 群(多肢択一法)とに分かれています。
   (4)　　試験開始の合図で始めてください。
   (5)　　解答の方法(真偽法と多肢択一法の併用)は次のとおりです。
   　　イ.　　A 群の問題(真偽法)は、一つ一つの問題の内容が正しいか、誤っているかを判断して解答してください。
   　　ロ.　　B 群の問題(多肢択一法)は、正解と思うものを一つだけ選んで、解答してください。二つ以上に解答した場合は誤答となります。
   　　ハ.　　答案用紙(マークシート用紙)へ解答する際は、答案用紙に記載されている注意事項に従ってください。
   　　ニ.　　答案用紙の解答欄は、A 群の問題と B 群の問題とでは異なります。所定の解答欄に、試験問題の題数に応じて解答してください。解答欄は A 群は 50 題まで、B 群は 25 題まで解答できるようになっています。
   (6)　　電子式卓上計算機その他これと同等の機能を有するものは、使用してはいけません。
   (7)　　携帯電話等は、使用してはいけません。
   (8)　　試験中、質問があるときは、黙って手を挙げてください。ただし、試験問題の内容、漢字の読み方等に関する質問にはお答えできません。
   (9)　　試験終了時刻前に解答ができあがった場合は、黙って手を挙げて、係員の指示に従ってください。
   (10)　試験中に手洗いに立ちたいときは、黙って手を挙げて、係員の指示に従ってください。
   (11)　試験終了の合図があったら、筆記用具を置き、係員の指示に従ってください。

[A群(真偽法)]

1 鉄－炭素系平衡状態図において、オーステナイトの炭素固溶限は4.3%である。

2 ソルバイトは、マルテンサイトをやや高い温度に焼戻しして得られる粒状に析出成長したセメンタイトとフェライトの混合組織である。

3 純鉄には融点以下の1392℃と911℃に固相の結晶構造が変化する変態点があり、911℃以下は面心立方晶、それ以上1392℃までは体心立方晶となる。

4 日本工業規格(JIS)の「鉄鋼用語(熱処理)」では、臨界直径について、「与えられた条件下での焼入れによって、その中心部において50%マルテンサイト組織をもつ長さ $3d$ (d は直径)以上の丸棒の直径。」と規定している。

5 鋼においては、焼ならしよりも、焼なましの方がパーライトの層間隔が狭い。

6 ショットピーニングにおけるピーニング強度は、実用上、アルメンアークハイトによって評価する。

7 炉温の比例制御において、比例帯を0%にすると、オンオフ制御となる。

8 プログラム制御による温度制御とは、あらかじめ設定された制御パターンに従って、温度を制御する方法である。

9 ロックウェル硬さ試験では、球面や曲面の硬さを測定する場合でも、曲率ごとに測定値を補正する必要はない。

10 鋼表面の焼割れは、磁粉探傷試験で検出することができる。

11 ダイカストでは、一般に、砂型鋳造よりも優れた鋳肌を得ることができる。

12 鍛造加工は、材料の加熱温度によって、熱間鍛造、温間鍛造、冷間鍛造等に分類される。

13 ステンレス鋼は、熱伝導率が高く、普通鋼に比べて、切削時のトラブルの少ない被削材である。

14 ボール盤は、座ぐり、中ぐり及びリーマ通しの加工には利用できない。

15 日本工業規格(JIS)の「機械製図」によれば、想像線に用いられる線の種類は、跳び破線である。

16 1Aとは、0.1秒間に1Cの電荷が移動するときの電流の強さである。

17 1kWの電熱器を100Vの電源で使用する場合、5Aのヒューズが適切である。

18 大気汚染防止法関係法令によれば、ばい煙が発生する熱処理用加熱炉では、いおう酸化物、ばいじん等の排出基準が規定されている。

19 雰囲気熱処理における水性ガス反応の式を表すと、次のとおりである。
$CO + H_2 \rightleftarrows C + H_2O$

20 鋼を窒化した場合、化合物層の下に形成される拡散層の主な組織は、ε 相である。

21 浸炭窒化した鋼は、浸炭した鋼よりも焼戻軟化抵抗が大きい。

22 焼入油の熱交換器は、通常、冷却水の圧力よりも焼入油の圧力を高くして使用される。

23 ガス浸炭処理で発生する粒界酸化層が深いと、疲労強度は低下する。

24 日本工業規格(JIS)の「鋼の浸炭硬化層深さ測定方法」では、硬化層深さの表示について、「ミリメートルで示し、小数点以下1位までとする。」と規定している。

25 火花試験では、浸炭防止効果の確認を行うことはできない。

[B群(多肢択一法)]

1 鉄－炭素系平衡状態図における共晶反応として、正しいものはどれか。
　　イ　融液＋δフェライト　→　オーステナイト
　　ロ　融液　→　オーステナイト＋セメンタイト
　　ハ　オーステナイト　→　αフェライト＋セメンタイト
　　ニ　オーステナイト　→　セメンタイト＋パーライト

2 文中の(　　)内に当てはまる語句として、正しいものはどれか。
　日本工業規格(JIS)の「鉄鋼用語(熱処理)」では、(　　)について、「1種以上の元素
　を含むα鉄又はδ鉄固溶体。」と規定している。
　　イ　セメンタイト
　　ロ　パーライト
　　ハ　フェライト
　　ニ　オーステナイト

3 焼入れ後の残留オーステナイトに関する記述として、正しいものはどれか。
　　イ　結晶構造は、体心立方格子である。
　　ロ　油焼入れの方が、水焼入れよりも、残留オーステナイト量が多くなる。
　　ハ　強磁性を有している。
　　ニ　時間が経過しても、マルテンサイトには変化しない。

4 熱処理における質量効果の程度を知る方法として、誤っているものはどれか。
　　イ　焼入性曲線による方法
　　ロ　理想臨界直径による方法
　　ハ　等温変態曲線による方法
　　ニ　連続冷却変態曲線による方法

5 次の機械構造用合金鋼鋼材のうち、一般に、最も焼入性の良いものはどれか。
　　イ　SMn420
　　ロ　SCr420
　　ハ　SCM440
　　ニ　SNCM420

6 焼入作業に関する一般的な記述として、誤っているものはどれか。
　　イ　焼入れ後の硬さは、炭素含有量によって変化する。
　　ロ　焼入れにおいて、熱応力よりも変態応力の方が大きいと、焼割れが生じやす
　　　　い。
　　ハ　マルテンサイト変態温度は、炭素含有量に影響されない。
　　ニ　焼入焼戻鋼とオーステンパした鋼では、硬さが同じであれば、オーステンパ
　　　　した鋼の方が、より強じん性である。

[B群(多肢択一法)]

7 焼入冷却剤の冷却能に関する記述として、誤っているものはどれか。
　　イ　空気の冷却能は、対流に依存する。
　　ロ　水溶液焼入剤の冷却能は、添加する高分子有機剤の種類や量によって変化する。
　　ハ　水の冷却能は、温度依存性が大きい。
　　ニ　コールド熱処理油の冷却能は、一般に、60～80℃で最も小さくなる。

8 ショットブラストに関する記述として、誤っているものはどれか。
　　イ　熱処理前後に行われる処理であり、スケールや錆が除去できる。
　　ロ　一般に、ショットピーニングよりも吹き付け力が強く、圧縮残留応力が大きい。
　　ハ　ショットには、砂、鋳鉄粒、ガラスビーズ等が用いられる。
　　ニ　鋳鉄製又は鋳鋼製のショットは、日本工業規格(JIS)で規定されている。

9 温度計に関する記述として、誤っているものはどれか。
　　イ　抵抗温度計　→　測温抵抗体の抵抗値の変化から温度を測定する。
　　ロ　放射温度計　→　示温塗料を用い、色の変化から処理物の表面温度を測定する。
　　ハ　光高温計　→　測定対象物の輝度とフィラメントの輝度を合わせて測定する。
　　ニ　熱電温度計　→　二つの異なった金属の接合部に発生する熱起電力を利用して測定する。

10 日本工業規格(JIS)の「熱電対」によれば、構成材料のマイナス側導体が「ニッケル及びアルミニウムを主とした合金」であるものはどれか。
　　イ　J熱電対
　　ロ　T熱電対
　　ハ　R熱電対
　　ニ　K熱電対

11 ステンレス鋼に関する記述として、正しいものはどれか。
　　イ　フェライト系は、マルテンサイト系よりも耐食性が悪い。
　　ロ　オーステナイト・フェライト系の二相ステンレス鋼は、オーステナイト系よりも応力腐食割れや粒界割れを起こしやすい。
　　ハ　析出硬化系にはCr－Ni系にAlを添加したものがあり、耐食性、成形性、溶接性等が改善される。
　　ニ　高炭素のマルテンサイト系は、機械構造用炭素鋼鋼材よりも焼入性が悪い。

[B群(多肢択一法)]

12 金属材料の衝撃試験の目的として、誤っているものはどれか。
  イ 吸収エネルギーを調べる。
  ロ 遷移温度を調べる。
  ハ ぜい性破面率を調べる。
  ニ 降伏点を調べる。

13 金属組織現出用腐食液に関する記述として、正しいものはどれか。
  イ 3％硝酸アルコール溶液(ナイタル)は、一般に、3％ピクリン酸アルコール溶液
    (ピクラル)よりも腐食速度が速い。
  ロ ピクリン酸ソーダ溶液は、樹枝状晶、インゴットパターン等の組織現出に適
    している。
  ハ 塩化第二鉄アルコール塩酸溶液は、機械構造用炭素鋼の組織現出に適してい
    る。
  ニ 赤血塩アルカリ溶液(村上試薬)では、複炭化物は着色されない。

14 文中の(   )内に当てはまる語句の組合せとして、正しいものはどれか。
  日本工業規格(JIS)の「鋼－結晶粒度の顕微鏡試験方法」では、混粒について、「1視
  野内において、最大頻度をもつ粒度番号の粒からおおむね(①)異なった粒度番号
  の粒が偏在し、これらの粒が約(②)の面積を占める状態にあるもの、又は、視野
  間において(①)異なった粒度番号の視野が存在するもの。」と規定している。
　　　　　　　①　　　　　②
  イ 1以上　　 5 ％以上
  ロ 1以上　　10 ％以上
  ハ 3以上　　20 ％以上
  ニ 3以上　　40 ％以上

15 日本工業規格(JIS)の「鋼の焼入性試験方法(一端焼入方法)」によれば、鋼の焼入性
  試験方法に関する記述として、誤っているものはどれか。
  イ 焼入れは、試験片の下端面を噴水冷却して行う。
  ロ 試験片の寸法は、規定されている。
  ハ 焼入剤には、温度5～30℃の水を用いる。
  ニ 硬さの測定位置は、試験片の軸方向に焼入端から10mmを起点とする。

16 文中の(   )内に当てはまる語句として、正しいものはどれか。
  日本工業規格(JIS)の「統計－用語及び記号」では、(   )について、「サンプルサイ
  ズが一定の場合に、発生数を評価するための計数値管理図。」と規定している。
  イ c管理図
  ロ u管理図
  ハ np管理図
  ニ p管理図

[B群(多肢択一法)]

17　文中の(　　)内に当てはまる語句として、正しいものはどれか。
　　品質管理の手法において、下図は(　　)と呼ばれている。

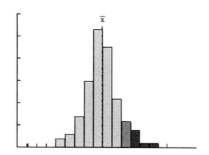

　　　イ　パレート図
　　　ロ　アローダイアグラム
　　　ハ　マトリックス図
　　　ニ　ヒストグラム

18　文中の(　　)内に当てはまる語句として、正しいものはどれか。
　　労働安全衛生関係法令によれば、つりチェーンは、その伸びが、製造されたとき
　　の長さの(　　)を超える場合は、玉掛用具として使用してはならない。
　　　イ　　3％
　　　ロ　　5％
　　　ハ　10％
　　　ニ　15％

19　CH_3OH分解ガスの特徴として、誤っているものはどれか。
　　　イ　還元性のガスである。
　　　ロ　ガスの主成分は、CO、H_2、N_2である。
　　　ハ　LPG吸熱型変成ガスよりもCO濃度が高い。
　　　ニ　広い温度域で成分が安定している。

20　C_3H_8(プロパンガス)を原料ガスとして吸熱型変成ガスを生成する場合、(　　)内に
　　当てはまる語句として、正しいものはどれか。ただし、空気中の酸素の割合を20％
　　とする。
　　$C_3H_8 + 7.5(1/5O_2 + 4/5N_2) \rightarrow (\quad)CO + 4H_2 + 6N_2$
　　　イ　1
　　　ロ　2
　　　ハ　3
　　　ニ　4

[B群(多肢択一法)]

21 ガス浸炭炉をバーンアウトする場合の温度として、適切なものはどれか。
　　イ　約1050 ℃
　　ロ　約930 ℃
　　ハ　約850 ℃
　　ニ　約600 ℃

22 日本工業規格(JIS)の「金属熱処理設備－有効加熱帯及び有効処理帯試験方法」によれば、有効加熱帯が幅1.5m以下×高さ0.5m以下×長さ2.0m以下のバッチ式箱形加熱設備について有効加熱帯試験を行う場合の保持温度測定位置数として、正しいものはどれか。
　　イ　3か所
　　ロ　5か所
　　ハ　9か所
　　ニ　11か所

23 浸炭での焼入変形をできるだけ少なくするための対策として、誤っているものはどれか。
　　イ　結晶粒の粗大化がしにくい鋼種を選ぶ。
　　ロ　部品の設計の際に、肉厚の急変がないようにする。
　　ハ　処理温度が不均一にならないように、処理品のセット方法を考慮する。
　　ニ　部品の鍛造に当たっては、フローラインが非対称になるようにする。

24 日本工業規格(JIS)の「鋼の浸炭硬化層深さ測定方法」によれば、有効硬化層の限界硬さとして、正しいものはどれか。
　　イ　413 HV
　　ロ　450 HV
　　ハ　513 HV
　　ニ　550 HV

25 ビッカース硬さ試験機を用いて2.9Nの試験力で鋼の有効硬化層深さを測定する場合、表示記号として、正しいものはどれか。
　　イ　DC－H－E
　　ロ　DM－T
　　ハ　DC－H－T
　　ニ　DC－M－T

平成 30 年度 技能検定

1 級 金属熱処理 学科試験問題

（浸炭・浸炭窒化・窒化処理作業）

1. 試験時間　1 時間 40 分
2. 問題数　　50 題(A 群 25 題、B 群 25 題)
3. 注意事項
   (1) 係員の指示があるまで、この表紙はあけないでください。
   (2) 答案用紙(真偽法と多肢択一法の併用)に検定職種名、作業名、級別、受検番号、氏名を必ず記入してください。
   (3) 係員の指示に従って、問題数を確かめてください。それらに異常がある場合は、黙って手を挙げてください。問題は A 群(真偽法)と B 群(多肢択一法)とに分かれています。
   (4) 試験開始の合図で始めてください。
   (5) 解答の方法(真偽法と多肢択一法の併用)は次のとおりです。
   　　イ．　A 群の問題(真偽法)は、一つ一つの問題の内容が正しいか、誤っているかを判断して解答してください。
   　　ロ．　B 群の問題(多肢択一法)は、正解と思うものを一つだけ選んで、解答してください。二つ以上に解答した場合は誤答となります。
   　　ハ．　答案用紙(マークシート用紙)へ解答する際は、答案用紙に記載されている注意事項に従ってください。
   　　ニ．　答案用紙の解答欄は、A 群の問題と B 群の問題とでは異なります。所定の解答欄に、試験問題の題数に応じて解答してください。解答欄は A 群は 50 題まで、B 群は 25 題まで解答できるようになっています。
   (6) 電子式卓上計算機その他これと同等の機能を有するものは、使用してはいけません。
   (7) 携帯電話等は、使用してはいけません。
   (8) 試験中、質問があるときは、黙って手を挙げてください。ただし、試験問題の内容、漢字の読み方等に関する質問にはお答えできません。
   (9) 試験終了時刻前に解答ができあがった場合は、黙って手を挙げて、係員の指示に従ってください。
   (10) 試験中に手洗いに立ちたいときは、黙って手を挙げて、係員の指示に従ってください。
   (11) 試験終了の合図があったら、筆記用具を置き、係員の指示に従ってください。

[A群(真偽法)]

1 ベイナイト組織において、上部ベイナイトでは、フェライト晶の境界にFe_3Cが析出する。

2 連続冷却変態曲線によって、鋼の焼入性を評価することができる。

3 日本工業規格(JIS)によれば、臨界冷却速度において、マルテンサイトが初めて生じる最小の冷却速度を上部臨界冷却速度という。

4 工具鋼では、焼入れ前のミクロ組織として炭化物が不完全な球状化を呈していると、焼入時の変形や割れの原因になることがある。

5 吸熱型変成ガスの主成分は、CO_2、H_2及びN_2である。

6 熱処理品の防錆処理の一つとして、マンガンや亜鉛などを含むりん酸塩浴中に浸漬する化成処理がある。

7 バッチ式炉の炉温制御を比例動作で行う場合、昇温終了後の炉温は、常に設定温度と等しくなる。

8 ブリネル硬さ試験では、鋼の場合、一般に、10mmの超硬合金球の圧子と試験力2.94kNが用いられる。

9 日本工業規格(JIS)の「鋼の非金属介在物の顕微鏡試験方法」では、鋼の非金属介在物について、A系介在物とB系介在物の2種類に大別している。

10 超音波探傷試験は、主に表面の割れやきずを検出する方法であり、内部欠陥の位置や大きさについては検出することができない。

11 日本工業規格(JIS)では、ティグ溶接について、「電極にタングステンを、シールドガスにイナートガスを用いて行うガスシールドアーク溶接。」と規定している。

12 オーステナイト系ステンレス鋼は、フェライト系ステンレス鋼と比べて、被削性が非常に優れている。

13 鋼の電気抵抗は、一般に、合金元素量の増加とともに小さくなり、さらに昇温に伴って減少する。

14 最大加熱能力が90kWの電気抵抗炉を用いて、昇温に1時間、指定温度に3時間保持した場合、消費電力量は360kWhである。

15 大気汚染防止法関係法令によれば、ばい煙には、「燃料その他の物の燃焼に伴い発生するいおう酸化物」も含まれる。

16 H_2は還元性雰囲気なので、鋼を高温で加熱しても、酸化も脱炭も起こらない。

17 吸熱型ガス変成炉において、レトルトと熱電対との先端位置が離れすぎると、触媒がスーティングすることがある。

18 真空中で鋼を加熱する場合、表面の光輝度はCr量やMn量等によって左右される。

19 液体浸炭の利点の一つとして、一般構造用圧延鋼(SS材)や冷間圧延鋼(SPCC材)をむらが少なく硬化できることが挙げられる。

20 化合物層深さを減少させるために、窒化条件に少なくとも1回の変更を行う窒化を二段窒化という。

21 日本工業規格(JIS)によれば、金属熱処理用加熱設備の有効加熱帯試験における有効加熱帯の温度測定は、負荷試験によって行われる。

22 浸炭焼入れした合金鋼の表面の結晶粒界で、SiやMn等の元素が酸化される現象を粒界酸化という。

23 ガス浸炭焼入れにおいて、C量が高くなると、Ms及びMf点が低下するので、残留オーステナイト量が増加する。

24 ガス軟窒化処理で、雰囲気中に残留アンモニアが多いと、化合物層が深くなる。

25 X線回折法では、残留オーステナイト量の定量ができない。

［B群(多肢択一法)］

1　γ鉄固溶体の炭素固溶限の最大値として、正しいものはどれか。
　　イ　約 0.02 mass%
　　ロ　約 0.10 mass%
　　ハ　約 0.77 mass%
　　ニ　約 2.14 mass%

2　マルテンサイトに関する記述として、誤っているものはどれか。
　　イ　拡散変態によって生じる組織である。
　　ロ　結晶構造は、体心正方晶である。
　　ハ　レンズ状などの種類がある。
　　ニ　低C鋼のマルテンサイトは、ラス状である。

3　日本工業規格(JIS)の「熱処理油剤」において、熱処理油の1種2号の品質及び性状に係る項目として、定められていないものはどれか。
　　イ　特性温度
　　ロ　800℃から400℃までの冷却秒数
　　ハ　全酸化
　　ニ　水分

4　Ar″点(Ms点)に関する記述として、正しいものはどれか。
　　イ　ベイナイト変態が開始する温度である。
　　ロ　パーライト変態が開始する温度である。
　　ハ　マルテンサイト変態が開始する温度である。
　　ニ　トルースタイトが生成し始める温度である。

5　次の元素のうち、鋼の焼入性に及ぼす影響が最も大きいものはどれか。
　　イ　Ni
　　ロ　Mn
　　ハ　Mo
　　ニ　Cr

6　文中の(　　)内に当てはまる語句として、正しいものはどれか。
　　熱処理炉の炉材として用いられる耐火材には、酸性、中性及び塩基性の3種類があるが、酸性耐火材は、一般に、(　　)を多量に含有している。
　　イ　けい酸
　　ロ　アルミナ
　　ハ　マグネシア
　　ニ　セラミックファイバ

[B群(多肢択一法)]

7 ショットピーニングに関する一般的な記述として、誤っているものはどれか。
　　イ　やわらかい表面部の微細なキズを潰す。
　　ロ　表面部を加工硬化させる。
　　ハ　表面部の残留オーステナイトをマルテンサイトに変態させる。
　　ニ　表面部に引張残留応力を与える。

8 日本工業規格(JIS)の「熱電対」によれば、マイナス側導体が白金で構成されている
　熱電対はどれか。
　　イ　J熱電対
　　ロ　K熱電対
　　ハ　R熱電対
　　ニ　T熱電対

9 熱電温度計に関する記述として、正しいものはどれか。
　　イ　基準接点を必要としない。
　　ロ　測温部に熱電対を用いる。
　　ハ　測温範囲は、1000℃以下に限られる。
　　ニ　補償導線を必ず使用しなければならない。

10 文中の(　　)内に当てはまる語句として、適切なものはどれか。
　日本工業規格(JIS)によれば、結晶粒度の顕微鏡試験方法において、結晶粒の観察に
　用いられる顕微鏡倍率は、通常(　　)である。
　　イ　　50 倍
　　ロ　100 倍
　　ハ　150 倍
　　ニ　200 倍

11 日本工業規格(JIS)の「金属材料のシャルピー衝撃試験方法」によれば、試験報告書
　の必須項目として規定されているものはどれか。
　　イ　吸収エネルギー
　　ロ　延性破面率
　　ハ　横膨出
　　ニ　試験片の軸方向

12 文中の(　　)内に当てはまる語句として、正しいものはどれか。
　日本工業規格(JIS)における「鋼の焼入性試験方法(一端焼入方法)」によれば、試験
　片の全長は(　　)と規定されている。
　　イ　　50±0.5 mm
　　ロ　　75±0.5 mm
　　ハ　100±0.5 mm
　　ニ　125±0.5 mm

〔B群(多肢択一法)〕

13 文中の(　　)内に当てはまる語句として、正しいものはどれか。
日本工業規格(JIS)によれば、下図は(　　)である。

　　イ　パレート図
　　ロ　ヒストグラム
　　ハ　特性要因図
　　ニ　連関図

14 日本工業規格(JIS)によれば、穴基準のはめあい方式でのはめあい状態を表す記号のうち、すきまばめとなるものはどれか。
　　イ　H7 s6
　　ロ　H7 g6
　　ハ　H7 js6
　　ニ　H7 r6

15 文中の(　　)内に当てはまる語句として、正しいものはどれか。
クレーン等安全規則では、「リンクの断面の直径の減少が、当該つりチェーンが製造されたときの当該リンクの断面の直径の(　　)をこえるもの」について、不適格なつりチェーンとして、その使用を禁止している。
　　イ　3％
　　ロ　5％
　　ハ　7％
　　ニ　10％

16 浸炭反応でないものはどれか。
　　イ　$2CO \rightleftharpoons C + CO_2$
　　ロ　$CO + H_2 \rightleftharpoons C + H_2O$
　　ハ　$CO + H_2O \rightleftharpoons CO_2 + H_2$
　　ニ　$CH_4 \rightleftharpoons C + 2H_2$

17 文中の(　　)内に当てはまる語句として、適切なものはどれか。
アルゴン(Ar)、ヘリウム(He)、ネオン(Ne)などのガスを(　　)という。
　　イ　酸化性ガス
　　ロ　還元性ガス
　　ハ　脱炭性ガス
　　ニ　不活性ガス

18 文中の(　　)内に当てはまる記号として、正しいものはどれか。

炉内温度が同一の場合、全硬化層深さは、浸炭時間を t とすると(　　)に比例する。

　　イ　$\sqrt{t}$
　　ロ　t
　　ハ　t^2
　　ニ　t^3

19 減圧(真空)浸炭の特徴として、誤っているものはどれか。

　　イ　カーボンポテンシャルの制御が容易である。
　　ロ　ガス浸炭よりも浸炭時間を短くすることができる。
　　ハ　C_2H_2は、浸炭用ガスとして使用できる。
　　ニ　粒界酸化は生成されにくい。

20 軟窒化法における雰囲気ガス又は塩浴として、誤っているものはどれか。

　　イ　吸熱型変成ガス＋NH_3ガス
　　ロ　N_2ガス＋CO_2ガス
　　ハ　KCN＋$KCNO$
　　ニ　N_2ガス＋NH_3ガス

21 日本工業規格(JIS)の「鉄鋼の浸炭及び浸炭窒化焼入焼戻し加工」によれば、焼入冷却設備と冷却剤の使用温度許容差の組合せとして、適切でないものはどれか。

	焼入冷却設備	冷却剤の使用温度許容差
イ	水又は水溶液槽	目的温度の±10℃
ロ	油槽	目的温度の±15℃
ハ	熱浴槽	目的温度の±10℃
ニ	空気又はガス流域	特に指定がない限り室温とする。

22 日本工業規格(JIS)の金属熱処理用加熱設備の有効加熱帯及び有効加熱帯試験方法に関する記述として、誤っているものはどれか。

　　イ　保持温度許容差のクラスには、1～7の7種類がある。
　　ロ　プラズマ熱処理加熱設備の有効加熱帯の温度測定は、無負荷試験による。
　　ハ　加熱設備の形式によって、保持温度測定位置が異なる。
　　ニ　目的温度と保持温度許容差に合致した熱電対の種類とクラスを選定しなければならない。

[B群(多肢択一法)]

23 ガス浸炭焼入れにおける結晶粒の粗大化防止又は微細化方法として、適切でないものはどれか。
　　イ　浸炭温度を低くする。
　　ロ　二次焼入れを行う。
　　ハ　冷却速度を速くする。
　　ニ　材料にNb等を添加する。

24 浸炭焼入れを行った鋼を高純度N₂ガス雰囲気中で再加熱する場合、鋼表面の酸化と脱炭について、適切なものはどれか。
　　イ　酸化も脱炭もしない。
　　ロ　酸化しないが、脱炭する。
　　ハ　酸化するが、脱炭しない。
　　ニ　酸化も脱炭もする。

25 日本工業規格(JIS)によれば、ビッカース硬さ試験方法によって、試験力2.942Nで測定し、窒化層深さが0.30mmの場合の表示記号として、正しいものはどれか。
　　イ　ND-HV0.3-T0.30
　　ロ　ND-HK0.3-T0.30
　　ハ　ND-HV0.3-P0.30
　　ニ　ND-HK0.3-P0.30

平成 29 年度 技能検定

1 級 金属熱処理 学科試験問題

（浸炭・浸炭窒化・窒化処理作業）

1. 試験時間　　1 時間 40 分

2. 問題数　　　50 題(A 群 25 題、B 群 25 題)

3. 注意事項

   (1)　係員の指示があるまで、この表紙はあけないでください。

   (2)　答案用紙(真偽法と多肢択一法の併用)に検定職種名、作業名、級別、受検番号、氏名を必ず記入してください。

   (3)　係員の指示に従って、問題数を確かめてください。それらに異常がある場合は、黙って手を挙げてください。問題は A 群(真偽法)と B 群(多肢択一法)とに分かれています。

   (4)　試験開始の合図で始めてください。

   (5)　解答の方法(真偽法と多肢択一法の併用)は次のとおりです。

   　　イ．　A 群の問題(真偽法)は、一つ一つの問題の内容が正しいか、誤っているかを判断して解答してください。

   　　ロ．　B 群の問題(多肢択一法)は、正解と思うものを一つだけ選んで、解答してください。二つ以上に解答した場合は誤答となります。

   　　ハ．　答案用紙(マークシート用紙)へ解答する際は、答案用紙に記載されている注意事項に従ってください。

   　　ニ．　答案用紙の解答欄は、A 群の問題と B 群の問題とでは異なります。所定の解答欄に、試験問題の題数に応じて解答してください。解答欄は A 群は 50 題まで、B 群は 25 題まで解答できるようになっています。

   (6)　電子式卓上計算機その他これと同等の機能を有するものは、使用してはいけません。

   (7)　携帯電話等は、使用してはいけません。

   (8)　試験中、質問があるときは、黙って手を挙げてください。ただし、試験問題の内容、漢字の読み方等に関する質問にはお答えできません。

   (9)　試験終了時刻前に解答ができあがった場合は、黙って手を挙げて、係員の指示に従ってください。

   (10)　試験中に手洗いに立ちたいときは、黙って手を挙げて、係員の指示に従ってください。

   (11)　試験終了の合図があったら、筆記用具を置き、係員の指示に従ってください。

［A群(真偽法)］

1　Fe－C系平衡状態図において、オーステナイトの炭素固溶限は4.3％である。

2　オーステナイト域に加熱した鋼を、等温変態曲線のノーズ直上の温度で等温保持すると、上部ベイナイト組織となる。

3　等温変態曲線のノーズ温度における変態開始線までの時間は、過冷オーステナイトが安定している鋼ほど長い。

4　鋼を理想焼入れしたとき、中心部が100％マルテンサイト組織になる丸棒の直径を理想臨界直径という。

5　物理蒸着法(PVD法)は、高温加熱やスパッタリングなどの物理的方法で物質を蒸発し、製品の表面に凝縮させて、薄膜を形成する処理である。

6　ショットピーニングにおけるピーニング強度は、実用上、アルメンアークハイトによって評価する。

7　炉温の比例制御において、比例帯を0％にすると、オンオフ制御となる。

8　シャルピー衝撃試験において、シャルピー衝撃値は、衝撃時の吸収エネルギーが小さいほど大きくなる。

9　日本工業規格(JIS)では、常温でオーステナイト組織でない鋼の結晶粒度の顕微鏡試験方法として、浸炭粒度試験方法と熱処理粒度試験方法を規定している。

10　鍛造加工は、材料の加熱温度によって、熱間鍛造、温間鍛造、冷間鍛造等に分類される。

11　ボール盤は、座ぐり、中ぐり及びリーマ通しの加工には利用できない。

12　日本工業規格(JIS)の「機械製図」によれば、想像線には細い破線を用いる。

13　抵抗が同じ導線を流れる電流の大きさは、電圧に反比例する。

14　1kWの電熱器を100Vの電源で使用する場合、5Aのヒューズが適切である。

15　大気汚染防止法関係法令によれば、ばい煙が発生する熱処理用加熱炉では、いおう酸化物、ばいじん等の排出基準が規定されている。

16　吸熱型変成ガスのCO濃度は、LPG変成よりもLNG変成の方が高い。

[A群(真偽法)]

17 空気の組成を「O_2：20%」、「N_2：80%」とし、「C_3H_8」を原料ガスとして、吸熱型ガスを変成する場合の理論混合比は、ガス：空気＝1：10となる。

18 ガス窒化において、窒化層の最高硬さは、処理時間が長くなるほど高くなる。

19 浸炭窒化した鋼は、浸炭した鋼よりも焼戻軟化抵抗が大きい。

20 真空浸炭において、スーティングが発生しにくい原料ガスには、C_2H_2がある。

21 焼入油の熱交換器では、通常、冷却水の圧力よりも焼入油の圧力を高くして使用される。

22 鋼の浸炭硬化層における表面硬さは、オーステナイト中の溶解炭素量が0.8%以上になると、一般に、残留オーステナイトの影響によって低下してくる。

23 SCr415のガス浸炭焼入れでは、150℃程度の油温で焼入れしても、表面近傍に微細パーライトが発生することはない。

24 火花試験では、浸炭防止効果の確認を行うことはできない。

25 日本工業規格(JIS)の「鋼の浸炭硬化層深さ測定方法」では、硬化層深さの表示について、「ミリメートルで示し、小数点以下1位までとする。」と規定している。

［B群(多肢択一法)］

1　Fe－C系平衡状態図において、レデブライトを生成する変態として、正しいものは
　　どれか。
　　　イ　磁気変態
　　　ロ　共析変態
　　　ハ　共晶変態
　　　ニ　包晶変態

2　金属組織に関する記述として、正しいものはどれか。
　　　イ　繊維状組織は、冷間加工によって生じやすい。
　　　ロ　パーライト組織は、フェライトと黒鉛の共析晶である。
　　　ハ　ソルバイト組織は、フェライト中に黒鉛が析出したものである。
　　　ニ　マルテンサイト組織は、フェライト中にセメンタイトが析出した組織であ
　　　　　る。

3　焼入れ後の残留オーステナイトに関する記述として、正しいものはどれか。
　　　イ　結晶構造は、体心立方格子である。
　　　ロ　水焼入れよりも油焼入れの方が残留オーステナイト量が多くなる。
　　　ハ　強磁性を有している。
　　　ニ　時間が経過しても、マルテンサイトには変化しない。

4　熱処理における質量効果の程度を知る方法として、誤っているものはどれか。
　　　イ　焼入性曲線による方法
　　　ロ　理想臨界直径による方法
　　　ハ　等温変態曲線による方法
　　　ニ　連続冷却変態曲線による方法

5　機械構造用合金鋼鋼材に関する記述として、誤っているものはどれか。
　　　イ　SCM440Hは、SCr420Hよりも焼入性が良い。
　　　ロ　SNCM材は、SCM材よりも自硬性が大きい。
　　　ハ　Moの添加は、高温焼戻ぜい性を抑制する。
　　　ニ　SCM822とSNCM420は、理想臨界直径が同じである。

6　種々の表面硬化法の記述として、誤っているものはどれか。
　　　イ　ガス浸炭処理に用いられている吸熱型変成ガスの主成分は、CO、H_2、N_2で
　　　　　ある。
　　　ロ　プラズマ窒化は、グロー放電を利用した方法である。
　　　ハ　ガス軟窒化処理には、吸熱型変成ガス＋NH_3などが用いられる。
　　　ニ　高周波焼入れでは、周波数が高くなるほど硬化層深さは深くなる。

7 焼入冷却剤の冷却能に関する記述として、誤っているものはどれか。
    イ 空気の冷却能は、対流に依存する。
    ロ 水溶液焼入剤の冷却能は、添加する高分子有機剤の種類や量によって変化する。
    ハ 水の冷却能は、温度依存性が大きい。
    ニ コールド熱処理油の冷却能は、一般に、60～80℃で最も小さくなる。

8 ショットピーニングの効果に関する記述として、誤っているものはどれか。
    イ 疲れ強さが向上する。
    ロ 表面部を加工硬化させる。
    ハ 表面部に引張残留応力が生じる。
    ニ 表面部の残留オーステナイトの一部をマルテンサイトに変態させる。

9 温度計に関する記述として、誤っているものはどれか。
    イ 抵抗温度計 → 測温抵抗体の抵抗値の変化から温度を測定する。
    ロ 放射温度計 → 示温塗料を用い、色の変化から処理物の表面温度を測定する。
    ハ 光高温計 → 測定対象物の輝度とフィラメントの輝度を合わせて測定する。
    ニ 熱電温度計 → 二つの異なった金属の接合部に発生する熱起電力を利用して測定する。

10 ステンレス鋼に関する記述として、正しいものはどれか。
    イ フェライト系は、マルテンサイト系よりも耐食性が悪い。
    ロ オーステナイト・フェライト系の二相ステンレス鋼は、オーステナイト系よりも応力腐食割れや粒界割れを起こしやすい。
    ハ 析出硬化系にはCr－Ni系にAlを添加したものがあり、耐食性、成形性、溶接性等が改善される。
    ニ 高炭素のマルテンサイト系は、機械構造用炭素鋼鋼材よりも焼入性が悪い。

11 硬さ試験に関する記述として、誤っているものはどれか。
    イ ブリネル硬さ → くぼみの直交する2方向の直径を測定して、その平均値から求める。
    ロ ビッカース硬さ → くぼみの対角線長さを測定して、その平均値から求める。
    ハ ロックウェル硬さ → Bスケールでは、永久くぼみ深さhから、$100-h/0.002$の式を用いて求める。
    ニ ショア硬さ → 測定値を0.5HSまで読み取り、連続して測定した5点の平均値から求める。

［B群(多肢択一法)］

12 金属組織現出用腐食液に関する記述として、正しいものはどれか。

イ 3%硝酸アルコール溶液(ナイタル)は、一般に、3%ピクリン酸アルコール溶液(ピクラル)よりも腐食速度が速い。

ロ ピクリン酸ソーダ溶液は、樹枝状晶、インゴットパターン等の組織現出に適している。

ハ 塩化第二鉄アルコール塩酸溶液は、機械構造用炭素鋼の組織現出に適している。

ニ 赤血塩アルカリ溶液(村上試薬)では、複炭化物は着色されない。

13 文中の(　)内に当てはまる語句として、適切なものはどれか。
Uカーブ(U曲線)とは、焼入れされた丸棒の(　)の硬さを測定して得られた硬さ曲線である。

イ 外周

ロ 軸

ハ 横断面

ニ 縦断面

14 品質管理で用いる管理図に関する記述として、誤っているものはどれか。

イ $\overline{X}$ 管理図では、群の平均値 $\overline{X}$ を用いて工程水準を評価できる。

ロ R管理図では、特性値のばらつきの変化を評価できる。

ハ np管理図では、サンプルサイズが一定の場合、不適合品数を評価できる。

ニ $\overline{X}$ −R管理図では、分布の位置とばらつきの計数値管理図によって評価する。

15 労働安全衛生法関係法令による玉掛け作業の安全性に関する記述として、誤っているものはどれか。

イ ワイヤロープ一よりの間において素線の数の10%以上の素線が切断しているものは使用してはならない。

ロ ワイヤロープの直径の減少が公称径の7%を超えるものは使用してはならない。

ハ 鎖については、その伸びが当該鎖が製造されたときの長さの5%を超えるものは使用してはならない。

ニ 揚貨装置の玉掛けに用いるフック又はシャックルの安全係数については、5未満としなければならない。

16 LPG変成吸熱型ガスに関する記述として、誤っているものはどれか。

イ キャリアガス(搬送ガス)としても使用される。

ロ ガスには、微量のCO_2、H_2O、CH_4等が含まれる。

ハ CO濃度は、約23%である。

ニ 爆発する可能性はない。

17 メタノール分解ガスのCOとH_2の濃度比率として、正しいものはどれか。

	CO	H_2
イ	約20 %	約40 %
ロ	約24 %	約29 %
ハ	約33 %	約67 %
ニ	約50 %	約50 %

18 ガス軟窒化処理の雰囲気ガスとして、適切でないものはどれか。
  イ N_2+H_2
  ロ N_2+NH_3+空気
  ハ 吸熱型変成ガス$+NH_3$
  ニ $N_2+CO_2+NH_3$

19 浸炭温度が同一の場合、雰囲気ガスとの関係におけるカーボンポテンシャル(CP)に関する記述として、正しいものはどれか。
  イ CO_2濃度が高いほど高い。
  ロ 露点が高いほど高い。
  ハ 酸素センサの起電力が大きくなるほど高い。
  ニ CO_2濃度が同一の場合、LPG変成吸熱型ガスよりもCH_3OH分解ガスの方が低い。

20 ガス浸炭炉をバーンアウトする場合の温度として、適切なものはどれか。
  イ 約1050 ℃
  ロ 約930 ℃
  ハ 約850 ℃
  ニ 約600 ℃

21 箱形ガス浸炭炉の焼入油槽に具備すべき条件として、適切でないものはどれか。
  イ 油量は、処理重量の3倍でよい。
  ロ 使用温度範囲は、目的温度±20℃以内であること。
  ハ 適切な流速で攪拌することができる装置であること。
  ニ 油面高さの管理ができること。

22 日本工業規格(JIS)の「金属熱処理設備－有効加熱帯及び有効処理帯試験方法」によれば、有効加熱帯が幅1.5m以下×高さ0.5m以下×長さ2.0m以下のバッチ式箱形加熱設備について有効加熱帯試験を行う場合の保持温度測定位置数として、正しいものはどれか。
  イ 3か所
  ロ 5か所
  ハ 9か所
  ニ 11か所

[B群(多肢択一法)]

23 ガス浸炭焼入れにおける結晶粒粗大化防止又は細粒化方法として、適切でないものはどれか。
イ できるだけ浸炭温度を低くする。
ロ 二次焼入れを行う。
ハ できるだけ浸炭時間を短くする。
ニ 930℃で浸炭後、そのままの温度で直接焼入れを行う。

24 浸炭焼入れにおいて、シャフトの曲がりが大きくなる直接の原因にならないものはどれか。
イ 偏析
ロ 鍛造も含む前加工の残留応力
ハ セット方法(焼入荷姿)
ニ 均一で深い浸炭硬化層

25 次のうち、浸炭硬化した歯車の歯元R部の深さ方向の残留応力分布を測定する際に用いられる方法はどれか。
イ 硬さ試験法
ロ X線法
ハ 渦流法
ニ 超音波法

平成31年度 技能検定

2級 金属熱処理 学科試験問題

（高周波・炎熱処理作業）

1. 試験時間　1時間40分
2. 問題数　　50題(A群25題、B群25題)
3. 注意事項
   (1) 係員の指示があるまで、この表紙はあけないでください。
   (2) 答案用紙(真偽法と多肢択一法の併用)に検定職種名、作業名、級別、受検番号、氏名を必ず記入してください。
   (3) 係員の指示に従って、問題数を確かめてください。それらに異常がある場合は、黙って手を挙げてください。問題はA群(真偽法)とB群(多肢択一法)とに分かれています。
   (4) 試験開始の合図で始めてください。
   (5) 解答の方法(真偽法と多肢択一法の併用)は次のとおりです。

   イ．　A群の問題(真偽法)は、一つ一つの問題の内容が正しいか、誤っているかを判断して解答してください。

   ロ．　B群の問題(多肢択一法)は、正解と思うものを一つだけ選んで、解答してください。二つ以上に解答した場合は誤答となります。

   ハ．　答案用紙(マークシート用紙)へ解答する際は、答案用紙に記載されている注意事項に従ってください。

   ニ．　答案用紙の解答欄は、A群の問題とB群の問題とでは異なります。所定の解答欄に、試験問題の題数に応じて解答してください。解答欄はA群は50題まで、B群は25題まで解答できるようになっています。
   (6) 電子式卓上計算機その他これと同等の機能を有するものは、使用してはいけません。
   (7) 携帯電話等は、使用してはいけません。
   (8) 試験中、質問があるときは、黙って手を挙げてください。ただし、試験問題の内容、漢字の読み方等に関する質問にはお答えできません。
   (9) 試験終了時刻前に解答ができあがった場合は、黙って手を挙げて、係員の指示に従ってください。
   (10) 試験中に手洗いに立ちたいときは、黙って手を挙げて、係員の指示に従ってください。
   (11) 試験終了の合図があったら、筆記用具を置き、係員の指示に従ってください。

[A群(真偽法)]

1　鉄－炭素系平衡状態図において、A_3線とA_{cm}線との交点は、共析点である。

2　マルテンサイト組織の鋼を600℃で焼戻しすると、ソルバイト組織が得られる。

3　等温変態曲線とは、オーステナイトの等温変態の様相を、縦軸に温度、横軸に時間をとって図示したものである。

4　同一鋼種においては、オーステナイト結晶粒径が大きいものほど焼入性が悪い。

5　軸受鋼の球状化焼なまし処理の目的は、焼入焼戻し後、優れた耐摩耗性等を得ることである。

6　ショットピーニングは、鋼の応力腐食割れに対する抵抗力を向上させる。

7　アルカリ脱脂浴に界面活性剤を添加すると、洗浄効果が下がる。

8　日本工業規格(JIS)の「熱電対」によれば、常用限度の温度が最も高いものは、K熱電対である。

9　日本工業規格(JIS)の「光高温計による温度測定方法」によれば、光高温計による温度測定方法の適用温度範囲は、原則として約900～2000℃と規定されている。

10　マクロ的な破面観察では、破損事故品に対して、疲労破壊かぜい性破壊かなどを判断することはできない。

11　浸透探傷試験は、溶接部には適用できない。

12　ダイカストとは、砂で鋳型を作り、低圧で溶融金属を流し込んで鋳物を製造する方法である。

13　フライス盤では、溝加工ができない。

14　日本工業規格(JIS)の「機械製図」によれば、かくれ線には、細い破線又は太い破線を使用する。

15　日本工業規格(JIS)によれば、SUPは、ばね鋼鋼材を表す記号である。

16　電力は、抵抗と電圧の積から求めることができる。

17　2kWの電熱器を100Vで使用する場合、10Aのヒューズを使用する。

[A群(真偽法)]

18 大気汚染防止法関係法令では、ばい煙の定義の一つとして、「燃料その他の物の燃焼に伴い発生するいおう酸化物」を規定している。

19 高周波加熱では、コイル(誘導子)の一部に磁性材料(コア)を使用し、磁束を集中させることによって、加熱効率を向上させることができる。

20 高周波焼入れでは、前熱処理後の組織がフェライト＋パーライトの場合、フェライト面積率が高くても、有効硬化層深さには影響しない。

21 交流を通じた多巻きコイル(誘導子)中に鋼を置くと、鋼中に誘起されるうず電流損とヒステリシス損による熱によって、鋼が加熱される。

22 炎焼入れに使用する炎には、中性炎が適している。

23 高周波加熱における鋼の加熱深さは、使用する周波数に正比例する。

24 被加熱物が凹部を有する場合、その曲率を大きくした方が割れにくい。

25 日本工業規格(JIS)の「鋼の炎焼入及び高周波焼入硬化層深さ測定方法」によれば、有効硬化層の限界硬さは、S45C材の場合、350HVである。

[B群(多肢択一法)]

1　文中の(　　)内に当てはまる語句として、正しいものはどれか。
　　日本工業規格(JIS)の「鉄鋼用語(熱処理)」では、鋼の主要な変態温度の一つである
　　(　　)について、「冷却時、フェライト変態が始まる温度」と規定している。
　　　イ　Ac_1
　　　ロ　Ac_3
　　　ハ　Ar_1
　　　ニ　Ar_3

2　パーライトを構成する組織として、正しいものはどれか。
　　　イ　フェライト＋セメンタイト
　　　ロ　フェライト＋オーステナイト
　　　ハ　オーステナイト＋セメンタイト
　　　ニ　フェライト＋グラファイト

3　Ms点に関する記述として、正しいものはどれか。
　　　イ　マルテンサイトが分解し始める温度
　　　ロ　オーステナイトがベイナイトに変態し始める温度
　　　ハ　オーステナイトがマルテンサイトに変態し始める温度
　　　ニ　トルースタイトが生成し始める温度

4　鋼に含まれる次の合金元素のうち、焼入性倍数が最も大きいものはどれか。
　　　イ　Si
　　　ロ　Mn
　　　ハ　Cr
　　　ニ　Ni

5　サブゼロ処理に関する一般的な記述として、誤っているものはどれか。
　　　イ　焼入れ後の残留オーステナイトをマルテンサイト化するために行う。
　　　ロ　割れを防止するため、湯戻しを行ってからサブゼロ処理を行う場合もある。
　　　ハ　寸法の経年変化を防止できる。
　　　ニ　液体窒素を使用する場合、−70℃が下限である。

6　ガス窒化処理に関する一般的な記述として、誤っているものはどれか。
　　　イ　処理温度は、500〜550℃で行う。
　　　ロ　鋼に化合物層と拡散層を形成させる処理である。
　　　ハ　アルミニウムやクロムよりもニッケルやコバルトを含む鋼の方が硬化する。
　　　ニ　窒化処理後、焼戻しを必要としない。

7 焼入冷却剤の特徴に関する記述として、誤っているものはどれか。
 イ 空気は、水よりも冷却能が小さい冷却剤である。
 ロ 水は、水温が30℃の方が20℃よりも冷却能は小さい。
 ハ 焼入油は、一般に、粘度が高くなるほど冷却能は大きくなる。
 ニ 水溶液焼入剤は、濃度によって冷却能を調整できる。

8 鉄鋼部品のショットブラストに使われるショットの種類として、適切でないものはどれか。
 イ 鋳鋼ショット
 ロ ガラスビーズ
 ハ 樹脂球
 ニ カットワイヤショット

9 防錆処理の方法として、適切でないものはどれか。
 イ 化成処理
 ロ 油塗布
 ハ めっき
 ニ ショットブラスト

10 次のうち、最も精度の高い温度制御方式はどれか。
 イ ON－OFF式
 ロ 比例－積分－微分式
 ハ 比例式
 ニ 比例－積分式

11 キルド鋼の特徴に関する一般的な記述として、誤っているものはどれか。
 イ リムド鋼よりも介在物や偏析が多い。
 ロ けい素やアルミニウムで脱酸した鋼である。
 ハ 熱処理を施して使用する場合が多い。
 ニ 機械構造用合金鋼は、キルド鋼である。

12 文中の( )内に当てはまる語句として、正しいものはどれか。
日本工業規格(JIS)によれば、( )は、ダイヤモンドハンマを一定の高さから落下させ、その跳ね上がり高さに比例する値として求める。
 イ ロックウェル硬さ
 ロ ビッカース硬さ
 ハ ブリネル硬さ
 ニ ショア硬さ

［B群(多肢択一法)］

13　金属材料の引張試験の目的として、誤っているものはどれか。
　　イ　ぜい性を調べる。
　　ロ　耐力を調べる。
　　ハ　伸びを調べる。
　　ニ　絞りを調べる。

14　光学顕微鏡による組織試験に関する記述として、誤っているものはどれか。
　　イ　鋼中の非金属介在物の種類を判別できない。
　　ロ　完全焼なましした機械構造用炭素鋼の炭素含有率を判定することができる。
　　ハ　鋼表面の脱炭の有無を調べることができる。
　　ニ　ステンレス鋼の固溶化熱処理が適切に行われたかどうかを判断することができる。

15　日本工業規格(JIS)によれば、鋼の焼入性試験方法に関する記述として、正しいものはどれか。
　　イ　焼入剤として、油を使用する。
　　ロ　一端焼入方法とも呼ばれている。
　　ハ　試験片は、直径30mm、長さ100mmである。
　　ニ　試験片は、所定の焼入温度に保たれている炉に装入し、少なくとも10分をかけて中心部まで均一に昇温した後、その温度に15〜20分間保つ。

16　文中の(　　)内に当てはまる語句として、正しいものはどれか。
　　品質管理において、下図は、(　　)と呼ばれている。

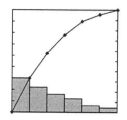

　　イ　パレート図
　　ロ　連関図
　　ハ　特性要因図
　　ニ　ヒストグラム

17　日本工業規格(JIS)の「生産管理用語」によれば、5Sとして規定されていないものはどれか。
　　イ　静粛
　　ロ　清潔
　　ハ　清掃
　　ニ　しつけ

18 文中の(   )内に当てはまる語句として、正しいものはどれか。
　　労働安全衛生法関係法令では、屋内に設ける通路について、「通路面から高さ(   )
　　以内に障害物を置かないこと。」と規定している。
　　　イ　1.8 m
　　　ロ　2.8 m
　　　ハ　3.8 m
　　　ニ　4.8 m

19 日本工業規格(JIS)の「鉄鋼の高周波焼入焼戻し加工」によれば、高周波焼入焼戻し
　　を示す記号として、正しいものはどれか。
　　　イ　HNR
　　　ロ　HQI－HT
　　　ハ　HCG－HQ－HT
　　　ニ　HQO－HT

20 トランジスタインバータ式高周波発振器の最大変換効率として、誤っているものは
　　どれか。
　　　イ　95% 程度である。
　　　ロ　電動発電機式よりも高い。
　　　ハ　電子管式と同等である。
　　　ニ　サイリスタインバータ式と同等である。

21 次のうち、高周波加熱において、うず電流の浸透深さ1mmを得るための電源周波数
　　として、最も適切なものはどれか。
　　　イ　　　2 kHz
　　　ロ　　10 kHz
　　　ハ　　50 kHz
　　　ニ　100 kHz

22 高周波焼入加熱の注意事項に関する記述として、適切でないものはどれか。
　　　イ　複雑形状の部品は、均一に加熱するために予熱を行う。
　　　ロ　コイル(誘導子)の抵抗が大きいほど、加熱効率は良くなる。
　　　ハ　加工材料の質量不足の部分には、当て金等をする。
　　　ニ　コイル(誘導子)の巻数が多いほど、加熱効率は良くなる。

23 高周波焼入れの冷却方法に関する記述として、誤っているものはどれか。
　　　イ　水溶液焼入剤の冷却能は、濃度に違いがあっても変化しない。
　　　ロ　水溶液焼入剤は、被膜生成によってMs点以下の冷却速度を遅くする。
　　　ハ　水溶液焼入剤の目的温度に対する使用温度許容値は、水と同等である。
　　　ニ　冷却能は、冷却液の噴射圧力や噴射量によって異なる。

[B群(多肢択一法)]

24　高周波焼割れの原因として、適切でないものはどれか。
　　　イ　熱処理品の肉厚変動
　　　ロ　オーバーヒート
　　　ハ　一次電圧の変動
　　　ニ　冷却速度の不均一

25　日本工業規格(JIS)の「鋼の炎焼入及び高周波焼入硬化層深さ測定方法」によれば、
　　ビッカース硬さ試験によって試験力2.9Nで測定し、450HVまでの高周波焼入有効硬
　　化層深さ1.5mmの場合、硬化層深さの表示記号として、正しいものはどれか。
　　　イ　HD－H0.3－E(450)1.5
　　　ロ　FD－H0.3－E(450)1.5
　　　ハ　HD－H2.9－T(450)1.5
　　　ニ　FD－H2.9－T(450)1.5

平成 30 年度 技能検定

2 級 金属熱処理 学科試験問題

（高周波・炎熱処理作業）

1. 試験時間　1 時間 40 分
2. 問題数　　50 題(A 群 25 題、B 群 25 題)
3. 注意事項
   (1)　係員の指示があるまで、この表紙はあけないでください。
   (2)　答案用紙(真偽法と多肢択一法の併用)に検定職種名、作業名、級別、受検番号、氏名を必ず記入してください。
   (3)　係員の指示に従って、問題数を確かめてください。それらに異常がある場合は、黙って手を挙げてください。問題は A 群(真偽法)と B 群(多肢択一法)とに分かれています。
   (4)　試験開始の合図で始めてください。
   (5)　解答の方法(真偽法と多肢択一法の併用)は次のとおりです。
   　　イ．　A 群の問題(真偽法)は、一つ一つの問題の内容が正しいか、誤っているかを判断して解答してください。
   　　ロ．　B 群の問題(多肢択一法)は、正解と思うものを一つだけ選んで、解答してください。二つ以上に解答した場合は誤答となります。
   　　ハ．　答案用紙(マークシート用紙)へ解答する際は、答案用紙に記載されている注意事項に従ってください。
   　　ニ．　答案用紙の解答欄は、A 群の問題と B 群の問題とでは異なります。所定の解答欄に、試験問題の題数に応じて解答してください。解答欄は A 群は 50 題まで、B 群は 25 題まで解答できるようになっています。
   (6)　電子式卓上計算機その他これと同等の機能を有するものは、使用してはいけません。
   (7)　携帯電話等は、使用してはいけません。
   (8)　試験中、質問があるときは、黙って手を挙げてください。ただし、試験問題の内容、漢字の読み方等に関する質問にはお答えできません。
   (9)　試験終了時刻前に解答ができあがった場合は、黙って手を挙げて、係員の指示に従ってください。
   (10)　試験中に手洗いに立ちたいときは、黙って手を挙げて、係員の指示に従ってください。
   (11)　試験終了の合図があったら、筆記用具を置き、係員の指示に従ってください。

[A群(真偽法)]

1　日本工業規格(JIS)の「鋼－結晶粒度の顕微鏡試験方法」では、粒度番号5以上の鋼を粗粒鋼と規定している。

2　Acmとは、冷却時、フェライト変態が始まる温度である。

3　同一鋼種においては、オーステナイト結晶粒の大きさは、焼入性には影響を与えない。

4　機械構造用炭素鋼の焼ならしは、亜共析鋼の場合、A_3以上の温度に加熱して均一なオーステナイト組織にした後、炉冷する熱処理である。

5　焼戻しの際、部分的な残留応力の解放によるひずみ発生の危険が大きい場合は、金型で押さえ込んだり、プレスしたままで加熱冷却することがある。

6　日本工業規格(JIS)によれば、K熱電対は、素線径(mm)に応じて常用限度(℃)と過熱使用限度(℃)が規定されている。

7　日本工業規格(JIS)の「鋼のサルファプリント試験方法」によれば、サルファプリントによるマクロ試験では、検出される硫化物のサイズ及び分布から材料の均質性を評価することができる。

8　日本工業規格(JIS)の「鋼－結晶粒度の顕微鏡試験方法」によれば、熱処理粒度試験方法のうち、ピクリン酸飽和水溶液で腐食するBechet-Beaujard法の適用鋼種は、焼戻しマルテンサイトやベイナイト鋼などである。

9　超音波探傷試験では、一般に、鋼の内部を透過する超音波は、材料の結晶粒度の影響を受ける。

10　日本工業規格(JIS)では、ダイカストについて、「重力又は低圧力を用いて、溶融金属を金型の中に注湯して造られる鋳物。」と規定している。

11　研削盤では、円筒内面の研削加工はできない。

12　日本工業規格(JIS)では、ロット生産について、「品種ごとに生産量をまとめて複数の製品を交互に生産する形態。」と規定している。

13　日本における電気の周波数は、静岡県の富士川と新潟県の糸魚川あたりを境にし、東側は60Hz、西側は50Hzである。

14　日本工業規格(JIS)によれば、交流の場合、低圧ヒューズの定格電圧及び定格電流は実効値で示す。

15 大気汚染防止法関係法令によれば、熱処理炉は、ばい煙発生施設には当たらない。

16 焼入冷却剤として使用される水溶液焼入剤は、その濃度によって冷却能が異なる。

17 電動発電機式高周波発振装置では、電動機の並列運転はできない。

18 高周波発振装置の種類には、真空管式、サイリスタ式、トランジスタ式等がある。

19 高周波加熱は、急速加熱のため、鋼のオーステナイト化の開始温度が高温側にずれる。

20 同一ワークでの高周波加熱の発生電力は、低い周波数では周波数の二乗に比例し、高い周波数では周波数の平方根に比例する。この現象の境界となる周波数を臨界周波数という。

21 炎焼入れに使用される燃料ガスのうち、最も発熱量が大きいものはプロパン(C_3H_8)である。

22 高周波焼入れでは、急速加熱、急速冷却されるため、被加熱物の肉厚が場所によって異なっても、変形には影響しない。

23 日本工業規格(JIS)の「鉄鋼の高周波焼入焼戻し加工」によれば、有効硬化層深さのばらつきの許容値は、硬化層深さが2.5mmを超え3.5mm以下の場合、単体内では、0.2mmである。

24 炎焼入装置における火口の構造は、部品の形状、焼入深さ、燃料ガスの種類等によって換える必要がある。

25 高周波焼入れで加熱温度を監視・制御するときは、放射温度計は使用できない。

[B群(多肢択一法)]

1 文中の(　　)内に当てはまる語句として、正しいものはどれか。
日本工業規格(JIS)では、(　　)について、「Fe_3Cの化学式で示される鉄炭化物。」と
規定している。
　　イ　オーステナイト
　　ロ　フェライト
　　ハ　マルテンサイト
　　ニ　セメンタイト

2 鋼を加熱する場合、オーステナイトが生成し始める温度を示す記号として、正しい
ものはどれか。
　　イ　Ar_1
　　ロ　Ae_3
　　ハ　Ac_1
　　ニ　Ar_m

3 炭素含有量が0.6%の炭素鋼をオーステナイト状態に加熱した後、徐冷したときの常
温における金属組織はどれか。
　　イ　初析フェライト＋パーライト
　　ロ　初析フェライト＋マルテンサイト
　　ハ　初析セメンタイト＋レデブライト
　　ニ　初析セメンタイト＋パーライト

4 連続冷却変態曲線の他の呼び方として、適切なものはどれか。
　　イ　CCT曲線
　　ロ　I曲線
　　ハ　TTT曲線
　　ニ　S曲線

5 鋼の焼入性を向上させる元素として、誤っているものはどれか。
　　イ　V
　　ロ　Cr
　　ハ　Mo
　　ニ　Mn

6 マルテンパに関する一般的な記述として、誤っているものはどれか。
　　イ　Ms直上の温度の熱浴で保持した後、冷却する。
　　ロ　処理後に焼戻しを必要としない。
　　ハ　マルクエンチとも呼ばれる。
　　ニ　オイルバスが利用できる。

7 加熱炉の炉材に関する記述として、適切でないものはどれか。
　　イ　加熱炉の内壁の炉材には、耐火材と断熱材が用いられる。
　　ロ　中性耐火材は、マグネシアを主成分としている。
　　ハ　耐火材には、中性の他に、酸性や塩基性のものもある。
　　ニ　断熱材として、セラミックファイバも使われる。

8 日本工業規格(JIS)の「ばねのショットピーニング」によれば、ショットの概略形状が、球ではなく円柱であるものはどれか。
　　イ　鋳鋼ショット
　　ロ　ガラスビーズ
　　ハ　セラミックビーズ
　　ニ　カットワイヤショット

9 文中の(　　)内に当てはまる語句として、正しいものはどれか。
　温度制御において、現在温度が設定温度以下なら操作量を100%にし、設定温度を超えると0%にするものを(　　)などという。
　　イ　微分動作
　　ロ　積分動作
　　ハ　比例動作
　　ニ　オンオフ動作

10 偏析に関する記述として、適切でないものはどれか。
　　イ　正偏析と負偏析がある。
　　ロ　凝固速度を遅くすることで防止することができる。
　　ハ　焼割れや焼むらなどの原因になる。
　　ニ　偏析帯には不純物や非金属介在物が多く存在する。

11 日本工業規格(JIS)によれば、ロックウェル硬さ試験において、圧子が円すい形ダイヤモンドでないスケールはどれか。
　　イ　Aスケール
　　ロ　Bスケール
　　ハ　Cスケール
　　ニ　Dスケール

12 日本工業規格(JIS)の「金属材料引張試験方法」によれば、引張試験で求めることができない特性はどれか。
　　イ　引張強さ
　　ロ　絞り
　　ハ　遷移温度
　　ニ　伸び

[B群(多肢択一法)]

13 文中の(　　)内に当てはまる語句として、正しいものはどれか。
　　日本工業規格(JIS)の「鋼の焼入性試験方法(一端焼入方法)」では、焼入作業について、「試験片を加熱炉から取り出してから焼入れ開始までの時間はできるだけ短くし、(　　)以内にしなければならない。」と規定している。
　　　イ　　5 秒
　　　ロ　　10 秒
　　　ハ　　15 秒
　　　ニ　　20 秒

14 文中の(　　)内に当てはまる語句として、正しいものはどれか。
　　日本工業規格(JIS)の「加工方法記号」によれば、熱処理の加工方法を表すHQは、加工方法が(　　)であることを表している。
　　　イ　　焼ならし
　　　ロ　　焼なまし
　　　ハ　　焼入れ
　　　ニ　　焼もどし

15 文中の(　　)内に当てはまる語句として、正しいものはどれか。
　　労働安全衛生法関係法令では、研削といしの覆いについて、「事業者は、回転中の研削といしが労働者に危険を及ぼすおそれのあるときは、覆いを設けなければならない。ただし、直径が(　　)未満の研削といしについては、この限りではない。」と規定している。
　　　イ　　50 mm
　　　ロ　　60 mm
　　　ハ　　70 mm
　　　ニ　　80 mm

16 次のうち、高周波・炎焼入れの目的として、正しいものはどれか。
　　　イ　　耐食性の向上
　　　ロ　　耐熱性の向上
　　　ハ　　疲労強度の向上
　　　ニ　　表面粗さの向上

17 加熱コイル(誘導子)とその周辺設備に関する記述として、適切なものはどれか。
　　　イ　　連結リードの長さは、できるだけ長い方がエネルギー変換効率はよい。
　　　ロ　　電流変成器は電源から供給される電圧を高め、電流を下げる働きがある。
　　　ハ　　通常、加熱中のコイル(誘導子)の冷却は不要である。
　　　ニ　　多巻タイプ加熱コイル(誘導子)におけるコイル(誘導子)の巻数は、被加熱物へのエネルギー変換効率に影響する。

[B群(多肢択一法)]

18 被加熱物と加熱コイル(誘導子)の隙間が同じ場合、高周波加熱の加熱効率に関する記述として、適切なものはどれか。
 イ 平面加熱が最も高い。
 ロ 内周面加熱が最も高い。
 ハ 外周面加熱が最も高い。
 ニ 平面加熱、内周面加熱、外周面加熱ともに同等である。

19 炎焼入れの目的・特徴として、誤っているものはどれか。
 イ 特殊な火口を使用しないときは、焼入れのための段取りは簡単で速やかに作業できる。
 ロ 被処理品の寸法や質量の制限がなく、多品種少量生産に向いている。
 ハ 焼入硬化層深さや範囲を自由に選択できない。
 ニ 肉薄品は、全体加熱になりやすく表面硬化に向いていない。

20 鋼を1000℃に加熱するときに電流透過深度が1.5mmとなる周波数として、適切なものはどれか。
 イ 3kHz
 ロ 10kHz
 ハ 50kHz
 ニ 100kHz

21 水溶液焼入剤の一般的な温度管理範囲として、適切なものはどれか。
 イ 0〜20℃
 ロ 20〜40℃
 ハ 40〜60℃
 ニ 60〜80℃

22 高周波焼入れしたS45Cに硬さむらを生じた場合、軟点部に生成する金属組織はどれか。
 イ マルテンサイト
 ロ 微細パーライト
 ハ ソルバイト
 ニ セメンタイト

23 炎焼入れの焼割れ防止策として、誤っているものはどれか。
 イ 稜角、キー溝、偏肉には、面取り、余肉付け等を行う。
 ロ 燃焼ガスと酸素の混合比において、酸素の割合を高くする。
 ハ 焼入性の良い鋼種や形状複雑なものは予熱し、網状セメンタイトは球状化処理をする。
 ニ 脱炭層、黒皮をあらかじめ除去する。

［B群(多肢択一法)］

24 日本工業規格(JIS)の「鋼の炎焼入及び高周波焼入硬化層深さ測定方法」によれば、炭素含有率0.33%以上、0.43%未満の鋼の限界硬さ(HRC)として、適切なものはどれか。

    イ   36

    ロ   41

    ハ   45

    ニ   49

25 機械構造用鋼の火花試験において、Moの場合の火花の特徴を示すものはどれか。

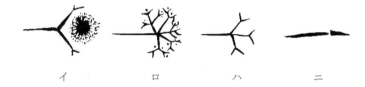

    イ   ロ   ハ   ニ

平成29年度 技能検定

2級 金属熱処理 学科試験問題

（高周波・炎熱処理作業）

1. 試験時間　　1時間40分
2. 問題数　　　50題(A群25題、B群25題)
3. 注意事項
   (1)　　係員の指示があるまで、この表紙はあけないでください。
   (2)　　答案用紙(真偽法と多肢択一法の併用)に検定職種名、作業名、級別、受検番号、氏名を必ず記入してください。
   (3)　　係員の指示に従って、問題数を確かめてください。それらに異常がある場合は、黙って手を挙げてください。問題はA群(真偽法)とB群(多肢択一法)とに分かれています。
   (4)　　試験開始の合図で始めてください。
   (5)　　解答の方法(真偽法と多肢択一法の併用)は次のとおりです。
   　　イ．　A群の問題(真偽法)は、一つ一つの問題の内容が正しいか、誤っているかを判断して解答してください。
   　　ロ．　B群の問題(多肢択一法)は、正解と思うものを一つだけ選んで、解答してください。二つ以上に解答した場合は誤答となります。
   　　ハ．　答案用紙(マークシート用紙)へ解答する際は、答案用紙に記載されている注意事項に従ってください。
   　　ニ．　答案用紙の解答欄は、A群の問題とB群の問題とでは異なります。所定の解答欄に、試験問題の題数に応じて解答してください。解答欄はA群は50題まで、B群は25題まで解答できるようになっています。
   (6)　　電子式卓上計算機その他これと同等の機能を有するものは、使用してはいけません。
   (7)　　携帯電話等は、使用してはいけません。
   (8)　　試験中、質問があるときは、黙って手を挙げてください。ただし、試験問題の内容、漢字の読み方等に関する質問にはお答えできません。
   (9)　　試験終了時刻前に解答ができあがった場合は、黙って手を挙げて、係員の指示に従ってください。
   (10)　試験中に手洗いに立ちたいときは、黙って手を挙げて、係員の指示に従ってください。
   (11)　試験終了の合図があったら、筆記用具を置き、係員の指示に従ってください。

［A群(真偽法)］

1 1.0%炭素鋼を、Fe－C系平衡状態図における均一オーステナイト領域の温度から室温まで徐冷すると、初析セメンタイトとパーライトの組織となる。

2 マルテンサイトを600℃で焼戻しすると、ソルバイト組織が得られる。

3 等温変態曲線とは、オーステナイトの等温変態の様相を、縦軸に温度、横軸に時間をとって図示したものである。

4 同一鋼種においては、オーステナイト結晶粒が大きいものほど焼入性が悪い。

5 合金工具鋼の球状化焼なまし温度における保持時間は、一般に、炭素工具鋼における保持時間よりも短めにする。

6 ショットピーニングは、鋼の応力腐食割れに対する抵抗力を向上させる。

7 日本工業規格(JIS)によれば、光高温計による温度測定方法の適用温度範囲は、原則として約900～2000℃と規定されている。

8 マクロ的な破面観察では、破損品に対して、破壊の起点、亀裂の進展方向等を判断することができる。

9 浸透探傷試験は、セラミックスには適用できない。

10 アーク溶接とは、電源から供給する電力によってアークを発生させ、この熱エネルギーを利用して行う溶接である。

11 フライス盤では、溝加工ができない。

12 日本工業規格(JIS)の「機械製図」によれば、中心線には破線を用いる。

13 三相誘導電動機は、動力線3本中、2本を入れ替えて回転方向を逆にできる。

14 2kWの電熱器を100Vで使用する場合、10Aのヒューズを使用する。

15 大気汚染防止法関係法令によれば、ばい煙には、燃料その他の物の燃焼に伴って発生するいおう酸化物は含まれていない。

16 高周波焼入れした歯車は、焼入硬化部の体積が全体の体積に比べて小さい場合には、焼戻しする必要はない。

17 炎焼入れに使用する炎には、一般に、還元炎が用いられる。

18 炎焼入れでは、火力の調節が難しいため、硬化層深さの調節はできない。

19 高周波・炎焼入れは、炉加熱焼入れに比べて加熱速度が速いため、焼入硬さは炭素量に影響されない。

20 高周波焼戻しを行う場合、同じ硬さを得るには、高周波焼戻温度は、炉加熱焼戻温度よりも高くする。

21 冷却速度の最適化には、水溶液焼入剤の液量、液温度は影響しない。

22 高周波焼入れの変形は、前工程の切削加工時の残留応力の影響を受けることがある。

23 高周波焼入れにおける焼割れは、局部加熱による熱応力の影響で発生するので、変態応力の影響はない。

24 日本工業規格(JIS)の「鋼の炎焼入及び高周波焼入硬化層深さ測定方法」では、焼入硬化層深さの測定方法として、硬さ試験による測定方法とマクロ組織試験による測定方法とを規定している。

25 日本工業規格(JIS)によれば、鉄系焼結材料は、高周波焼入れの対象に含まれる。

［B群(多肢択一法)］

1　鋼を高温から冷却する場合、オーステナイトからパーライトに変態する温度を示す
記号はどれか。
　　イ　Ac_1
　　ロ　Ac_3
　　ハ　Ar_1
　　ニ　Ar_3

2　パーライトを構成する組織として、正しいものはどれか。
　　イ　フェライト＋セメンタイト
　　ロ　フェライト＋オーステナイト
　　ハ　オーステナイト＋セメンタイト
　　ニ　δフェライト＋オーステナイト

3　Ms点に関する記述として、正しいものはどれか。
　　イ　マルテンサイトが分解し始める温度
　　ロ　オーステナイトがベイナイトに変態し始める温度
　　ハ　オーステナイトがマルテンサイトに変態し始める温度
　　ニ　トルースタイトが生成し始める温度

4　鋼に含まれる次の合金元素のうち、焼入性倍数が最も大きいものはどれか。
　　イ　Si
　　ロ　Mn
　　ハ　Cr
　　ニ　Ni

5　炭素工具鋼の球状化焼なましに関する記述として、誤っているものはどれか。
　　イ　一般に、焼入れの前処理として行われる。
　　ロ　炭化物を球状化して、フェライト地に分散するために行う。
　　ハ　加熱温度は、790〜810℃である。
　　ニ　じん性を改善する。

6　応力除去焼なましの目的として、誤っているものはどれか。
　　イ　鋳造で発生した残留応力の緩和
　　ロ　ショットピーニングで生成された表面近傍の圧縮残留応力の緩和
　　ハ　溶接で発生した残留応力の緩和
　　ニ　機械加工で発生した残留応力の緩和

7 焼入冷却剤の特徴に関する記述として、誤っているものはどれか。
 イ 空気は、水よりも冷却能が小さい冷却剤である。
 ロ 水は、水温が30℃の方が20℃よりも冷却能は小さい。
 ハ 焼入油は、一般に、粘度が高くなるほど冷却能は大きくなる。
 ニ 水溶液焼入剤は、濃度によって冷却能を調整できる。

8 脱脂に関する記述として、誤っているものはどれか。
 イ 脱脂方法の一つとして、乳化剤脱脂法がある。
 ロ 脱脂剤の一つとして、塩素系有機溶剤がある。
 ハ 炭化水素系脱脂剤を使った脱脂方法には、蒸気法がある。
 ニ アルカリ脱脂剤には、苛性ソーダを使用しない。

9 温度自動制御方式に関する記述として、誤っているものはどれか。
 イ 比例動作は、設定値と測定値の差(偏差)に対し、出力が比例する。
 ロ 比例動作は、オフセット(定常的に残る偏差)を防ぐことができない。
 ハ 比例動作に積分動作を加えると、オフセット(定常的に残る偏差)を除去する
  ことができる。
 ニ 微分動作単独での制御も可能である。

10 合金工具鋼鋼材に関する記述として、誤っているものはどれか。
 イ 日本工業規格(JIS)によれば、鋼材の種類は、その用途に応じ、主として切削
  工具鋼用、耐衝撃工具鋼用、冷間金型用、熱間金型用に分類されている。
 ロ 鋼材の種類に応じて、W、Cr、Mo、V等を添加した鋼である。
 ハ 鋼材は、リムド鋼から製造する。
 ニ 焼入焼戻しをして使用される。

11 金属材料の引張試験の目的として、誤っているものはどれか。
 イ じん性又はぜい性を調べる。
 ロ 耐力を調べる。
 ハ 伸びを調べる。
 ニ 絞りを調べる。

12 光学顕微鏡による組織試験に関する記述として、誤っているものはどれか。
 イ 鋼中の非金属介在物の種類を判別できない。
 ロ 完全焼なましした機械構造用炭素鋼の炭素含有率を判定することができる。
 ハ 鋼表面の脱炭の有無を調べることができる。
 ニ ステンレス鋼の固溶化熱処理が適切に行われたかどうかを判断することがで
  きる。

［B群(多肢択一法)］

13 日本工業規格(JIS)によれば、鋼の焼入性試験方法に関する記述として、正しいものはどれか。
　　イ　焼入剤として、油を使用する。
　　ロ　一端焼入方法とも呼ばれている。
　　ハ　試験片は、直径30mm、長さ100mmである。
　　ニ　試験片は、所定の焼入温度に保たれている炉に装入し、少なくとも10分をかけて中心部まで均一に昇温した後、その温度に15〜20分間保つ。

14 品質管理に関する記述として、誤っているものはどれか。
　　イ　ロットとは、一つの管理対象となる製品等の集団をいう。
　　ロ　規格限界とは、製品、材料、検査等の特性について許容できる限界値をいう。
　　ハ　正規分布とは、平均を中心に左右対称の曲線分布をいう。
　　ニ　ヒストグラムとは、測定値のばらつきを折れ線グラフで表したものである。

15 文中の(　　)内に当てはまる数値として、正しいものはどれか。
　　労働安全衛生法関係法令では、屋内に設ける通路について、「通路面から高さ(　　)以内に障害物を置かないこと。」と規定している。
　　イ　1.8 m
　　ロ　2.8 m
　　ハ　3.8 m
　　ニ　4.8 m

16 高周波焼入れの冷却に関する記述として、誤っているものはどれか。
　　イ　水溶液焼入剤は、使用温度及びその濃度によって冷却能が異なる。
　　ロ　水溶液焼入剤には、PAG系、PEG系、PVA系等がある。
　　ハ　コイル(誘導子)と冷却ジャケット一体型移動焼入れでは、水溶液焼入剤の噴射方向を鋼表面に対して直角にすると、冷却能が良くなる。
　　ニ　水溶液焼入剤は、噴射圧力と流量によって冷却能が異なる。

17 高周波加熱において、コイル(誘導子)に使用される材料として、適切なものはどれか。
　　イ　アルミニウム
　　ロ　無酸素銅
　　ハ　ステンレス
　　ニ　炭素鋼

18 次のうち、高周波加熱において、うず電流の浸透深さ1mmを得るための電源周波数として、最も適切なものはどれか。
  イ   2 kHz
  ロ   10 kHz
  ハ   50 kHz
  ニ   100 kHz

19 高周波焼入加熱の注意事項に関する記述として、適切でないものはどれか。
  イ   複雑形状の部品は、均一に加熱するために予熱を行う。
  ロ   コイル(誘導子)の抵抗が大きいほど、加熱効率は良くなる。
  ハ   加工材料の質量不足の部分には、当て金等をする。
  ニ   加工材料の加熱昇温不足の部分には、コイル(誘導子)のその部分に磁性材(コア)を付加する。

20 日本工業規格(JIS)によれば、高周波焼入焼戻しを示す記号として、正しいものはどれか。
  イ   HNR
  ロ   HQI-HT
  ハ   HCG-HQ-HT
  ニ   HQO-HT

21 炎焼入れの特徴として、誤っているものはどれか。
  イ   高周波焼入れに比べて設備費が高く、大型であるため、移動等が難しい。
  ロ   硬化を必要とする部分のみ加熱し焼入れするため、極めて省エネルギー的な焼入法である。
  ハ   被処理品の寸法や重量に制限がなく、多品種、少量生産に適している。
  ニ   高周波焼入れと同様に正確な温度測定並びに調整が難しい。

22 高周波焼入れにおける焼割れの原因として、誤っているものはどれか。
  イ   オーバヒート
  ロ   寸法急変部の存在
  ハ   冷却の不均一
  ニ   一次電圧の変動

23 高周波熱処理の欠陥について、誤っているものはどれか。
  イ   回転移動焼入れの場合、冷却の不均一によって、加工材表面に縞模様等が発生することがある。
  ロ   高周波加熱によって急速に焼戻しを行うと、割れが発生することがある。
  ハ   一般に、炉加熱による焼入れに比べ、溶損が生じる可能性がある。
  ニ   焼戻しをしないで長時間放置しても、置割れは生じない。

［B群(多肢択一法)］

24 炎焼入れの硬化層深さ不足防止策として、誤っているものはどれか。

 イ 適正な鋼種を選び、前熱処理として調質処理を行う。

 ロ 合金鋼では保持時間を短くするか、加熱温度を低くする。

 ハ 被処理品の材質、形状、大きさ、必要とする硬化層の深さによって、それに
適した火口を設定する。

 ニ 多孔火口を設計し、採用する。

25 文中の( )内に当てはまる数値として、正しいものはどれか。

日本工業規格(JIS)の「鉄鋼の高周波焼入焼戻し加工」では、硬化層深さのばらつき
の許容値について、有効硬化層深さが1.5mmを超え2.5mm以下の場合、単体内では
( )と規定している。

 イ 0.2 mm

 ロ 0.4 mm

 ハ 0.6 mm

 ニ 0.8 mm

平成 31 年度 技能検定

1 級 金属熱処理 学科試験問題

（高周波・炎熱処理作業）

1. 試験時間　1 時間 40 分
2. 問題数　　50 題(A 群 25 題、B 群 25 題)
3. 注意事項
   (1)　係員の指示があるまで、この表紙はあけないでください。
   (2)　答案用紙(真偽法と多肢択一法の併用)に検定職種名、作業名、級別、受検番号、氏名を必ず記入してください。
   (3)　係員の指示に従って、問題数を確かめてください。それらに異常がある場合は、黙って手を挙げてください。問題は A 群(真偽法)と B 群(多肢択一法)とに分かれています。
   (4)　試験開始の合図で始めてください。
   (5)　解答の方法(真偽法と多肢択一法の併用)は次のとおりです。
   　　イ.　A 群の問題(真偽法)は、一つ一つの問題の内容が正しいか、誤っているかを判断して解答してください。
   　　ロ.　B 群の問題(多肢択一法)は、正解と思うものを一つだけ選んで、解答してください。二つ以上に解答した場合は誤答となります。
   　　ハ.　答案用紙(マークシート用紙)へ解答する際は、答案用紙に記載されている注意事項に従ってください。
   　　ニ.　答案用紙の解答欄は、A 群の問題と B 群の問題とでは異なります。所定の解答欄に、試験問題の題数に応じて解答してください。解答欄は A 群は 50 題まで、B 群は 25 題まで解答できるようになっています。
   (6)　電子式卓上計算機その他これと同等の機能を有するものは、使用してはいけません。
   (7)　携帯電話等は、使用してはいけません。
   (8)　試験中、質問があるときは、黙って手を挙げてください。ただし、試験問題の内容、漢字の読み方等に関する質問にはお答えできません。
   (9)　試験終了時刻前に解答ができあがった場合は、黙って手を挙げて、係員の指示に従ってください。
   (10)　試験中に手洗いに立ちたいときは、黙って手を挙げて、係員の指示に従ってください。
   (11)　試験終了の合図があったら、筆記用具を置き、係員の指示に従ってください。

［A群(真偽法)］

1 鉄－炭素系平衡状態図において、オーステナイトの炭素固溶限は4.3%である。

2 ソルバイトは、マルテンサイトをやや高い温度に焼戻しして得られる粒状に析出成長したセメンタイトとフェライトの混合組織である。

3 純鉄には融点以下の1392℃と911℃に固相の結晶構造が変化する変態点があり、911℃以下は面心立方晶、それ以上1392℃までは体心立方晶となる。

4 日本工業規格(JIS)の「鉄鋼用語(熱処理)」では、臨界直径について、「与えられた条件下での焼入れによって、その中心部において50%マルテンサイト組織をもつ長さ $3d$（d は直径）以上の丸棒の直径。」と規定している。

5 鋼においては、焼ならしよりも、焼なましの方がパーライトの層間隔が狭い。

6 ショットピーニングにおけるピーニング強度は、実用上、アルメンアークハイトによって評価する。

7 炉温の比例制御において、比例帯を0%にすると、オンオフ制御となる。

8 プログラム制御による温度制御とは、あらかじめ設定された制御パターンに従って、温度を制御する方法である。

9 ロックウェル硬さ試験では、球面や曲面の硬さを測定する場合でも、曲率ごとに測定値を補正する必要はない。

10 鋼表面の焼割れは、磁粉探傷試験で検出することができる。

11 ダイカストでは、一般に、砂型鋳造よりも優れた鋳肌を得ることができる。

12 鍛造加工は、材料の加熱温度によって、熱間鍛造、温間鍛造、冷間鍛造等に分類される。

13 ステンレス鋼は、熱伝導率が高く、普通鋼に比べて、切削時のトラブルの少ない被削材である。

14 ボール盤は、座ぐり、中ぐり及びリーマ通しの加工には利用できない。

15 日本工業規格(JIS)の「機械製図」によれば、想像線に用いられる線の種類は、跳び破線である。

16 1Aとは、0.1秒間に1Cの電荷が移動するときの電流の強さである。

[A群(真偽法)]

17　1kWの電熱器を100Vの電源で使用する場合、5Aのヒューズが適切である。

18　大気汚染防止法関係法令によれば、ばい煙が発生する熱処理用加熱炉では、いおう酸化物、ばいじん等の排出基準が規定されている。

19　高周波焼入れにおいて、高周波焼入前の素材の脱炭は、焼割れには影響しない。

20　高周波加熱においてコイル(誘導子)の一部に使用される磁性コアの材料としては、透磁率の小さいものが適している。

21　高周波加熱における高周波電流の浸透深さは、周波数の平方根に比例する。

22　炎焼入れにおいて鋼を予熱する目的は、焼入れ時の割れ防止、硬化層深さの確保等である。

23　高周波焼入れにおいて、鋼中に存在する偏析や非金属介在物は、割れ感受性を高める。

24　S45Cの丸棒を炎焼入れした場合、硬さむらを生じた部分に、微細パーライトが見られる場合がある。

25　高周波焼入れした鋼表面の残留応力は、電子線マイクロアナライザで測定することができる。

［B群(多肢択一法)］

1　鉄－炭素系平衡状態図における共晶反応として、正しいものはどれか。
　　イ　融液＋δフェライト　→　オーステナイト
　　ロ　融液　→　オーステナイト＋セメンタイト
　　ハ　オーステナイト　→　αフェライト＋セメンタイト
　　ニ　オーステナイト　→　セメンタイト＋パーライト

2　文中の(　　)内に当てはまる語句として、正しいものはどれか。
　　日本工業規格(JIS)の「鉄鋼用語(熱処理)」では、(　　)について、「1種以上の元素を含むα鉄又はδ鉄固溶体。」と規定している。
　　イ　セメンタイト
　　ロ　パーライト
　　ハ　フェライト
　　ニ　オーステナイト

3　焼入れ後の残留オーステナイトに関する記述として、正しいものはどれか。
　　イ　結晶構造は、体心立方格子である。
　　ロ　油焼入れの方が、水焼入れよりも、残留オーステナイト量が多くなる。
　　ハ　強磁性を有している。
　　ニ　時間が経過しても、マルテンサイトには変化しない。

4　熱処理における質量効果の程度を知る方法として、誤っているものはどれか。
　　イ　焼入性曲線による方法
　　ロ　理想臨界直径による方法
　　ハ　等温変態曲線による方法
　　ニ　連続冷却変態曲線による方法

5　次の機械構造用合金鋼鋼材のうち、一般に、最も焼入性の良いものはどれか。
　　イ　SMn420
　　ロ　SCr420
　　ハ　SCM440
　　ニ　SNCM420

6　焼入作業に関する一般的な記述として、誤っているものはどれか。
　　イ　焼入れ後の硬さは、炭素含有量によって変化する。
　　ロ　焼入れにおいて、熱応力よりも変態応力の方が大きいと、焼割れが生じやすい。
　　ハ　マルテンサイト変態温度は、炭素含有量に影響されない。
　　ニ　焼入焼戻鋼とオーステンパした鋼では、硬さが同じであれば、オーステンパした鋼の方が、より強じん性である。

7 焼入冷却剤の冷却能に関する記述として、誤っているものはどれか。
　　イ　空気の冷却能は、対流に依存する。
　　ロ　水溶液焼入剤の冷却能は、添加する高分子有機剤の種類や量によって変化する。
　　ハ　水の冷却能は、温度依存性が大きい。
　　ニ　コールド熱処理油の冷却能は、一般に、60～80℃で最も小さくなる。

8 ショットブラストに関する記述として、誤っているものはどれか。
　　イ　熱処理前後に行われる処理であり、スケールや錆が除去できる。
　　ロ　一般に、ショットピーニングよりも吹き付け力が強く、圧縮残留応力が大きい。
　　ハ　ショットには、砂、鋳鉄粒、ガラスビーズ等が用いられる。
　　ニ　鋳鉄製又は鋳鋼製のショットは、日本工業規格(JIS)で規定されている。

9 温度計に関する記述として、誤っているものはどれか。
　　イ　抵抗温度計　→　測温抵抗体の抵抗値の変化から温度を測定する。
　　ロ　放射温度計　→　示温塗料を用い、色の変化から処理物の表面温度を測定する。
　　ハ　光高温計　　→　測定対象物の輝度とフィラメントの輝度を合わせて測定する。
　　ニ　熱電温度計　→　二つの異なった金属の接合部に発生する熱起電力を利用して測定する。

10 日本工業規格(JIS)の「熱電対」によれば、構成材料のマイナス側導体が「ニッケル及びアルミニウムを主とした合金」であるものはどれか。
　　イ　J熱電対
　　ロ　T熱電対
　　ハ　R熱電対
　　ニ　K熱電対

11 ステンレス鋼に関する記述として、正しいものはどれか。
　　イ　フェライト系は、マルテンサイト系よりも耐食性が悪い。
　　ロ　オーステナイト・フェライト系の二相ステンレス鋼は、オーステナイト系よりも応力腐食割れや粒界割れを起こしやすい。
　　ハ　析出硬化系にはCr－Ni系にAlを添加したものがあり、耐食性、成形性、溶接性等が改善される。
　　ニ　高炭素のマルテンサイト系は、機械構造用炭素鋼鋼材よりも焼入性が悪い。

[B群(多肢択一法)]

12 金属材料の衝撃試験の目的として、誤っているものはどれか。
　　イ　吸収エネルギーを調べる。
　　ロ　遷移温度を調べる。
　　ハ　ぜい性破面率を調べる。
　　ニ　降伏点を調べる。

13 金属組織現出用腐食液に関する記述として、正しいものはどれか。
　　イ　3%硝酸アルコール溶液(ナイタル)は、一般に、3%ピクリン酸アルコール溶液(ピクラル)よりも腐食速度が速い。
　　ロ　ピクリン酸ソーダ溶液は、樹枝状晶、インゴットパターン等の組織現出に適している。
　　ハ　塩化第二鉄アルコール塩酸溶液は、機械構造用炭素鋼の組織現出に適している。
　　ニ　赤血塩アルカリ溶液(村上試薬)では、複炭化物は着色されない。

14 文中の(　　)内に当てはまる語句の組合せとして、正しいものはどれか。
　　日本工業規格(JIS)の「鋼－結晶粒度の顕微鏡試験方法」では、混粒について、「1視野内において、最大頻度をもつ粒度番号の粒からおおむね(　①　)異なった粒度番号の粒が偏在し、これらの粒が約(　②　)の面積を占める状態にあるもの、又は、視野間において(　①　)異なった粒度番号の視野が存在するもの。」と規定している。
　　　　　　　　①　　　　　②
　　イ　1以上　　　5％以上
　　ロ　1以上　　　10％以上
　　ハ　3以上　　　20％以上
　　ニ　3以上　　　40％以上

15 日本工業規格(JIS)の「鋼の焼入性試験方法(一端焼入方法)」によれば、鋼の焼入性試験方法に関する記述として、誤っているものはどれか。
　　イ　焼入れは、試験片の下端面を噴水冷却して行う。
　　ロ　試験片の寸法は、規定されている。
　　ハ　焼入剤には、温度5～30℃の水を用いる。
　　ニ　硬さの測定位置は、試験片の軸方向に焼入端から10mmを起点とする。

16 文中の(　　)内に当てはまる語句として、正しいものはどれか。
　　日本工業規格(JIS)の「統計－用語及び記号」では、(　　)について、「サンプルサイズが一定の場合に、発生数を評価するための計数値管理図。」と規定している。
　　イ　c管理図
　　ロ　u管理図
　　ハ　np管理図
　　ニ　p管理図

17　文中の(　　)内に当てはまる語句として、正しいものはどれか。
　　品質管理の手法において、下図は(　　)と呼ばれている。

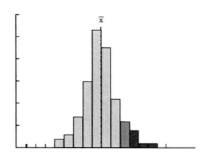

　　　イ　パレート図
　　　ロ　アローダイアグラム
　　　ハ　マトリックス図
　　　ニ　ヒストグラム

18　文中の(　　)内に当てはまる語句として、正しいものはどれか。
　　労働安全衛生法関係法令によれば、つりチェーンは、その伸びが、製造されたとき
　　の長さの(　　)を超える場合は、玉掛用具として使用してはならない。
　　　イ　　3 ％
　　　ロ　　5 ％
　　　ハ　10 ％
　　　ニ　15 ％

19　トランジスタインバータ式高周波発振器の最大変換効率として、適切なものはどれ
　　か。
　　　イ　60 ％
　　　ロ　75 ％
　　　ハ　80 ％
　　　ニ　95 ％

20　炎焼入れに使用される燃料ガスとその特性の組合せとして、正しいものはどれか。
　　　　　　燃料ガス　　　　　　　総発熱量　　　　　　　最高炎温度
　　　イ　プロパン　　　　13 MJ／Nm³(標準状態)　　　2045 ℃
　　　ロ　プロパン　　　　99 MJ／Nm³(標準状態)　　　1880 ℃
　　　ハ　アセチレン　　 128 MJ／Nm³(標準状態)　　　1895 ℃
　　　ニ　アセチレン　　　58 MJ／Nm³(標準状態)　　　2325 ℃

[B群(多肢択一法)]

21　サイリスタインバータ式高周波発振器の特徴として、誤っているものはどれか。
　　イ　加熱時の負荷インピーダンスの変動に対して、周波数が追従して力率を自動
　　　　調整する。
　　ロ　静止形であるので、振動がなく容量のわりには、軽量、小型である。
　　ハ　表面硬化層が1mm以下の浅い部品に適している。
　　ニ　高周波電力への変換効率は約90～95%であり、極めて高い。

22　日本工業規格(JIS)の「鉄鋼の高周波焼入焼戻し加工」によれば、高周波焼入機械
　　(移動焼入機械)の移動速度(mm／s)の変動範囲における精度として、正しいものは
　　どれか。
　　イ　±1 %
　　ロ　±5 %
　　ハ　±10 %
　　ニ　±15 %

23　高周波熱処理に関する一般的な記述として、適切でないものはどれか。
　　イ　高周波焼入れした鋼は、短時間加熱・冷却のため、焼戻ししない。
　　ロ　高周波焼入れした鋼は、炉加熱の焼入鋼よりも表面硬さが高い。
　　ハ　高周波誘導加熱は、急速加熱が可能である。
　　ニ　高周波焼入れした鋼は、炉加熱の焼入鋼よりも組織が微細である。

24　高周波焼入れの品質に関する記述として、誤っているものはどれか。
　　イ　縞状セメンタイトが残留した鋼を急速加熱した場合、割れることがある。
　　ロ　焼入れ後、焼戻しをしないで長時間放置すると、割れが発生する場合があ
　　　　る。
　　ハ　脱炭した鋼を急速加熱することで、バーバーズマークが発生することがあ
　　　　る。
　　ニ　加熱だけでなく、冷却の不均一によっても、硬さむらを発生することがあ
　　　　る。

25　日本工業規格(JIS)の「鋼の火花試験方法」によれば、約 0.5%C の炭素鋼の火花の特
　　徴(炭素破裂)を表すものとして、規定されているものはどれか。

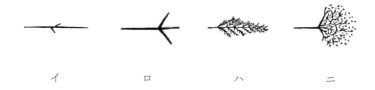

　　　　　イ　　　　　　　ロ　　　　　　　ハ　　　　　　　ニ

平成 30 年度 技能検定

1 級 金属熱処理 学科試験問題

（高周波・炎熱処理作業）

1. 試験時間　　1 時間 40 分
2. 問題数　　　50 題(A 群 25 題、B 群 25 題)
3. 注意事項
   (1)　　係員の指示があるまで、この表紙はあけないでください。
   (2)　　答案用紙(真偽法と多肢択一法の併用)に検定職種名、作業名、級別、受検番号、氏名を必ず記入してください。
   (3)　　係員の指示に従って、問題数を確かめてください。それらに異常がある場合は、黙って手を挙げてください。問題は A 群(真偽法)と B 群(多肢択一法)とに分かれています。
   (4)　　試験開始の合図で始めてください。
   (5)　　解答の方法(真偽法と多肢択一法の併用)は次のとおりです。
   　　イ．　A 群の問題(真偽法)は、一つ一つの問題の内容が正しいか、誤っているかを判断して解答してください。
   　　ロ．　B 群の問題(多肢択一法)は、正解と思うものを一つだけ選んで、解答してください。二つ以上に解答した場合は誤答となります。
   　　ハ．　答案用紙(マークシート用紙)へ解答する際は、答案用紙に記載されている注意事項に従ってください。
   　　ニ．　答案用紙の解答欄は、A 群の問題と B 群の問題とでは異なります。所定の解答欄に、試験問題の題数に応じて解答してください。解答欄は A 群は 50 題まで、B 群は 25 題まで解答できるようになっています。
   (6)　　電子式卓上計算機その他これと同等の機能を有するものは、使用してはいけません。
   (7)　　携帯電話等は、使用してはいけません。
   (8)　　試験中、質問があるときは、黙って手を挙げてください。ただし、試験問題の内容、漢字の読み方等に関する質問にはお答えできません。
   (9)　　試験終了時刻前に解答ができあがった場合は、黙って手を挙げて、係員の指示に従ってください。
   (10)　　試験中に手洗いに立ちたいときは、黙って手を挙げて、係員の指示に従ってください。
   (11)　　試験終了の合図があったら、筆記用具を置き、係員の指示に従ってください。

[A群(真偽法)]

1 ベイナイト組織において、上部ベイナイトでは、フェライト晶の境界にFe_3Cが析出する。

2 連続冷却変態曲線によって、鋼の焼入性を評価することができる。

3 日本工業規格(JIS)によれば、臨界冷却速度において、マルテンサイトが初めて生じる最小の冷却速度を上部臨界冷却速度という。

4 工具鋼では、焼入れ前のミクロ組織として炭化物が不完全な球状化を呈していると、焼入時の変形や割れの原因になることがある。

5 吸熱型変成ガスの主成分は、CO_2、H_2及びN_2である。

6 熱処理品の防錆処理の一つとして、マンガンや亜鉛などを含むりん酸塩浴中に浸漬する化成処理がある。

7 バッチ式炉の炉温制御を比例動作で行う場合、昇温終了後の炉温は、常に設定温度と等しくなる。

8 ブリネル硬さ試験では、鋼の場合、一般に、10mmの超硬合金球の圧子と試験力2.94kNが用いられる。

9 日本工業規格(JIS)の「鋼の非金属介在物の顕微鏡試験方法」では、鋼の非金属介在物について、A系介在物とB系介在物の2種類に大別している。

10 超音波探傷試験は、主に表面の割れやきずを検出する方法であり、内部欠陥の位置や大きさについては検出することができない。

11 日本工業規格(JIS)では、ティグ溶接について、「電極にタングステンを、シールドガスにイナートガスを用いて行うガスシールドアーク溶接。」と規定している。

12 オーステナイト系ステンレス鋼は、フェライト系ステンレス鋼と比べて、被削性が非常に優れている。

13 鋼の電気抵抗は、一般に、合金元素量の増加とともに小さくなり、さらに昇温に伴って減少する。

14 最大加熱能力が90kWの電気抵抗炉を用いて、昇温に1時間、指定温度に3時間保持した場合、消費電力量は360kWhである。

15 大気汚染防止法関係法令によれば、ばい煙には、「燃料その他の物の燃焼に伴い発生するいおう酸化物」も含まれる。

16 酸素―アセチレン炎の最高温度は、炎の白心部分の先端近傍にある。

17 高周波及び低周波の両方の周波数を重畳させることで、歯車を一つのコイルで歯形に沿って均一に加熱させる処理方法がある。

18 日本工業規格(JIS)の「鉄鋼の高周波焼入焼戻し加工」によれば、加工の種類のうち、高周波焼入れ・高周波焼戻しは、HQI―HTIと表記する。

19 水溶液焼入剤は、一般に、焼入れによる冷却能の劣化がないので、部品に付いて出た減量分だけ補充すればよい。

20 高周波焼入れにおいて、一般に、鋼表面層の硬化部と非硬化部との境界に高い圧縮残留応力が存在する。

21 高周波及び炎焼入れにおいて、加熱温度を高くする場合、結晶粒粗大化の防止策として、Nb、Al、Tiなどが添加されている鋼種を選定するとよい。

22 高周波焼入れでは、鋼の変態が急速に完了するので置割れは生じない。

23 歯車の歯部を定置回転一発焼入れする場合、モジュールの大きいものほど高周波電源発振装置の周波数を低くする。

24 鋼の高周波焼入れで、キー溝部で焼割れが発生するのは冷却速度の不均一が主な原因である。

25 高周波焼入れした鋼表面の残留応力は、X線応力測定法では、測定できない。

［B群(多肢択一法)］

1 γ鉄固溶体の炭素固溶限の最大値として、正しいものはどれか。
 イ 約 0.02 mass%
 ロ 約 0.10 mass%
 ハ 約 0.77 mass%
 ニ 約 2.14 mass%

2 マルテンサイトに関する記述として、誤っているものはどれか。
 イ 拡散変態によって生じる組織である。
 ロ 結晶構造は、体心正方晶である。
 ハ レンズ状などの種類がある。
 ニ 低C鋼のマルテンサイトは、ラス状である。

3 日本工業規格(JIS)の「熱処理油剤」において、熱処理油の1種2号の品質及び性状に係る項目として、定められていないものはどれか。
 イ 特性温度
 ロ 800℃から400℃までの冷却秒数
 ハ 全酸化
 ニ 水分

4 Ar″点(Ms点)に関する記述として、正しいものはどれか。
 イ ベイナイト変態が開始する温度である。
 ロ パーライト変態が開始する温度である。
 ハ マルテンサイト変態が開始する温度である。
 ニ トルースタイトが生成し始める温度である。

5 次の元素のうち、鋼の焼入性に及ぼす影響が最も大きいものはどれか。
 イ Ni
 ロ Mn
 ハ Mo
 ニ Cr

6 文中の( )内に当てはまる語句として、正しいものはどれか。
 熱処理炉の炉材として用いられる耐火材には、酸性、中性及び塩基性の3種類があるが、酸性耐火材は、一般に、( )を多量に含有している。
 イ けい酸
 ロ アルミナ
 ハ マグネシア
 ニ セラミックファイバ

7 ショットピーニングに関する一般的な記述として、誤っているものはどれか。
    イ　やわらかい表面部の微細なキズを潰す。
    ロ　表面部を加工硬化させる。
    ハ　表面部の残留オーステナイトをマルテンサイトに変態させる。
    ニ　表面部に引張残留応力を与える。

8 日本工業規格(JIS)の「熱電対」によれば、マイナス側導体が白金で構成されている
熱電対はどれか。
    イ　J熱電対
    ロ　K熱電対
    ハ　R熱電対
    ニ　T熱電対

9 熱電温度計に関する記述として、正しいものはどれか。
    イ　基準接点を必要としない。
    ロ　測温部に熱電対を用いる。
    ハ　測温範囲は、1000℃以下に限られる。
    ニ　補償導線を必ず使用しなければならない。

10 文中の(　　)内に当てはまる語句として、適切なものはどれか。
日本工業規格(JIS)によれば、結晶粒度の顕微鏡試験方法において、結晶粒の観察に
用いられる顕微鏡倍率は、通常(　　)である。
    イ　50 倍
    ロ　100 倍
    ハ　150 倍
    ニ　200 倍

11 日本工業規格(JIS)の「金属材料のシャルピー衝撃試験方法」によれば、試験報告書
の必須項目として規定されているものはどれか。
    イ　吸収エネルギー
    ロ　延性破面率
    ハ　横膨出
    ニ　試験片の軸方向

12 文中の(　　)内に当てはまる語句として、正しいものはどれか。
日本工業規格(JIS)における「鋼の焼入性試験方法(一端焼入方法)」によれば、試験
片の全長は(　　)と規定されている。
    イ　50±0.5 mm
    ロ　75±0.5 mm
    ハ　100±0.5 mm
    ニ　125±0.5 mm

［B群(多肢択一法)］

13　文中の(　　)内に当てはまる語句として、正しいものはどれか。
　　日本工業規格(JIS)によれば、下図は(　　)である。

　　　イ　パレート図
　　　ロ　ヒストグラム
　　　ハ　特性要因図
　　　ニ　連関図

14　日本工業規格(JIS)によれば、穴基準のはめあい方式でのはめあい状態を表す記号のうち、すきまばめとなるものはどれか。
　　　イ　H7 s6
　　　ロ　H7 g6
　　　ハ　H7 js6
　　　ニ　H7 r6

15　文中の(　　)内に当てはまる語句として、正しいものはどれか。
　　クレーン等安全規則では、「リンクの断面の直径の減少が、当該つりチェーンが製造されたときの当該リンクの断面の直径の(　　)をこえるもの」について、不適格なつりチェーンとして、その使用を禁止している。
　　　イ　3％
　　　ロ　5％
　　　ハ　7％
　　　ニ　10％

16　高周波加熱に用いるカレントトランス(電流変成器)の働きに関する記述として、正しいものはどれか。
　　　イ　カレントトランスの形状は、加熱効率に影響しない。
　　　ロ　コイル(誘導子)の電圧を大きくする。
　　　ハ　コイル(誘導子)の電流を大きくする。
　　　ニ　コイル(誘導子)の電流・電圧を共に大きくする。

17　高周波焼入れする方法として、誤っているものはどれか。
　　　イ　歯車一歯焼入れ
　　　ロ　横型移動焼入れ
　　　ハ　回転移動焼入れ
　　　ニ　漸進一発焼入れ

[B群(多肢択一法)]

18 高周波誘導加熱に関する記述として、誤っているものはどれか。
  イ 高周波電流による発熱現象は、ヒステリシス損とうず電流損によるものがある。
  ロ 高周波加熱による円筒状金属体に発生する電力は、近似的にはコイル(誘導子)に流れる電流の二乗に比例する。
  ハ 高周波加熱において、ワークの半径が小さくなると、臨界周波数は低くなる。
  ニ 表皮効果とは、被加熱物に流れる電流は周波数が高いほど、表面に集中してくる性質をいう。

19 次のうち、炎焼入れの各種燃料として用いられるガスで、最高炎温度の最も高いものはどれか。
  イ ブタン(C_4H_{10})
  ロ プロパン(C_3H_8)
  ハ プロピレン(C_3H_6)
  ニ アセチレン(C_2H_2)

20 炎焼入れに用いるアセチレンガスの標準状態の総発熱量として、適切なものはどれか。
  イ 約 46.0MJ／m^3(約11000kcal／m^3)
  ロ 約 56.9MJ／m^3(約13600kcal／m^3)
  ハ 約 99.2MJ／m^3(約23700kcal／m^3)
  ニ 約115.5MJ／m^3(約27600kcal／m^3)

21 高周波焼入れにおける水溶液焼入剤に関する一般的な記述として、適切でないものはどれか。
  イ 濃度が高くなるほど、冷却能は低下する。
  ロ 噴射量が多いほど、冷却能は向上する。
  ハ スラッジや油が混入すると、冷却能が変化する場合がある。
  ニ 液温は20〜60℃の範囲で管理する。

22 高周波電流発生装置の特徴として、誤っているものはどれか。
  イ サイリスタインバータ式は、工業用として100〜500kHz程度まで実用化されている。
  ロ 電動発電機(MG)式では、発電機の容量内で負荷の並列運転ができる。
  ハ 浅い硬化層を得たい場合には、電動発電機(MG)式よりも真空管式が適している。
  ニ 真空管式、電動発電機(MG)式、トランジスタインバータ式の中で、電力変換効率が最も高いのは、トランジスタインバータ式である。

[B群(多肢択一法)]

23 鋼の高周波熱処理欠陥に関する記述として、正しいものはどれか。

 イ オーバーヒートしても、焼割れは発生しにくい。

 ロ 高周波加熱によって急速に焼戻しを行っても、割れは発生しない。

 ハ 焼割れは、熱応力の影響であり、変態応力の影響ではない。

 ニ 低炭素鋼を焼入れすると、硬さむらを生じることもある。

24 高周波焼入れの品質に関する記述として、誤っているものはどれか。

 イ 炉加熱に比べて、圧縮残留応力が高い。

 ロ 同一鋼種において、最高焼入硬さは、炉加熱による焼入れに比べて低い。

 ハ 結晶粒が微細である。

 ニ 大気加熱焼入れに比べ、酸化脱炭が少ない。

25 日本工業規格(JIS)の「鋼の炎焼入及び高周波焼入硬化層深さ測定方法」によれば、ビッカース硬さ試験によって試験力4.9Nで測定し、400HVまでの高周波焼入有効硬化層深さ1.5mmが得られた場合、硬化層深さの表示記号として、正しいものはどれか。

 イ HD−H(400)1.5−E0.5

 ロ HD−H0.5−E(400)1.5

 ハ H0.5−E(400)1.5−HD

 ニ H(400)1.5−E0.5−HD

平成 29 年度 技能検定

1 級 金属熱処理 学科試験問題

（高周波・炎熱処理作業）

1. 試験時間　1 時間 40 分
2. 問題数　　50 題(A 群 25 題、B 群 25 題)
3. 注意事項
   (1)　係員の指示があるまで、この表紙はあけないでください。
   (2)　答案用紙(真偽法と多肢択一法の併用)に検定職種名、作業名、級別、受検番号、氏名を必ず記入してください。
   (3)　係員の指示に従って、問題数を確かめてください。それらに異常がある場合は、黙って手を挙げてください。問題は A 群(真偽法)と B 群(多肢択一法)とに分かれています。
   (4)　試験開始の合図で始めてください。
   (5)　解答の方法(真偽法と多肢択一法の併用)は次のとおりです。
   　　イ．　A 群の問題(真偽法)は、一つ一つの問題の内容が正しいか、誤っているかを判断して解答してください。
   　　ロ．　B 群の問題(多肢択一法)は、正解と思うものを一つだけ選んで、解答してください。二つ以上に解答した場合は誤答となります。
   　　ハ．　答案用紙(マークシート用紙)へ解答する際は、答案用紙に記載されている注意事項に従ってください。
   　　ニ．　答案用紙の解答欄は、A群の問題とB群の問題とでは異なります。所定の解答欄に、試験問題の題数に応じて解答してください。解答欄は A 群は 50 題まで、B 群は 25 題まで解答できるようになっています。
   (6)　電子式卓上計算機その他これと同等の機能を有するものは、使用してはいけません。
   (7)　携帯電話等は、使用してはいけません。
   (8)　試験中、質問があるときは、黙って手を挙げてください。ただし、試験問題の内容、漢字の読み方等に関する質問にはお答えできません。
   (9)　試験終了時刻前に解答ができあがった場合は、黙って手を挙げて、係員の指示に従ってください。
   (10)　試験中に手洗いに立ちたいときは、黙って手を挙げて、係員の指示に従ってください。
   (11)　試験終了の合図があったら、筆記用具を置き、係員の指示に従ってください。

[A群(真偽法)]

1 Fe－C系平衡状態図において、オーステナイトの炭素固溶限は4.3%である。

2 オーステナイト域に加熱した鋼を、等温変態曲線のノーズ直上の温度で等温保持すると、上部ベイナイト組織となる。

3 等温変態曲線のノーズ温度における変態開始線までの時間は、過冷オーステナイトが安定している鋼ほど長い。

4 鋼を理想焼入れしたとき、中心部が100%マルテンサイト組織になる丸棒の直径を理想臨界直径という。

5 物理蒸着法(PVD法)は、高温加熱やスパッタリングなどの物理的方法で物質を蒸発し、製品の表面に凝縮させて、薄膜を形成する処理である。

6 ショットピーニングにおけるピーニング強度は、実用上、アルメンアークハイトによって評価する。

7 炉温の比例制御において、比例帯を0%にすると、オンオフ制御となる。

8 シャルピー衝撃試験において、シャルピー衝撃値は、衝撃時の吸収エネルギーが小さいほど大きくなる。

9 日本工業規格(JIS)では、常温でオーステナイト組織でない鋼の結晶粒度の顕微鏡試験方法として、浸炭粒度試験方法と熱処理粒度試験方法を規定している。

10 鍛造加工は、材料の加熱温度によって、熱間鍛造、温間鍛造、冷間鍛造等に分類される。

11 ボール盤は、座ぐり、中ぐり及びリーマ通しの加工には利用できない。

12 日本工業規格(JIS)の「機械製図」によれば、想像線には細い破線を用いる。

13 抵抗が同じ導線を流れる電流の大きさは、電圧に反比例する。

14 1kWの電熱器を100Vの電源で使用する場合、5Aのヒューズが適切である。

15 大気汚染防止法関係法令によれば、ばい煙が発生する熱処理用加熱炉では、いおう酸化物、ばいじん等の排出基準が規定されている。

16 10mm以上の深い硬化層を必要とする大物の圧延ロールの高周波焼入れにおいては、電子管式高周波電源よりもサイリスタインバータ式高周波電源の方が適している。

17 高周波焼入れした鋼の表面に生じる圧縮残留応力は、じん性の向上に効果がある。

18 炎熱処理に使用される燃料ガスのうち、プロパンは、アセチレンよりも燃焼に必要な酸素量が少なくてすむ。

19 焼入れ時の硬さに差があっても、焼戻し後の硬さが同一であれば、機械的性質は変わらない。

20 酸化炎は、中性炎と比較して炎全体の長さが長く、白心も大きくなる。

21 歯車の歯部を定置回転一発焼入れする場合、モジュールの小さいものほど、高周波電源の周波数を低くする。

22 高周波熱処理は、急速短時間加熱焼入れであることから、オーステナイト域に加熱後、急冷すると、A_3又はA_1変態点直下からマルテンサイト変態が進行する。

23 S45Cの高周波焼入れでは、前組織がフェライトと球状セメンタイトの場合、球状セメンタイト粒径が大きいほど、オーステナイト化がしにくくなる。

24 高周波焼入れ後の残留応力は、置割れには影響しない。

25 高周波焼入れした鋼表面の残留応力は、X線応力測定法以外でも測定が可能である。

[B群(多肢択一法)]

1　Fe－C系平衡状態図において、レデブライトを生成する変態として、正しいものはどれか。
　　イ　磁気変態
　　ロ　共析変態
　　ハ　共晶変態
　　ニ　包晶変態

2　金属組織に関する記述として、正しいものはどれか。
　　イ　繊維状組織は、冷間加工によって生じやすい。
　　ロ　パーライト組織は、フェライトと黒鉛の共析晶である。
　　ハ　ソルバイト組織は、フェライト中に黒鉛が析出したものである。
　　ニ　マルテンサイト組織は、フェライト中にセメンタイトが析出した組織である。

3　焼入れ後の残留オーステナイトに関する記述として、正しいものはどれか。
　　イ　結晶構造は、体心立方格子である。
　　ロ　水焼入れよりも油焼入れの方が残留オーステナイト量が多くなる。
　　ハ　強磁性を有している。
　　ニ　時間が経過しても、マルテンサイトには変化しない。

4　熱処理における質量効果の程度を知る方法として、誤っているものはどれか。
　　イ　焼入性曲線による方法
　　ロ　理想臨界直径による方法
　　ハ　等温変態曲線による方法
　　ニ　連続冷却変態曲線による方法

5　機械構造用合金鋼鋼材に関する記述として、誤っているものはどれか。
　　イ　SCM440Hは、SCr420Hよりも焼入性が良い。
　　ロ　SNCM材は、SCM材よりも自硬性が大きい。
　　ハ　Moの添加は、高温焼戻ぜい性を抑制する。
　　ニ　SCM822とSNCM420は、理想臨界直径が同じである。

6　種々の表面硬化法の記述として、誤っているものはどれか。
　　イ　ガス浸炭処理に用いられている吸熱型変成ガスの主成分は、CO、H_2、N_2である。
　　ロ　プラズマ窒化は、グロー放電を利用した方法である。
　　ハ　ガス軟窒化処理には、吸熱型変成ガス＋NH_3などが用いられる。
　　ニ　高周波焼入れでは、周波数が高くなるほど硬化層深さは深くなる。

7　焼入冷却剤の冷却能に関する記述として、誤っているものはどれか。
　　イ　空気の冷却能は、対流に依存する。
　　ロ　水溶液焼入剤の冷却能は、添加する高分子有機剤の種類や量によって変化する。
　　ハ　水の冷却能は、温度依存性が大きい。
　　ニ　コールド熱処理油の冷却能は、一般に、60〜80℃で最も小さくなる。

8　ショットピーニングの効果に関する記述として、誤っているものはどれか。
　　イ　疲れ強さが向上する。
　　ロ　表面部を加工硬化させる。
　　ハ　表面部に引張残留応力が生じる。
　　ニ　表面部の残留オーステナイトの一部をマルテンサイトに変態させる。

9　温度計に関する記述として、誤っているものはどれか。
　　イ　抵抗温度計　　→　　測温抵抗体の抵抗値の変化から温度を測定する。
　　ロ　放射温度計　　→　　示温塗料を用い、色の変化から処理物の表面温度を測定する。
　　ハ　光高温計　　　→　　測定対象物の輝度とフィラメントの輝度を合わせて測定する。
　　ニ　熱電温度計　　→　　二つの異なった金属の接合部に発生する熱起電力を利用して測定する。

10　ステンレス鋼に関する記述として、正しいものはどれか。
　　イ　フェライト系は、マルテンサイト系よりも耐食性が悪い。
　　ロ　オーステナイト・フェライト系の二相ステンレス鋼は、オーステナイト系よりも応力腐食割れや粒界割れを起こしやすい。
　　ハ　析出硬化系には$Cr-Ni$系にAlを添加したものがあり、耐食性、成形性、溶接性等が改善される。
　　ニ　高炭素のマルテンサイト系は、機械構造用炭素鋼鋼材よりも焼入性が悪い。

11　硬さ試験に関する記述として、誤っているものはどれか。
　　イ　ブリネル硬さ　　　→　　くぼみの直交する2方向の直径を測定して、その平均値から求める。
　　ロ　ビッカース硬さ　　→　　くぼみの対角線長さを測定して、その平均値から求める。
　　ハ　ロックウェル硬さ　→　　Bスケールでは、永久くぼみ深さhから、$100-h/0.002$の式を用いて求める。
　　ニ　ショア硬さ　　　　→　　測定値を0.5HSまで読み取り、連続して測定した5点の平均値から求める。

[B群(多肢択一法)]

12 金属組織現出用腐食液に関する記述として、正しいものはどれか。
　　イ　3%硝酸アルコール溶液(ナイタル)は、一般に、3%ピクリン酸アルコール溶液
　　　　(ピクラル)よりも腐食速度が速い。
　　ロ　ピクリン酸ソーダ溶液は、樹枝状晶、インゴットパターン等の組織現出に適
　　　　している。
　　ハ　塩化第二鉄アルコール塩酸溶液は、機械構造用炭素鋼の組織現出に適してい
　　　　る。
　　ニ　赤血塩アルカリ溶液(村上試薬)では、複炭化物は着色されない。

13 文中の(　　)内に当てはまる語句として、適切なものはどれか。
　Uカーブ(U曲線)とは、焼入れされた丸棒の(　　)の硬さを測定して得られた硬さ曲
　線である。
　　イ　外周
　　ロ　軸
　　ハ　横断面
　　ニ　縦断面

14 品質管理で用いる管理図に関する記述として、誤っているものはどれか。
　　イ　$\overline{X}$管理図では、群の平均値$\overline{X}$を用いて工程水準を評価できる。
　　ロ　R管理図では、特性値のばらつきの変化を評価できる。
　　ハ　np管理図では、サンプルサイズが一定の場合、不適合品数を評価できる。
　　ニ　$\overline{X}$－R管理図では、分布の位置とばらつきの計数値管理図によって評価す
　　　　る。

15 労働安全衛生法関係法令による玉掛け作業の安全性に関する記述として、誤ってい
　るものはどれか。
　　イ　ワイヤロープ一よりの間において素線の数の10%以上の素線が切断している
　　　　ものは使用してはならない。
　　ロ　ワイヤロープの直径の減少が公称径の7%を超えるものは使用してはならな
　　　　い。
　　ハ　鎖については、その伸びが当該鎖が製造されたときの長さの5%を超えるもの
　　　　は使用してはならない。
　　ニ　揚貨装置の玉掛けに用いるフック又はシャックルの安全係数については、5
　　　　未満としなければならない。

16 高周波熱処理における作業条件設定に関する記述として、正しいものはどれか。
　　イ　直径100mmの丸棒の鋼に5mmの有効硬化層を得る場合、100kHz以上の周波
　　　　数が必要である。
　　ロ　歯車の歯部を全体一発加熱する場合、周波数や電力に関係なく、歯先は歯底
　　　　より速く温度が上昇する。
　　ハ　遅れ冷却は、焼割れを低減する効果がある。
　　ニ　高周波焼入れした歯車は、焼戻しの必要がない。

17 誘導加熱に関する記述として、誤っているものはどれか。
    イ　高周波電流による発熱量は、使用する周波数が臨界周波数よりも低い場合、使用する周波数の平方根に比例する。
    ロ　高周波電流による発熱現象は、ヒステリシス損とうず電流損によるものである。
    ハ　高周波加熱における鋼表面の温度上昇は、鋼表面の電流密度が同じ場合、周波数が高いほど速くなる。
    ニ　高周波加熱によって円筒状金属体に発生する電力は、近似的には、コイルに流れる電流の二乗に比例する。

18 高周波電源に関する記述として、適切なものはどれか。
    イ　電動発電機式は、変換効率がトランジスタインバータ式と同等である。
    ロ　電子管式は、10kHz未満の周波数で使用される。
    ハ　トランジスタインバータ式は、変換効率が電子管式よりも高い。
    ニ　サイリスタインバータ式は、20kHz以上の高周波用に使用される。

19 コイル(誘導子)及びカレントトランス(電流変成器)が加熱効率に及ぼす影響に関する記述として、誤っているものはどれか。
    イ　高周波加熱に使用されるコイルの加熱効率は、巻き数が多い方が悪い。
    ロ　高周波焼入装置におけるカレントトランスの役割は、電源から供給される高電圧小電流を加熱コイルに必要とされる低電圧大電流に変換することである。
    ハ　高周波加熱でコイルの一部に使用される磁性コアは、加熱効率を良くするが、透磁率の高いものが適している。
    ニ　高周波電力の伝送効率は、加熱コイルとカレントトランスの設計によって著しく異なる。

20 高周波焼入れに関する記述として、誤っているものはどれか。
    イ　加熱効率が良く、作業時間が短いので、省エネルギーである。
    ロ　量産工場の機械加工工程と同様に、流れ作業ができる。
    ハ　電気エネルギーを用いた直接加熱であるため、作業環境が比較的清潔である。
    ニ　硬化層深さは、加熱時間や加熱温度では調整することができない。

21 高周波焼入れに用いる水溶液焼入剤に関する記述として、正しいものはどれか。
    イ　PEG系とPAG系では、光屈折計(糖度計)を用いて液濃度を求める。
    ロ　水溶液焼入剤は、濃度を高くするほど、焼入冷却能は向上する。
    ハ　水溶液焼入剤は、種類が異なっても、最適な濃度範囲や濃度に対する冷却速度範囲は同じである。
    ニ　日本工業規格(JIS)では、鉄鋼の高周波焼入焼戻し加工について、水溶液焼入剤の温度は40〜80℃、濃度は5〜10%と規定している。

[B群(多肢択一法)]

22 炎焼入れに使用される燃料ガスとその特性の組合せとして、正しいものはどれか。

	燃料ガス	総発熱量	最高炎温度
イ	プロパン	13 MJ／m³(標準状態)	2045 ℃
ロ	プロパン	99 MJ／m³(標準状態)	1880 ℃
ハ	アセチレン	128 MJ／m³(標準状態)	1895 ℃
ニ	アセチレン	58 MJ／m³(標準状態)	2325 ℃

23 高周波熱処理における作業条件設定に関する記述として、誤っているものはどれか。
    イ 焼入加熱温度は、焼入れが可能な範囲であれば、より低い方が望ましい。
    ロ 直径が小さい長尺品を移動焼入れする場合、横型では、支持ローラを用いて、変形低減を図る。
    ハ 焼戻しは、一般に、加熱炉を用いて100〜200℃での低温焼戻しが行われる。
    ニ 水溶液焼入剤のうち、PEG系とPAG系は、PVA系に比べて被膜強度が高い。

24 高周波焼入れにおいて、置割れの原因となる金属組織はどれか。
    イ ベイナイト
    ロ 残留オーステナイト
    ハ ソルバイト
    ニ 微細パーライト

25 日本工業規格(JIS)の「鋼の炎焼入及び高周波焼入硬化層深さ測定方法」に関する記述として、誤っているものはどれか。
    イ 高周波焼入れにおいて、ビッカース硬さ試験によって試験力2.9Nで測定し、450HVまでの高周波焼入有効硬化層深さ1.5mmの場合、表示記号で表すと、HD-H0.3-E(450)1.5となる。
    ロ 測定方法として、硬さ試験による測定方法とマクロ組織試験による測定方法が規定されている。
    ハ 炭素含有率0.43%以上0.53%未満の鋼についてビッカース硬さ試験を行う場合、有効硬化層の限界硬さの値は450HVである。
    ニ ビッカース硬さ試験を行う場合、隣り合うくぼみの中心の間隔は、くぼみの対角線の長さの2倍以上とする。

金属熱処理

正解表

平成31年度 2級 実技試験（計画立案等作業試験）正解表
金属熱処理（一般熱処理作業）

問題番号	正　　　解

問題1

設問1	設問2	設問3 ①	設問3 ②	設問4	設問5
イ	ニ	ロ	ロ	ロ	ハ

問題2

設問1 焼なまし温度	設問1 冷却方法	設問2	設問3 焼入加熱温度	設問3 冷却方法	設問4
ハ	ニ	イ	ハ	イ	ニ

問題3

設問1 ①	設問1 ②	設問2 ①	設問2 ②	設問2 ③	設問2 ④
ハ	イ	ロ	チ	ホ	ハ

問題4

設問1	設問2	設問3	設問4
ハ	イ	ハ	ロ

平成 30 年度　2 級　実技試験（計画立案等作業試験）正解表
金属熱処理（一般熱処理作業）

問題番号	正　　　解
1	（下表参照）

問題1

設問1	設問2	設問3	設問4
イ	ハ	ハ	ロ

問題2

設問 1	設問 2		
	A	B	C
イ	ハ	ロ	イ

設問3				
A	B	C	D	E
ロ	ロ	ハ	ハ	ロ

問題3

設問1		設問2	設問3	
A	B		A	B
ロ	ロ	ロ	ロ	イ

問題4

設問1					設問2				
A	B	C	D	E	イ	ロ	ハ	ニ	ホ
ホ	イ	ハ	ロ	ニ	D	B	E	A	C

平成 29 年度　2 級　実技試験（計画立案等作業試験）正解表
金属熱処理（一般熱処理作業）

問題番号	正　解

問題番号 1

設問1	設問2					設問3
	A	B	C	D	E	
イ	チ	イ	リ	ホ	ロ	ハ

問題番号 2

設問1		設問2	設問3		設問4
(1)	(2)		(1)	(2)	
ロ	イ	ハ	ロ	ハ	ハ

問題番号 3

設問			
A	B	C	D
ホ	ト	ロ	ニ

問題番号 4

設問1	設問2	設問3	設問4
ロ	ニ	ロ	ハ

平成31年度　1級　実技試験（計画立案等作業試験）正解表
金属熱処理（一般熱処理作業）

問題番号	正　　　解

1

設問1	設問2		設問3
	冷却剤の種類	撹拌の程度	
62〜66 mm	ロ	ハ	0.2 %

設問1は、正解値範囲内の値を正解とする。

2

設問1	設問2	設問3	設問4			設問5
			①	②	③	
SCM435	ロ	ハ	ト	ヲ	ハ	フェライト

3

設問1					
①	②	③	④	⑤
リ	ト	ロ※	ヘ※	ハ

※設問1の③及び④は順不同。

設問2					設問3
①	②	③	④	⑤	
イ	ニ	ハ	ロ	ロ	ニ

4

設問1	設問2				設問3	設問4
	①	②	③	④		
イ	ル	ホ	イ	ヨ	ハ	ロ

5

①	②	③	④	⑤
イ	ハ	ホ	ヘ	ロ

6

設問1			設問2		設問3
①	②	③			
イ	ヘ	リ	ホ※	ヘ※	0.81 mm

※設問2は順不同。

平成 30 年度　1 級　実技試験（計画立案等作業試験）正解表
金属熱処理（一般熱処理作業）

問題番号	正　　　　解

1

設問1	設問2			設問3		
	A	B	C	A	B	C
イ	ハ	ロ	イ	イ	ロ	ハ

2

設問1	設問2	設問3	設問4	設問5			
				A	B	C	D
ロ	イ	ロ	ハ	ニ	ハ	ロ	ホ

3

設問1	設問2	設問3		
		A	B	C
ロ	ハ	ニ	ロ	イ

設問3			設問4	設問5
D	E	F		
ヌ	ト	ハ	ニ	ニ

4

A	B	C	D	E	F	G	H	I	J	K
ニ	レ	ロ	ホ	カ	ヘ	ヌ	ヲ	チ	ヨ	タ

平成 29 年度　1 級　実技試験（計画立案等作業試験）正解表
金属熱処理（一般熱処理作業）

問題番号	正　解
1	(下記参照)

問題番号 1

設問1	設問2		設問3
	冷却剤の種類	撹拌の程度	
67〜73mm	ハ	ハ	0.4%

問題番号 2

設問 1	設問 2	設問 3	設問 4			設問 5
			A	B	C	
SCM440	ハ	ロ	ル	ニ	ト	フェライト

問題番号 3

設問1				
A	B	C	D	E
ヌ	チ	ハ※	リ※	イ

※設問1(C)、(D)は順不同

設問2					設問3
A	B	C	D	E	
ホ	イ	ロ	ロ	ロ	イ

問題番号 4

設問1	設問 2					設問 3			
	A	B	C	D	E	A	B	C	D
ロ	ト	イ	リ	ホ	ロ	ホ	イ	チ	ヘ

平成 31 年度　2 級　実技試験（計画立案等作業試験）正解表
金属熱処理（浸炭・浸炭窒化・窒化処理作業）

問題番号	正解

問題番号 1

設問 1					設問 2	設問 3	設問 4
①	②	③	④	⑤			
ニ	ホ	イ	ロ	ハ	イ	ハ	ロ

問題番号 2

設問 1				設問 2	設問 3	設問 4	設問 5
①	②	③	④				
ハ	ロ	ロ	ハ	ニ	ハ	ロ	ハ

問題番号 3

設問1		設問2			設問3		設問4
焼入温度	焼戻温度	①	②	③	加熱温度	保持時間	
イ	イ	ロ	ニ	ホ	ハ	ロ	ニ

問題番号 4

①	②	③	④	⑤	⑥	⑦	⑧
ヘ	ル	タ	ワ	ト	ヌ	リ	カ

平成 30 年度　2 級　実技試験（計画立案等作業試験）正解表
金属熱処理（浸炭・浸炭窒化・窒化処理作業）

問題番号	正　　　解

1

設問 1	設問 2	設問 3	設問 4	設問 5 断面硬さ分布曲線 ①	設問 5 断面硬さ分布曲線 ②	設問 5 有効硬化層深さ ①	設問 5 有効硬化層深さ ②	設問 6
イ	イ	ロ	ロ	A	B	ハ	イ	ニ

2

設問1	設問2 A	設問2 B	設問2 C	設問2 D	設問2 E	設問2 F	設問3	設問4
ハ	ロ	ハ	ロ※	ハ※	イ	イ	ロ	ハ

※　設問2のC及びDは順不同

3

設問 1	設問 2	設問 3 A	設問 3 B	設問 4
ロ	ロ	ロ	ハ	ハ

4

設問1 A	設問1 B	設問1 C	設問1 D	設問1 E	設問2
ヘ	ホ	ロ	イ	チ	ハ

設問3 A	設問3 B	設問3 C	設問3 D	設問3 E
ロ※	ハ※	ニ	ヘ	チ

※　設問3のA及びBは順不同

平成 29 年度　2 級　実技試験（計画立案等作業試験）正解表
金属熱処理（浸炭・浸炭窒化・窒化処理作業）

問題番号	正　　　　解							
1	設問 1					設問 2	設問 3	設問 4
	A	B	C	D	E			
	ロ	イ	ホ	ハ	ニ	ロ	ロ	ハ

問題番号	正　　　　解							
2	設問 1				設問 2	設問 3	設問 4	設問 5
	A	B	C	D				
	ロ	ハ	ハ	イ	ロ	ロ	ハ	イ

問題番号	正　　　　解							
3	設問1		設問2			設問3		設問4
	焼入温度	焼戻温度	A	B	C	加熱温度	保持時間	
	ロ	ハ	イ	ヘ	ニ	イ	ロ	ロ

問題番号	正　　　　解						
4	設問 1				設問 2	設問 3	設問 4
	A	B	C	D			
	ト	ハ	ホ	ヘ	ニ	ニ	イ

平成31年度 1級 実技試験（計画立案等作業試験）正解表
金属熱処理（浸炭・浸炭窒化・窒化処理作業）

問題番号	正解

1

設問1						設問2	設問3	
①	②	③	④	⑤	⑥		①	②
チ	ヘ	ロ	ハ	イ	ロ	イ	イ	ロ

2

設問1					設問2	設問3	設問4
①	②	③	④	⑤			
ロ	ハ	ロ	ホ	ハ	ロ	ロ	ロ

3

①	②	③	④	⑤	⑥	⑦	⑧	⑨
リ	ホ	ヘ	ニ	ル	レ	ヨ	ワ	イ

4

設問1								
①	②	③	④	⑤	⑥	⑦	⑧	⑨
ロ	ロ	イ	イ	ロ	ニ	イ	ロ	ロ

設問2	設問3
2 m³／h	0.14 %

5

①	②	③	④	⑤
イ	ハ	ホ	ヘ	ロ

6

設問1			設問2		設問3
①	②	③			
イ	ヘ	リ	ホ※	ヘ※	0.81 mm

※設問2は順不同。

平成 30 年度　1 級　実技試験（計画立案等作業試験）正解表
金属熱処理（浸炭・浸炭窒化・窒化処理作業）

問題番号	正　　　解

問題番号 1

設問1	設問2					設問 3	設問 4	設問 5
	A	B	C	D	E			
ニ	ワ	ヌ	ト	ニ	イ	ロ	ハ	ロ

問題番号 2

設問 1		設問 2			設問 3		設問 4	設問 5
焼入加熱温度	焼戻加熱温度	A	B	C	加熱温度	保持時間		
ロ	ハ	ホ	イ	ハ	イ	ロ	ロ	ハ

問題番号 3

A	B	C	D	E	F	G	H	I
タ	ネ	ロ	ヲ	ヘ	ル	リ	ソ	カ

問題番号 4

A	B	C	D	E	F	G	H	I	J
イ※	ニ※	ハ	イ※	ロ※	ハ※	ニ※	ハ	イ	ニ

※ A及びBは順不同
※ D及びEは順不同
※ F及びGは順不同

平成29年度 1級 実技試験（計画立案等作業試験）正解表
金属熱処理（浸炭・浸炭窒化・窒化処理作業）

問題番号	正解

問題1

設問1						設問2	設問3	
A	B	C	D	E	F		A	B
チ	ロ	ニ	ヘ	イ	ロ	ロ	ロ	イ

問題2

設問1					設問2	設問3	設問4
A	B	C	D	E			
ハ	ロ	ホ	ロ	ロ	ハ	ロ	ハ

問題3

A	B	C	D	E	F	G	H	I
ニ	イ	ホ	ト	チ	ル	ワ	カ	タ

問題4

設問1						設問2	設問3	設問4
A	B	C	D	E	F			
イ	ホ	ニ	ヘ	ハ	ロ	930℃	3m³/h	0.14%

平成31年度　2級　実技試験（計画立案等作業試験）正解表
金属熱処理（高周波・炎熱処理作業）

問題番号	正　　解				
1	設問1	設問2	設問3	設問4	設問5
	ロ	ハ	イ	ロ	ニ

問題番号	正　　解		
2	設問1	設問2	設問3
	ハ	ハ	ハ

問題番号	正　　解				
3	設問1	設問2	設問3	設問4	設問5
	ニ	ハ	イ	ロ	イ

問題番号	設問1				
4	①	②	③	④	⑤
	ホ	ハ	ロ	イ	ヘ

設問2							
①	②	③	④	⑤	⑥	⑦	⑧
イ	ハ	ロ	ホ	ヘ	ニ	ト	リ

平成 30 年度　2 級　実技試験（計画立案等作業試験）正解表
金属熱処理（高周波・炎熱処理作業）

問題番号	正　　解				

問題番号 1

設問 1	設問 2		設問 3	設問 4
	(1)	(2)		
ハ	ニ	ロ	ロ	イ

問題番号 2

設問1	設問2	設問3	設問4	設問5
ニ	ハ	ニ	イ	ハ

問題番号 3

設問 1	設問 2	設問 3	設問 4
ロ	ハ	ニ	ハ

問題番号 4

設問 1	設問 2		設問 3			
	酸素の割合	表面状態	A	B	C	D
ニ	ハ	ハ	ロ	ニ	リ	チ

平成 29 年度　2 級　実技試験（計画立案等作業試験）正解表
金属熱処理（高周波・炎熱処理作業）

問題番号	正　　解				
1	設問 1	設問 2	設問 3	設問 4	設問 5
	ハ	ニ	イ	ロ	ニ

問題番号	正　　解		
2	設問1	設問2	設問3
	イ	ハ	ハ

問題番号	正　　解					
3	設問 1			設問 2	設問 3	設問 4
	A 部	B 部	C 部			
	ロ	イ	ロ	イ	ロ	イ

問題番号	正　　解				
4	設問 1				
	（A）	（B）	（C）	（D）	（E）
	ホ	ハ	ヘ	イ	ロ

設問 2							
（A）	（B）	（C）	（D）	（E）	（F）	（G）	（H）
ハ	ロ	イ	ホ	ニ	ヘ	ト	リ

平成31年度 1級 実技試験（計画立案等作業試験）正解表
金属熱処理（高周波・炎熱処理作業）

問題番号	正　　　解			
1	設問1	設問2	設問3	設問4
	ロ	ロ	125 kW	ロ
2	設問1	設問2	設問3	設問4
	ロ	ハ	ロ	ニ

問題番号	設問1		設問2	設問3
	写真A	写真B		
3	ハ	イ	ハ	ハ

問題番号	設問1	設問2	設問3
4	ニ	ハ	ニ

問題番号	①	②	③	④	⑤
5	イ	ハ	ホ	ヘ	ロ

問題番号	設問1			設問2		設問3
	①	②	③			
6	イ	ヘ	リ	ホ※	ヘ※	0.81 mm

※設問2は順不同。

平成 30 年度　1 級　実技試験（計画立案等作業試験）正解表
金属熱処理（高周波・炎熱処理作業）

問題番号	正解

問題番号 1

A	B	C	D	E
ハ	ハ	ハ	イ	ロ

問題番号 2

設問1	設問2			設問3	設問4
	A	B	C		
ハ	ロ	ヘ	ニ	ニ	ロ

問題番号 3

設問1			設問2	設問3	設問4
A	B	C			
イ	ロ	ハ	ロ	ロ	ハ

問題番号 4

設問1			設問2		設問3		設問4		
A	B	C	A	B	A	B	A	B	C
ロ	イ	ハ	ロ	ハ	イ	ハ	ロ	ロ	ハ

平成29年度　1級　実技試験（計画立案等作業試験）正解表
金属熱処理（高周波・炎熱処理作業）

問題番号	正　　解			

1

設問1	設問2	設問3	設問4
ニ	ロ	100kW	ハ

2

設問1	設問2	設問3 ①	設問3 ②	設問4
ハ	ロ	焼戻し※1	焼戻割れ※2 又は 割れ	イ

※1：「焼戻」、「焼もどし」も正解とする。
※2：「焼戻し割れ」、「焼もどし割れ」も正解とする。

3

設問1 (A)	設問1 (B)	設問2	設問3
ロ	ハ	イ	ハ

4

設問1	設問2	設問3	設問4
ハ	イ	ロ	ベイナイト

平成31年度　2級　学科試験正解表
金属熱処理（一般熱処理作業）

真偽法

番号	1	2	3	4	5
正解	○	○	○	×	○

番号	6	7	8	9	10
正解	○	×	×	○	×

番号	11	12	13	14	15
正解	×	×	×	○	○

番号	16	17	18	19	20
正解	×	×	○	×	○

番号	21	22	23	24	25
正解	○	×	○	○	×

択一法

番号	1	2	3	4	5
正解	ニ	イ	ハ	ロ	ニ

番号	6	7	8	9	10
正解	ハ	ハ	ハ	ニ	ロ

番号	11	12	13	14	15
正解	イ	ニ	イ	イ	ロ

番号	16	17	18	19	20
正解	イ	イ	イ	ハ	イ

番号	21	22	23	24	25
正解	ニ	ハ	ロ	ハ	ニ

平成30年度　2級　学科試験正解表
金属熱処理（一般熱処理作業）

真偽法

番号	1	2	3	4	5
解答	×	×	×	×	○

番号	6	7	8	9	10
解答	○	○	○	○	×

番号	11	12	13	14	15
解答	×	○	×	○	×

番号	16	17	18	19	20
解答	○	○	○	○	×

番号	21	22	23	24	25
解答	○	○	×	○	×

択一法

番号	1	2	3	4	5
解答	ニ	ハ	イ	イ	イ

番号	6	7	8	9	10
解答	ロ	ロ	ニ	ニ	ロ

番号	11	12	13	14	15
解答	ロ	ハ	イ	ハ	イ

番号	16	17	18	19	20
解答	ハ	ハ	イ	ロ	ニ

番号	21	22	23	24	25
解答	ニ	ロ	イ	ハ	ハ

平成 29 年度　2 級　学科試験正解表
金属熱処理（一般熱処理作業）

真偽法

番号	1	2	3	4	5
解答	○	○	○	×	×

番号	6	7	8	9	10
解答	○	○	○	×	○

番号	11	12	13	14	15
解答	×	×	○	×	×

番号	16	17	18	19	20
解答	×	○	×	○	×

番号	21	22	23	24	25
解答	○	○	○	×	○

択一法

番号	1	2	3	4	5
解答	ハ	イ	ハ	ロ	ハ

番号	6	7	8	9	10
解答	ロ	ハ	ニ	ニ	ハ

番号	11	12	13	14	15
解答	イ	イ	ロ	ニ	イ

番号	16	17	18	19	20
解答	イ	ハ	ニ	ニ	ハ

番号	21	22	23	24	25
解答	ニ	ハ	ニ	ニ	ハ

平成31年度 1級 学科試験正解表
金属熱処理（一般熱処理作業）

真偽法

番号	1	2	3	4	5
正解	X	O	X	O	X

番号	6	7	8	9	10
正解	O	O	O	X	O

番号	11	12	13	14	15
正解	O	O	X	X	X

番号	16	17	18	19	20
正解	X	X	O	X	O

番号	21	22	23	24	25
正解	X	O	O	X	O

択一法

番号	1	2	3	4	5
正解	ロ	ハ	ロ	ハ	ハ

番号	6	7	8	9	10
正解	ハ	ニ	ロ	ロ	ニ

番号	11	12	13	14	15
正解	ハ	ニ	イ	ハ	ニ

番号	16	17	18	19	20
正解	イ	ニ	ロ	ロ	ハ

番号	21	22	23	24	25
正解	ハ	ハ	ニ	ハ	ロ

平成30年度 1級 学科試験正解表
金属熱処理（一般熱処理作業）

真偽法

番号	1	2	3	4	5
解答	O	O	X	O	X

番号	6	7	8	9	10
解答	O	X	X	X	X

番号	11	12	13	14	15
解答	O	X	X	X	O

番号	16	17	18	19	20
解答	O	X	O	O	O

番号	21	22	23	24	25
解答	O	O	O	O	X

択一法

番号	1	2	3	4	5
解答	ニ	イ	ハ	ハ	ロ

番号	6	7	8	9	10
解答	イ	ニ	ハ	ロ	ロ

番号	11	12	13	14	15
解答	イ	ハ	イ	ロ	ニ

番号	16	17	18	19	20
解答	ロ	ニ	ハ	ハ	ハ

番号	21	22	23	24	25
解答	ロ	ハ	ニ	ニ	ニ

平成29年度　1級　学科試験正解表
金属熱処理（一般熱処理作業）

真偽法

番号	1	2	3	4	5
解答	X	X	○	X	○

番号	6	7	8	9	10
解答	○	○	X	○	○

番号	11	12	13	14	15
解答	X	X	X	X	○

番号	16	17	18	19	20
解答	○	X	X	○	X

番号	21	22	23	24	25
解答	X	X	○	X	○

択一法

番号	1	2	3	4	5
解答	ハ	イ	ロ	ハ	ニ

番号	6	7	8	9	10
解答	ニ	ニ	ハ	ロ	ハ

番号	11	12	13	14	15
解答	ハ	イ	ハ	ニ	ニ

番号	16	17	18	19	20
解答	ロ	イ	ハ	ハ	ハ

番号	21	22	23	24	25
解答	ニ	ロ	ロ	ロ	ニ

平成31年度　2級　学科試験正解表
金属熱処理（浸炭・浸炭窒化・窒化処理作業）

真偽法

番号	1	2	3	4	5
正解	○	○	○	X	○

番号	6	7	8	9	10
正解	○	X	X	○	X

番号	11	12	13	14	15
正解	X	X	X	○	○

番号	16	17	18	19	20
正解	X	X	○	○	X

番号	21	22	23	24	25
正解	○	○	X	○	○

択一法

番号	1	2	3	4	5
正解	ニ	イ	ハ	ロ	ニ

番号	6	7	8	9	10
正解	ハ	ハ	ハ	ニ	ロ

番号	11	12	13	14	15
正解	イ	ニ	イ	イ	ロ

番号	16	17	18	19	20
正解	イ	イ	イ	ハ	ロ

番号	21	22	23	24	25
正解	イ	ロ	ロ	イ	イ

平成30年度　2級　学科試験正解表
金属熱処理（浸炭・浸炭窒化・窒化処理作業）

真偽法

番号	1	2	3	4	5
解答	X	X	X	X	○

番号	6	7	8	9	10
解答	○	○	○	○	X

番号	11	12	13	14	15
解答	X	○	X	○	X

番号	16	17	18	19	20
解答	○	X	X	○	X

番号	21	22	23	24	25
解答	○	○	○	○	X

択一法

番号	1	2	3	4	5
解答	ニ	ハ	イ	イ	イ

番号	6	7	8	9	10
解答	ロ	ロ	ニ	ニ	ロ

番号	11	12	13	14	15
解答	ロ	ハ	イ	ハ	イ

番号	16	17	18	19	20
解答	ロ	ロ	ハ	ハ	ロ

番号	21	22	23	24	25
解答	ニ	ロ	ハ	イ	イ

平成29年度　2級　学科試験正解表
金属熱処理（浸炭・浸炭窒化・窒化処理作業）

真偽法

番号	1	2	3	4	5
解答	○	○	○	×	×

番号	6	7	8	9	10
解答	○	○	○	×	○

番号	11	12	13	14	15
解答	×	×	○	×	×

番号	16	17	18	19	20
解答	×	○	○	○	×

番号	21	22	23	24	25
解答	○	×	○	×	×

択一法

番号	1	2	3	4	5
解答	ハ	イ	ハ	ロ	ハ

番号	6	7	8	9	10
解答	ロ	ハ	ニ	ニ	ハ

番号	11	12	13	14	15
解答	イ	イ	ロ	ニ	イ

番号	16	17	18	19	20
解答	ロ	ニ	ロ	ロ	ハ

番号	21	22	23	24	25
解答	ロ	ロ	ニ	ニ	ニ

平成31年度　1級　学科試験正解表
金属熱処理（浸炭・浸炭窒化・窒化処理作業）

真偽法

番号	1	2	3	4	5
正解	X	O	X	O	X

番号	6	7	8	9	10
正解	O	O	O	X	O

番号	11	12	13	14	15
正解	O	O	X	X	X

番号	16	17	18	19	20
正解	X	X	O	X	X

番号	21	22	23	24	25
正解	O	O	O	O	X

択一法

番号	1	2	3	4	5
正解	ロ	ハ	ロ	ハ	ハ

番号	6	7	8	9	10
正解	ハ	ニ	ロ	ロ	ニ

番号	11	12	13	14	15
正解	ハ	ニ	イ	ハ	ニ

番号	16	17	18	19	20
正解	イ	ニ	ロ	ロ	ハ

番号	21	22	23	24	25
正解	ハ	ロ	ニ	ニ	イ

平成30年度　1級　学科試験正解表
金属熱処理（浸炭・浸炭窒化・窒化処理作業）

真偽法

番号	1	2	3	4	5
解答	O	O	X	O	X

番号	6	7	8	9	10
解答	O	X	X	X	X

番号	11	12	13	14	15
解答	O	X	X	X	O

番号	16	17	18	19	20
解答	X	O	O	O	O

番号	21	22	23	24	25
解答	X	O	O	O	X

択一法

番号	1	2	3	4	5
解答	ニ	イ	ハ	ハ	ロ

番号	6	7	8	9	10
解答	イ	ニ	ハ	ロ	ロ

番号	11	12	13	14	15
解答	イ	ハ	イ	ロ	ニ

番号	16	17	18	19	20
解答	ハ	ニ	イ	イ	ロ

番号	21	22	23	24	25
解答	ロ	ロ	ハ	ロ	イ

平成29年度　1級　学科試験正解表
金属熱処理（浸炭・浸炭窒化・窒化処理作業）

真偽法

番号	1	2	3	4	5
解答	X	X	○	X	○

番号	6	7	8	9	10
解答	○	○	X	○	○

番号	11	12	13	14	15
解答	X	X	X	X	○

番号	16	17	18	19	20
解答	X	X	X	○	○

番号	21	22	23	24	25
解答	○	○	X	X	○

択一法

番号	1	2	3	4	5
解答	ハ	イ	ロ	ハ	ニ

番号	6	7	8	9	10
解答	ニ	ニ	ハ	ロ	ハ

番号	11	12	13	14	15
解答	ハ	イ	ハ	ニ	ニ

番号	16	17	18	19	20
解答	ニ	ハ	イ	ハ	ハ

番号	21	22	23	24	25
解答	イ	ロ	ニ	ニ	ロ

平成 31 年度　2 級　学科試験正解表
金属熱処理（高周波・炎熱処理作業）

真偽法

番号	1	2	3	4	5
正解	○	○	○	×	○

番号	6	7	8	9	10
正解	○	×	×	○	×

番号	11	12	13	14	15
正解	×	×	×	○	○

番号	16	17	18	19	20
正解	×	×	○	○	×

番号	21	22	23	24	25
正解	○	○	×	○	×

択一法

番号	1	2	3	4	5
正解	ニ	イ	ハ	ロ	ニ

番号	6	7	8	9	10
正解	ハ	ハ	ハ	ニ	ロ

番号	11	12	13	14	15
正解	イ	ニ	イ	イ	ロ

番号	16	17	18	19	20
正解	イ	イ	イ	ロ	ハ

番号	21	22	23	24	25
正解	ニ	ロ	イ	ハ	イ

平成 30 年度　2 級　学科試験正解表
金属熱処理（高周波・炎熱処理作業）

真偽法

番号	1	2	3	4	5
解答	×	×	×	×	○

番号	6	7	8	9	10
解答	○	○	○	○	×

番号	11	12	13	14	15
解答	×	○	×	○	×

番号	16	17	18	19	20
解答	○	×	○	○	○

番号	21	22	23	24	25
解答	×	×	×	○	×

択一法

番号	1	2	3	4	5
解答	ニ	ハ	イ	イ	イ

番号	6	7	8	9	10
解答	ロ	ロ	ニ	ニ	ロ

番号	11	12	13	14	15
解答	ロ	ハ	イ	ハ	イ

番号	16	17	18	19	20
解答	ハ	ニ	ハ	ハ	ニ

番号	21	22	23	24	25
解答	ロ	ロ	ロ	ロ	ニ

平成 29 年度　2 級　学科試験正解表
金属熱処理（高周波・炎熱処理作業）

真偽法

番号	1	2	3	4	5
解答	○	○	○	X	X

番号	6	7	8	9	10
解答	○	○	○	X	○

番号	11	12	13	14	15
解答	X	X	○	X	X

番号	16	17	18	19	20
解答	X	X	X	X	○

番号	21	22	23	24	25
解答	X	○	X	○	○

択一法

番号	1	2	3	4	5
解答	ハ	イ	ハ	ロ	ハ

番号	6	7	8	9	10
解答	ロ	ハ	ニ	ニ	ハ

番号	11	12	13	14	15
解答	イ	イ	ロ	ニ	イ

番号	16	17	18	19	20
解答	ハ	ロ	ニ	ロ	ロ

番号	21	22	23	24	25
解答	イ	ニ	ニ	ロ	ロ

平成31年度　1級　学科試験正解表
金属熱処理（高周波・炎熱処理作業）

真偽法

番号	1	2	3	4	5
正解	X	O	X	O	X

番号	6	7	8	9	10
正解	O	O	O	X	O

番号	11	12	13	14	15
正解	O	O	X	X	X

番号	16	17	18	19	20
正解	X	X	O	X	X

番号	21	22	23	24	25
正解	X	O	O	O	X

択一法

番号	1	2	3	4	5
正解	ロ	ハ	ロ	ハ	ハ

番号	6	7	8	9	10
正解	ハ	ニ	ロ	ロ	ニ

番号	11	12	13	14	15
正解	ハ	ニ	イ	ハ	ニ

番号	16	17	18	19	20
正解	イ	ニ	ロ	ニ	ニ

番号	21	22	23	24	25
正解	ハ	ロ	イ	ハ	ニ

平成30年度　1級　学科試験正解表
金属熱処理（高周波・炎熱処理作業）

真偽法

番号	1	2	3	4	5
解答	O	O	X	O	X

番号	6	7	8	9	10
解答	O	X	X	X	X

番号	11	12	13	14	15
解答	O	X	X	X	O

番号	16	17	18	19	20
解答	O	O	O	X	X

番号	21	22	23	24	25
解答	O	X	O	O	X

択一法

番号	1	2	3	4	5
解答	ニ	イ	ハ	ハ	ロ

番号	6	7	8	9	10
解答	イ	ニ	ハ	ロ	ロ

番号	11	12	13	14	15
解答	イ	ハ	イ	ロ	ニ

番号	16	17	18	19	20
解答	ハ	ニ	ハ	ニ	ロ

番号	21	22	23	24	25
解答	ニ	イ	ニ	ロ	ロ

平成29年度　1級　学科試験正解表
金属熱処理（高周波・炎熱処理作業）

真偽法

番号	1	2	3	4	5
解答	X	X	O	X	O

番号	6	7	8	9	10
解答	O	O	X	O	O

番号	11	12	13	14	15
解答	X	X	X	X	O

番号	16	17	18	19	20
解答	O	X	X	X	X

番号	21	22	23	24	25
解答	X	X	O	X	O

択一法

番号	1	2	3	4	5
解答	ハ	イ	ロ	ハ	ニ

番号	6	7	8	9	10
解答	ニ	ニ	ハ	ロ	ハ

番号	11	12	13	14	15
解答	ハ	イ	ハ	ニ	ニ

番号	16	17	18	19	20
解答	ハ	イ	ハ	イ	ニ

番号	21	22	23	24	25
解答	イ	ニ	ニ	ロ	ニ

・本書掲載の試験問題及び解答の内容につい
てのお問い合わせ等には、一切応じられま
せんのでご了承ください。
・試験問題について、都合により一部、編集
しているものがあります。

平成 29・30・31 年度

1・2級 技能検定　試験問題集　65　金属熱処理

令和 2 年 6 月　初版発行

監　修　中央職業能力開発協会

発　行　一般社団法人 雇用問題研究会

〒103-0002　東京都中央区日本橋馬喰町1-14-5 日本橋Kビル2階
TEL　03-5651-7071(代)　FAX　03-5651-7077

URL　http://www.koyoerc.or.jp

印　刷　株式会社ワイズ

223065

ISBN978-4-87563-664-9 C3000

この試験問題集の著作権は中央職業能力開発協会にありますので、取扱いには十分注意し
てください。
本書の内容を無断で複写、転載することは、著作権法上での例外を除き、禁じられていま
す。また、本書を代行業者等の第三者に依頼してスキャンやデジタル化することは、著作
権法上認められておりません。